《城市轨道交通工程项目规范》GB 55033 实施指南

赵一新　主编

U0330912

中国建筑工业出版社

图书在版编目（CIP）数据

《城市轨道交通工程项目规范》GB 55033 实施指南 / 赵一新主编. —北京：中国建筑工业出版社，2024.7
ISBN 978-7-112-29888-4

Ⅰ. ①城… Ⅱ. ①赵… Ⅲ. ①城市铁路－铁路工程－工程施工－技术规范 Ⅳ. ① U239.5-65

中国国家版本馆 CIP 数据核字（2024）第 103876 号

责任编辑：毕凤鸣
责任校对：赵　力

《城市轨道交通工程项目规范》GB 55033
实 施 指 南
赵一新　主编
*
中国建筑工业出版社出版、发行（北京海淀三里河路9号）
各地新华书店、建筑书店经销
北京建筑工业印刷有限公司制版
建工社（河北）印刷有限公司印刷
*
开本：850毫米×1168毫米　1/32　印张：9⅞　字数：263千字
2024 年 9 月第一版　　2024 年 9 月第一次印刷
定价：**59.00** 元
ISBN 978-7-112-29888-4
（43061）

《〈城市轨道交通工程项目规范〉GB 55033实施指南》
编写委员会

主　编：赵一新

副主编：张惠锋　黎　晴

1 总则：

李凤军　贺　旭

2 基本规定：

陈燕申　闫思玲　农兴中　翟利华

3 限界：

罗湘萍　王　建　王　锋　齐玉文

4 车辆：

杨基宏　黄文杰　李恩龙　刘龙玺　章　义

周巧莲　刘伊江

5 土建工程：

曹文宏　俞加康　郑晋丽　叶　蓉　田俊芹

陈　鹏　杨　玲　高辛财　李　熙　张宏亮

孙大新　秦洪雨　张　雄　周　勇　陆　静

冯世杰　唐亚琳　王占生　陈　鸿　周明亮

6 机电设备系统：

张志良　谭　文　林宗良　曹广金　姜　磊
罗燕萍　刘从胜　刘琼蓉　龙丽姮　张　森
饶美婉　卢小莉　成云飞　那艳玲　于松伟
王绍勇　向　往　杨镇华　林彦凯　胡文超
胥　伟　刘卫东　刘　锐　聂　飞　张鹏雄
王庆亮　李爱琦　韦永美　陈　桁　张开波
江　安　田广辉

编制单位

中国城市规划设计研究院

住房和城乡建设部标准定额研究所

上海市隧道工程轨道交通设计研究院

北京市轨道交通建设管理有限公司

上海申通地铁集团有限公司

北京市地铁运营有限公司

广州地铁集团有限公司

深圳市地铁集团公司

苏州市轨道交通集团有限公司

北京城建设计发展集团股份有限公司

广州地铁设计研究院股份有限公司

中铁二院工程集团有限责任公司

中国铁路设计集团有限公司

北京全路通信信号研究设计院集团有限公司

上海申通轨道交通研究咨询有限公司

公安部第三研究所

中车长春轨道客车股份有限公司

中车南京浦镇车辆有限公司

中车青岛四方机车车辆股份有限公司

同济大学

中国铁道科学研究院

北京市市政工程设计研究总院有限公司

上海城市公共安全研究中心

序

按照国务院《深化标准化工作改革方案》（国发〔2015〕13号）要求，住房和城乡建设部印发了《深化工程建设标准化工作改革的意见》（建标发〔2016〕166号），明确提出构建以全文强制性工程建设规范（以下简称"工程规范"）为核心，推荐性标准和团体标准为配套的新型工程建设标准体系。通过制定工程规范，筑牢工程建设技术"底线"，按照工程规范规定完善推荐性工程技术标准和团体标准，细化技术要求，提高技术水平，形成政府与市场共同供给标准的新局面，逐步实现与"技术法规与技术标准相结合"的国际通行做法接轨。

工程规范作为工程建设的"技术法规"，是勘察、设计、施工、验收、维护等建设项目全生命周期必须严格执行的技术准则。在编制方面，与现行工程建设标准规定建设项目技术要求和方法不同，工程规范突出强调对建设项目的规模、布局、功能、性能及关键技术措施的要求。在实施方面，工程规范突出强调以建设目标和结果为导向，在满足性能化要求前提下，技术人员可以结合工程实际合理选择技术方法，创新技术实现路径。

《城市轨道交通工程项目规范》GB 55033—2022发布后，我部标准定额研究所组织规范编制单位，在条文说明的基础上编制了本工程规范实施指南，供相关工程建设技术和管理人员在工作中研究参考，希望能为上述人员准确把握、正确执行工程规范提供帮助。

住房和城乡建设部标准定额司

2024年1月

前 言

习近平总书记在考察北京市轨道交通建设发展情况时指出："城市轨道交通是现代大城市交通的发展方向。发展轨道交通是解决大城市病的有效途径，也是建设绿色城市、智能城市的有效途径。"交通是经济的脉络和文明的纽带，城市轨道交通工程作为经济社会发展的支撑以及城市发展的重要基础设施，在提高人民生活质量、促进城市高质量发展、降低环境能耗、助力国家"双碳"战略等方面起到了重要的推动作用，对落实交通强国战略以及全面推进城市综合交通体系建设做出重要贡献。

进入 21 世纪，伴随城镇化加速、经济高速发展，我国城市轨道交通建设开始提速，在城市公共交通的占比逐渐增加，国产化率逐步提高，创新能力明显增强。截至 2023 年 12 月，我国共 31 个省（自治区、直辖市）和新疆生产建设兵团共有 55 个城市开通运营城市轨道交通线路 306 条，运营里程 10165.7 公里。经过数十年发展，我国城市轨道交通正步入成熟发展期，行业顶层设计不断完善，技术进步显著。当前，城市轨道交通正面临高质量发展、绿色低碳发展的双重时代课题，其中，城市轨道交通的安全建设和平稳运行是实现高质量发展的重要前提。而完善的标准体系，是实现城市轨道交通高质量发展的关键，制定全文强制规范是最好的体现。

2009 年，结合国家发展需要以及城市轨道交通工程建设与运行经验，以城市轨道交通的功能和性能要求为基础，以城市轨道交通安全为重点，制定发布了《城市轨道交通技术规范》GB 50490—2009；2016 年，为满足新时期发展需要，该规范进一步修订为《城市轨道交通工程项目规范》GB 55033—2022，自 2023 年 3 月 1 日起实施。该规范以安全为核心，以"城市轨道交通规划建设和基础设施运行维护应满足安全、卫生与健康、环境保护、资源节约、公共安全、公共利益和社会管理要求"为目标，规定了强制性底线、政策和政府监管要求，条文符合国际规则，与国际接轨，体现出较高的国际化程度和水平，将是城市轨道交通工程建设监管的依据和保障工程建设安全、稳定、环保的底线。

为配合《城市轨道交通工程项目规范》GB 55033—2022的实施，我们组织编写了《〈城市轨道交通工程项目规范〉GB 55033实施指南》。本书包括：《城市轨道交通工程项目规范》正文、《城市轨道交通工程项目规范》编制概述、《城市轨道交通工程项目规范》实施指南和附录四个部分。其中实施指南部分对条文编制目的、编制依据、条文释义、实施要点、术语定义、背景与案例进行了说明；附录部分收录了城市轨道交通工程建设国家标准、行业标准以及产品国家标准、行业标准现行标准目录。本指南作为《城市轨道交通工程项目规范》GB 55033—2022参考资料，可作为工程建设管理和技术人员理解和把握规范的重要参考。

由于部分内容编制与相关标准引用存在时间性差异，同时限于时间仓促、编写成员水平，缺点甚至错误在所难免，当与《城市轨道交通工程项目规范》GB 55033—2022的内容发生冲突时，以规范为准，书中疏漏和不足之处，敬请广大读者批评指正。

目 录

第一部分

《城市轨道交通工程项目规范》

1 总　　则

1.0.1 为规范城市轨道交通工程规划建设和维护，保障城市轨道交通安全和运行效率，做到以人为本、技术成熟、安全适用、经济合理，制定本规范。

1.0.2 城市轨道交通工程项目必须执行本规范。

1.0.3 城市轨道交通的规划、建设和运行维护应满足安全、卫生与健康、环境保护、资源节约、公共安全、公共利益和社会管理要求。

1.0.4 工程建设所采用的技术方法和措施是否符合本规范要求，由相关责任主体判定。其中，创新性的技术方法和措施，应进行论证并符合本规范中有关性能的要求。

2 基 本 规 定

2.1 一 般 要 求

2.1.1 城市轨道交通建设应以实现网络化运营为目标开展网络体系规划；应做到资源系统规划、网络化统筹配置、共享和方便使用。

2.1.2 包括有轨电车轨道在内的城市轨道交通钢轮钢轨系统的轨道应采用 1435mm 标准轨距。

2.1.3 正线运营线路应采用双线、右侧行车制。

2.1.4 城市轨道交通规划和建设应根据承运客流需求选择高运量、大运量、中运量或低运量系统，选择制式和设计编组；应按照效率目标，确定运行速度；应根据出行时间、舒适度和换乘方便性等因素确定服务水平。应按照国家现行有关标准要求选择 A 型车、B 型车、C 型车、L 型车，以及有轨电车、单轨车或市域车车型。

2.1.5 城市轨道交通工程设计年限应以建成通车年为基准年，之后应分为初期 3 年、近期 10 年、远期 25 年。在设计年限内，设计运能应满足客流预测需求，应留有不小于 10% 的运能储备。

2.1.6 线路上列车的最高运行速度应符合下列规定：

    1 不应大于线路设计允许的最高运行速度；

    2 不应大于站台、曲线线路、道岔区、车辆段场及其他特殊地段等的列车限速；

    3 在站台计算长度范围内，当不设站台屏蔽门时，越站列车实际运行速度不应大于 40km/h；

    4 有轨电车在道路上与其他交通方式混合运行时，设计允许最高运行速度不应超过该道路允许的最高行驶速度。

2.1.7 除有轨电车外，其他城市轨道交通列车应设置安全防护系统;有轨电车工程应采取避免或减少司机瞭望视觉障碍的措施,专有路权段应设置路面边界防护标识或安全防护措施。

2.1.8 一条线路(含支线和贯通运营的线路)、一座换乘车站及其相邻区间,应按同一时间发生一次火灾进行防火设计。

2.1.9 车辆和机电设备应满足电磁兼容要求,投入使用前,应经过电磁兼容测试并验收合格。

2.1.10 供乘客自行操作的设备,应易于识别,并应设在便于操作的位置;当乘客使用或操作不当时,不应导致危及乘客安全或影响设备正常工作的事件发生。

2.1.11 城市轨道交通的接地系统,应确保人身安全和设备正常使用。乘客身体可能接触到的设备,金属接触部分应可靠接地,并有漏电保护措施。

2.1.12 城市轨道交通场所内部,空调、通风、照明等控制室内环境的设备设施应与工程同期建设。

2.1.13 城市轨道交通工程应配备必要的消防设施,并应具备乘客和相关人员安全疏散及方便救援的条件。

2.1.14 城市轨道交通工程应采取有效的防震、防淹、防雪、防滑、防风、防雨、防雷等防止自然灾害侵害的措施。变配电所、控制中心应按当地 100 年一遇的暴雨强度确定防内涝能力。

2.1.15 城市轨道交通的基础网络设施、信息系统等应实行国家网络安全等级保护制度。密码产品和密码技术的使用和管理应符合国家密码管理主管部门的规定。

2.1.16 全封闭运行的城市轨道交通车站应设置公共厕所。

2.1.17 城市轨道交通工程应设置无障碍乘行和使用设施。

2.1.18 城市轨道交通应采取合理可靠的技术措施,确保施工和运营期间相邻建(构)筑物的安全。施工时应根据周边环境条件设置施工围挡,采取减振降噪、防尘、污水处理、防火等措施,设置疏散通道。

2.1.19 城市轨道交通建设应符合文物保护、生态保护、风景名胜保护等有关规定。

2.1.20 城市轨道交通工程建设应建立和完善工程安全风险管理体系，包括工程风险评估体系、监测体系和管控体系。并应从规划、可行性研究、勘察设计、施工、验收到交付，实施全过程工程建设风险管理，构建风险分级管控和隐患排查治理双重预防机制。

2.1.21 下列区域或场所应划分为轨道交通地下和地上工程安全保护区的范围：

1 出入口、风亭、冷却塔、变电所和无障碍电梯等附属设施结构外边线外侧 10m 内；

2 地面车站和地面线路、高架车站和高架线路结构、车辆基地用地范围外边线外侧 30m 内；

3 地下车站与隧道结构外边线外侧 50m 内；

4 轨道交通穿（跨）越水域的隧道或桥梁结构外边线外侧 100m 内。

2.1.22 未经批准不应在轨道交通工程安全保护区内进行下列作业：

1 新建、改扩建或拆除建（构）筑物；

2 敷设管线、架空作业、挖掘、爆破、地基处理或打井；

3 修建塘堰、开挖河道水渠、打井、挖砂、采石、取土、堆土；

4 在穿越水域的隧道段疏浚作业或者抛锚、拖锚等作业；

5 其他大面积增加或减少荷载等可能影响轨道交通安全的活动。

2.1.23 城市轨道交通应划定公共安全保护区，并应按照区域和部位设置外界人、物禁入的区域及阻挡、防范设施。

2.1.24 城市轨道交通工程建设应建立关键节点风险防控体系，编制关键节点清单，执行关键节点风险管控程序，进行关键节点施工前安全条件核查。

2.1.25 与列车运行有关的系统联调，应在行车相关区段轨道系统初验、供电系统初验、冷滑试验和热滑试验合格后进行。

2.1.26 城市轨道交通建成后应同时具备以下条件方可投入载客运营：

　　1 完成城市轨道交通工程单位工程验收、项目工程验收和竣工验收等；

　　2 不载客试运行时间不少于90d；

　　3 通过运营前安全评估。

2.1.27 城市轨道交通设施及设备应进行有效维护，确保其安全、可靠。

2.1.28 城市轨道交通应具备在发生故障、事故或灾难的情况下，迅速采取有效处置措施的工程技术条件。

2.1.29 城市轨道交通系统设备和设施达到设计工作年限、使用环境发生重大变化或遭遇重大灾害后，需要继续使用时，应进行技术鉴定，并应根据技术鉴定结论进行处理。

2.1.30 城市轨道交通工程建设应合理确定车站出入口数量、用地控制范围，并应与周边用地、建筑、道路相协调，保障车站出入口处客流顺畅，不对周边道路造成影响。

2.1.31 城市轨道交通工程设计应根据线网规划协调线路间的关系，应统筹考虑换乘车站的设计和邻近工程的建设条件，预留续建工程的实施条件，续建工程实施难度大的应同期建设。

2.1.32 城市轨道交通的地下工程应兼顾人防要求。

2.1.33 城市轨道交通系统应设置客运服务标志、疏散标志和安全标志。

2.1.34 城市轨道交通工程应具备应对公共卫生事件开展消毒工作的条件。

2.2 规　　划

2.2.1 城市轨道交通线网规划应明确不同规划期城市轨道交通的功能定位、发展目标、发展模式和与其他交通方式的关系，提出线网规划布局以及线路和设施等用地的规划控制要求。城市轨道交通线网规划应与城市综合交通体系规划协调一致。

2.2.2 交通需求分析应根据城市 5 年内的交通调查数据进行，分析应针对城市规划确定的远期和远景年限及其规划范围，并应对客流预测进行风险分析，包括弹性余量分析。

2.2.3 线路的敷设和封闭方式应根据线路功能定位和运能需求，以及沿线城市土地利用规划、自然条件、历史文化遗产保护、环境保护要求综合确定。

2.2.4 城市轨道交通车站应与公共汽电车及步行、自行车交通便捷衔接，衔接设施规模应与需求相适应，并应与城市轨道交通统一规划、同期建设。

2.2.5 城市轨道交通公共安全防范设施应与城市轨道交通工程同步规划、同步设计、同步施工、同步验收、同步投入使用。

2.2.6 城市轨道交通线网规划应确定线路区间、车站、车辆基地及控制中心、主变电所等规划用地的建设控制区。

2.2.7 城市轨道交通规划地界应与用地范围重叠的道路、地下管线、综合管廊、地下空间开发、其他大型市政工程统筹规划，同期建设或预留建设条件。

2.2.8 城市轨道交通外部电源规划应纳入城市电力设施规划。

2.2.9 城市轨道交通线网布局应符合下列规定：

　　1 线路走向应符合主导客流方向，线路运能标准应与服务水平一致。始发站早高峰小时乘客满载率不应超过 70%；

　　2 主要换乘站应结合城市各级功能中心区统筹布局；

　　3 城市轨道交通车站应与铁路客运站、机场、长途汽车客运站、城市公交枢纽等重要交通枢纽紧密衔接，统一规划；

　　4 城市轨道交通车站和设施不应超出规划建设用地范围。

2.2.10 系统制式选择应根据线路功能、需求特征、技术标准、敷设条件、工程造价、资源共享等要素综合分析确定。确定系统运能时，高峰小时客流最大断面平均车厢站席密度不应大于 6 人 $/m^2$。

2.2.11 城市轨道交通车站应符合城市设计要求，保障地上与地下协调发展。

2.2.12 车站出入口、风亭、集中冷站、广播电视信号设施、通信信号设施、供电设施、给水排水设施和其他设施应划定建设用地控制范围。

2.3 杂散电流防护

2.3.1 城市地铁、轻轨、市域快速轨道系统以直流牵引供电、走行轨回流的杂散电流防护工程，应采取加强绝缘的防护方案或绝缘与排流相结合的防护方案，线路、轨道、建筑结构、供电、金属管线安装等工程应符合相应防护方案的技术要求。同一条线路应采取同一种防护工程方案。

2.3.2 杂散电流防护应将走行轨回流网、主体建筑结构、轨道交通系统内部和沿线埋地金属管线及设备设施列为重点防护对象并建立整体性防护系统，采取杂散电流防护的技术措施，并应与受影响方在工程可行性研究阶段或初步设计阶段进行技术、经济、环保、安全性论证与评估，共同参与工程检验和验收。

2.3.3 杂散电流防护应与城市轨道交通的其他工程相互协调，其他工程的设计及施工，不应影响杂散电流防护措施和降低性能及要求。

2.3.4 供电系统正常供电方式下接触网、回流网、排流网应满足远期高峰小时任一个供电区间结构钢筋纵向电压平均值小于0.1V，排流防护时应处于 $-1.5V \sim +0.5V$ 保护电压的范围内。杂散电流防护与电气接地安全不应相互冲突。走行轨应按牵引区间设置回流分断点。车辆基地供电时走行轨回流应与正线绝缘隔离。应设置杂散电流防护监测与监控系统，并应能及时准确监测到主体建筑结构钢筋对地电位和杂散电流。

2.3.5 走行轨回流网应保持回流通路畅通，其纵向电阻值应小于 $0.01\Omega/km$。走行轨应与沿线金属结构、金属管线、设备设施及大地保持绝缘，且当采取加强绝缘防护方案时其过渡电阻值不应低于 $150\Omega \cdot km$，当采取绝缘与排流相结合防护方案时其过渡电阻值不应低于 $15\Omega \cdot km$。

2.3.6 杂散电流防护指标应符合下列规定：

　　1 钢筋混凝土结构极化电位正向偏移应小于 0.5V；

　　2 结构钢筋对地电位高峰小时正向偏移平均值应取 0.1V，或 1h 内 10% 峰值的正向偏移平均值应取 0.5V；对城市轨道交通线路周围的金属结构和金属管线未采取阴极防护的区域，结构钢筋对地电位高峰小时正向偏移平均值应取 0.2V；

　　3 当采取保护电位防护时，主体建筑结构钢筋应处于－1.5V～＋0.5V 保护电位范围内。

2.3.7 当埋地金属管线穿越道床时应采取杂散电流防护措施。敷设在隧道中的电缆、水管等金属管线结构，不应直接接触地下水流、积水、潮湿墙壁、土壤以及含盐沉积物。

2.4 环境保护与资源节约

2.4.1 应合理规划线路走向和线位，综合比选确定系统制式、敷设方式及线路埋深等，优化节能设计，做到技术可靠、经济合理和节能环保。

2.4.2 应对各功能用地统筹布局，合理确定主变电所、车辆基地、控制中心等设施的共享方案。

2.4.3 城市轨道交通设计应采取降低对生态环境影响的措施，对浅埋、高架及地面线路应采取降低噪声、减少振动、隔离、规避措施。

2.4.4 需要配套建设的环境保护设施，应与城市轨道交通同步设计、同期施工、同时投入使用。

2.4.5 机电设备应选用紧凑、高效、节能环保产品。

2.4.6 城市轨道交通建设和运营中，应对可能产生的噪声、振动、电磁辐射、废水、废渣、废气、粉尘、恶臭气体、光辐射、放射性物质等环境影响要素采取工程防治措施。

2.4.7 城市轨道交通试运行期间，建设单位应对环境保护设施运行情况和城市轨道交通对环境的影响进行检测，并应根据检测结果采取必要的补救措施。

2.4.8 城市轨道交通系统能源消耗计算基本指标应为车公里能耗［kW·h/(车·km)］和乘客人公里能耗［kW·h/(人·km)］。建设项目能耗计算应选用单位投资能耗指标。

2.5 应 急 设 施

2.5.1 城市轨道交通应按照国家各类应急预案要求进行空间和设施安排，包括设置应急场地、疏散通道、救援通道、应急指挥场地，设置应急广播、应急通信、公告设施和设备等应急专用设施，以及设置救治药品和医疗器械等物资储备专用空间和条件，统筹设计，同步建设。

2.5.2 城市轨道交通突发大客流事件响应预案的客流集散空间、运输运力配置应与工程能力协调。

2.5.3 城市轨道交通应设置下列应急空间或设施，并应具备相应的功能：

1 应设置应急情况下乘客安全滞留空间，包括区间线路轨道中心或道岔区旁侧乘客紧急疏散通道和安全滞留的空间，并应具备相应的疏散能力；

2 应设置区间线路疏散通道，出入口和自动扶梯应能在应急状态下迅速转变为疏散模式，自动检票机阻挡装置应能转换为释放状态；

3 应设置应急疏散场地、疏散通道，确定疏散指挥岗位位置；

4 应设置通信指挥系统和事件响应机构通信方式；

5 应显示和广播疏散信息，设置救援标志、疏散照明和疏散导向标识。

3 限　界

3.0.1　城市轨道交通应根据不同车辆类型和运行工况，确定相应的车辆限界、设备限界和建筑限界。

3.0.2　车辆在规定的运行工况下不应超出相应车辆限界，轨行区土建工程和机电设备的设置应符合相应的限界要求。车辆在各种运行状态下，不应发生车辆与车辆、车辆与轨行区内任何固定或可移动物体之间的接触，车辆受电弓与接轨网、车辆集电靴与接触轨除外。

3.0.3　隧道及永久建（构）筑物的断面尺寸不应小于建筑限界。

3.0.4　城市轨道交通线路单线断面建筑限界应符合表 3.0.4 的规定。

表 3.0.4　车辆断面与隧道净断面面积之比

速度等级 车辆类型	100km/h 及以下	120km/h	140km/h	160km/h
密闭性车体	—	—	＜ 0.35	＜ 0.29
非密闭性车体	≤ 0.5	≤ 0.4	≤ 0.27	—

3.0.5　当城市轨道交通非顶部授电且无安装设备时，建筑限界上部和侧面距设备限界的最小安全间隙应符合表 3.0.5-1 的规定；当车辆存在低于运行面以下部分且无安装设备时，建筑限界下部距设备限界的轨道最小安全间隙应符合表 3.0.5-2 的规定。

表 3.0.5-1　建筑限界上部和侧面距设备限界的最小安全间隙（mm）

类别	地铁、轻轨、直线电机 车辆、有轨电车	市域 快轨	跨座式单轨、中低速 磁浮、AGT 自动导向
最小安全间隙	200	300	200

表 3.0.5-2 建筑限界下部距设备限界的最小安全间隙（mm）

类别	地铁、轻轨、直线电机车辆、市域快轨、有轨电车	跨座式单轨	中低速磁浮	AGT自动导向
最小安全间隙	—	100	100	100

3.0.6 建筑限界宽度应符合下列规定：

　　1 对双线区间，当两条线间无建（构）筑物时，两条线设备限界之间的安全间隙应符合表 3.0.6 的规定。

表 3.0.6 两条线间无建（构）筑物时设备限界之间的安全间隙（mm）

类别	地铁、轻轨、直线电机车辆、跨座式单轨、有轨电车、中低速磁浮、AGT 自动导向	市域快轨	
		140km/h	160km/h
安全间隙	100	150	200

　　2 当无建（构）筑物或设备时，市域快轨隧道结构与设备限界之间的距离不应小于 200mm，其他轨道交通形式不应小于 100mm；当有建（构）筑物或设备时，建（构）筑物或设备与设备限界之间的安全间隙不应小于 50mm。

　　3 当采用接触轨受电时，受流器带电体与轨旁设备之间应保持电气安全距离。

　　4 当地面线外侧设置防护栏杆、接触网支柱等构筑物时，应保证与设备限界之间留有安装设备需要的空间。

　　5 人防隔断门、防淹门的建筑限界，在车辆静止状态下应满足宽度方向的安全间隙，且不应小于 600mm。

　　6 车辆基地建筑限界在作业区域应扩展设备装拆、设备舱开启与关闭等占用空间的包络范围。

3.0.7 车站计算站台长度范围内直线站台边缘与车厢地板面高度处车辆轮廓线的水平间隙应符合表 3.0.7 的规定，曲线站台边缘与车厢地板面高度处车辆轮廓线的水平间隙相比直线站台的间隙增加量不应大于 80mm。

表 3.0.7 直线站台边缘与车厢地板面高度处车辆轮廓线的水平间隙

类别	停站进出站端速度	100km/h 以上速度等级的车辆越行	水平间隙（mm）				
			80km/h		100km/h		120km/h
			滑动门	塞拉门	滑动门	塞拉门	
地铁	≤70km/h	不大于相邻区间速度	≤70	≤100	≤70	≤100	停站 ≤100 越行 ≤100
轻轨	≤60km/h	—	≤70				
直线电机车辆	≤65km/h	—	≤100				
市域快轨	≤70km/h	不大于相邻区间速度	停站≤100，越行≤100				
跨座式单轨	≤60km/h	—	≤80				
有轨电车	≤35km/h	—	≤100				
中低速磁浮	≤60km/h	—	≤70				
AGT 自动导向	≤35km/h	—	≤50（含橡胶条）				

3.0.8 在任何工况下，车站站台面均不应高于车辆客室地板面，车站站台面与车辆客室地板面间的高差应符合表 3.0.8 的规定。

表 3.0.8 车站站台面与车辆客室地板面间的高差

类别	工况	车站站台面与车辆客室地板面间的高差（mm）
地铁	空车静止	≤50
轻轨	空车静止	≤50
直线电机车辆	空车静止	≤50
市域快轨	空车静止	≤50

类别	工况	车站站台面与车辆客室地板面间的高差（mm）
跨座式单轨	空车静止	≤ 50
有轨电车	空车静止	≤ 50
中低速磁浮	悬浮静止	≤ 30
AGT 自动导向	空车静止	≤ 50

3.0.9 直线车站的站台屏蔽门与车辆车体轮廓最宽处的间隙应符合表 3.0.9 的规定。

表 3.0.9 直线车站的站台屏蔽门与车辆车体轮廓最宽处的间隙（mm）

类别	停站	越行
地铁	≤ 130	140
轻轨	≤ 130	—
直线电机车辆	≤ 130	—
市域快轨	≤ 130	150
跨座式单轨	≤ 130	—
有轨电车	≤ 130	—
中低速磁浮	≤ 110	—
AGT 自动导向	≤ 110	—

3.0.10 区间内的纵向疏散平台应在设备限界外侧设置，直线地段和曲线地段纵向疏散平台距轨道中心线高度应统一按低于车厢地板面高度 150mm ～ 200mm 确定。在车辆静止状态下，车辆轮廓距离疏散平台间隙，曲线地段不应大于 300mm。

3.0.11 车辆基地库内检修高平台及安全栅栏距车辆轮廓之间的水平横向间隙应限定在 80mm ～ 120mm，低平台应采用车站停站站台限界。

3.0.12 线路上运行的车辆均不应超出运行线路的车辆限界。

4 车 辆

4.1 一 般 规 定

4.1.1 车辆及其内部设施应采用不燃材料或低烟、无卤的阻燃材料。

4.1.2 车辆最高运行速度不应小于线路设计最高运行速度的 1.1 倍，并应根据线路运营需求设计车辆耐振、减振、抗冲击能力，减小振动对车辆及环境的有害影响。

4.1.3 应采取降噪隔噪措施减小车辆噪声。

4.2 车体及内装

4.2.1 运行在隧道或高架线上、在道中心（或中心水沟）设置逃生和救援通道的钢轮钢轨系统，A 型车编组列车端部应设置应急疏散专用端门及下车设施，端门的宽度不应小于 600mm，高度不应小于 1800mm。

4.2.2 车门有效净高度不应小于 1.80m；自地板面计算，立席处净高不应小于 1.90m。

4.2.3 客室侧门应具备下列功能：

1 能单独开闭和锁闭，在站台设有屏蔽门时，能与屏蔽门联动开闭；

2 列车运行时能可靠锁闭；

3 能对单个车门进行隔离；

4 在列车收到开门信号后才能正常打开；

5 在紧急情况下，能手动解锁开门。

4.2.4 在地面线或高架线路上行驶的非高气密性要求的列车，各车厢应有适当数量的车窗能受控局部独立开启。

4.3 牵引和制动

4.3.1 列车应具有独立且相互协调配合的电气、摩擦制动系统，并应具有车辆在各种运行状态下所需的制动力。

4.3.2 当电气制动出现故障丧失制动能力时，摩擦制动系统应自动投入使用，并应具有所需的制动力；列车应具备停放制动功能，并应保证列车在超员载荷工况下停在最大坡道时不发生溜车。

4.3.3 与道路交通混合运行的列车（车辆）应具备独立于轮轨黏着制动功能之外的制动系统，以及用于黏着制动系统的撒砂装置。

4.3.4 当客室侧门未全部关闭时，列车应不能正常启动，但应允许通过隔离功能使列车可以在规定的限速模式下运行。

4.3.5 列车应具备下列故障运行及救援的能力：

1 在超员载荷工况下，当列车丧失 1/4 动力时，应能够维持运行到终点车站；

2 在超员载荷工况下，当列车丧失 1/2 动力时，应具有在正线最大坡道上启动和运行到最近车站的能力；

3 一列空载列车应具有在正线最大坡道上推送（拖拽）一列相同编组无动力的超员载荷工况的列车启动并运行至最近车站的能力。

4.3.6 当牵引指令与制动指令同时有效时，列车应施加制动或紧急制动。

4.3.7 有人驾驶列车应设置独立的紧急制动按钮，并应在牵引制动主手柄上设置警惕按钮。

4.3.8 当列车一个辅助逆变器丧失供电能力时，剩余辅助逆变器的容量应满足列车除空调制冷之外的各种负载供电要求。

4.4 车载设备和设施

4.4.1 车辆应设置蓄电池，其容量应满足紧急状态下车门控制、应急照明、外部照明、车载安全设备、广播、通信、信号、应急通风等系统的供电要求。用于地下运行的车辆，蓄电池容量应保证供电时间不少于 45min；用于地面或高架线路运行的车辆，蓄电池容量应保证供电时间不少于 30min。用于全自动运行的车辆应同时满足具有休眠唤醒功能模块的供电要求。

4.4.2 车辆内所有电气设备应有可靠的保护接地措施。

4.4.3 客室及司机室应根据需要设置通风、空调和供暖设施，并应符合下列规定：

1 当仅设有机械通风装置时，客室内人均供风量不应少于 $20m^3/h$（按定员载荷计）；

2 当采用空调系统时，客室内人均新风量不应少于 $10m^3/h$（按定员载荷计），司机室人均新风量不应少于 $30m^3/h$；

3 列车各个车厢应设紧急通风装置；

4 供暖系统应确保消防安全，采用电加热器时应有超温保护功能，电加热器应采取避免对乘客造成伤害的措施；

5 对于有人驾驶的列车，冬季运行时司机室温度不应低于 14℃。

4.4.4 车辆应至少设置一处供轮椅停放的位置，并应设扶手和轮椅固定装置；在车辆及车站站台的相应位置应有明显的指示标志。

4.4.5 车辆应具备下列广播通信设施和功能：

1 广播报站、应急广播服务及广播电视服务；

2 司机与车站控制室、控制中心的通话设备；

3 乘客与司机直接联系的通话设备；

4 在全自动运行模式中，乘客与控制中心联系的通信系统；

5 紧急通信优先功能。

4.5 安全与应急

4.5.1 车辆应设有应急照明。当正常供电中断启用应急照明时，其照度应满足客室内距地板面 1m 高度处不低于 30lx。

4.5.2 列车应设置报警系统，客室内应设置乘客紧急报警装置；应设置乘客与控制中心、控制室或乘务人员的通信联络装置，值守人员与乘客通话应具有最高优先权。

4.5.3 列车应具备下列安全装置和功能：

1 灭火器具和自动火灾报警装置；

2 自动防护（ATP）以及保证行车安全的通信联络装置；

3 设置于司机操纵台的紧急停车操纵装置；

4 司机室内的乘降门开闭状态显示和车载信号显示；

5 监视客室及司机室状态的视频监视装置；

6 司机室前端可远近光变换的前照灯，列车尾端外壁红色防护灯；

7 鸣笛装置。

4.5.4 车辆应具备下列应急设施或功能：

1 地下运行的固定编组列车，各车辆之间应贯通；

2 单轨列车的客室车门应配备缓降装置，列车应能实施纵向救援和横向救援；

3 全自动运行的列车应配备人工操控列车的相关设备。

5 土 建 工 程

5.1 一 般 规 定

5.1.1 土建工程应提供满足轨道交通预期通行能力、承载能力、安全控制、乘降疏导和应急疏散、车辆与机电设备系统安全运行和维护、抗灾减灾、人防等方面基本要求的建（构）筑物和设施。

5.1.2 城市轨道交通应根据线路沿线的工程地质、水文地质、气候条件、地形环境以及荷载特性、施工工艺等情况，通过技术经济综合评价，选择安全可靠、经济合理的结构形式和施工方法。

5.1.3 主体结构工程以及结构损坏会对运营安全有严重影响的结构工程设计工作年限不应小于 100 年，其他结构工程的设计工作年限不应小于 50 年。

5.1.4 当高架结构与城市道路、公路、铁路立交或跨越河流时，桥下净空应满足行车、排洪、通航的要求。

5.1.5 当轨道交通出入口、风亭、冷却塔等设施与周边建（构）筑物结合建设时，应具备保障轨道交通正常运行和维护的条件。

5.2 线 路 工 程

5.2.1 城市轨道交通线路工程应根据功能定位、预测客流量和线路性质确定运量等级和速度目标。

5.2.2 线路工程选线应规避不良工程地质和水文地质地段。当无法规避时应采取能确保工程安全的措施，并应符合施工安全、环境保护及资源保护等方面的要求。

5.2.3 地下工程线路区间段详细勘察采取岩土试样及原位测试勘探孔的数量不应少于勘探点总数的 2/3。

5.2.4 全封闭运行的城市轨道交通线路与道路相交时，应采用立体交叉方式；部分封闭运行的城市轨道交通线路，当确需与道路采取平面交叉时，应进行行车组织和通过能力核算，并应采取安全防护措施。

5.2.5 全封闭运行的城市轨道交通，正线之间、正线与支线之间的接轨点应选择在车站，在进站方向应设置平行进路；当车辆基地的出入线与正线的接轨点不选择在车站时，应进行行车组织和通过能力核算，并应采取相应的安全防护措施。

5.2.6 正线线路的平面曲线和纵向坡度设置应满足列车运行安全要求，应与列车的性能参数相匹配，与线路的设计运行速度相适应，并应满足运营和救援的要求。

5.2.7 线路的配线设置应满足运营及救援的要求。

5.2.8 当采用全自动驾驶运行模式时，车辆基地无人驾驶区域、出入线、正线和折返线等均应实现全自动驾驶运行；停车线和联络线等应根据运行条件优先选用全自动驾驶运行。

5.3 轨道与路基工程

5.3.1 轨道结构应具有足够的强度、稳定性、耐久性和适当的弹性，应能保证列车运行平稳、安全，并应结合其他措施满足减振、降噪的要求。

5.3.2 钢轮钢轨系统钢轨的断面、轨底坡、硬度应与车轮踏面相匹配，安全性满足列车正常运行要求，并应对运行列车具有足够的支撑刚度和良好的导向作用。

5.3.3 钢轮钢轨系统正线段曲线超高应根据列车运行速度设置，最大超高应满足列车静止状态下的横向稳定要求，未被平衡的横向加速度不应超过 0.4m/s^2。车站内曲线超高不应超过 15mm，未被平衡的横向加速度不应超过 0.3m/s^2。

5.3.4 轨道尽端应设置车挡。设在钢轮钢轨系统正线、配线及试车线、牵出线的车挡应能承受列车以 25km/h 速度撞击时的冲击荷载。

5.3.5 轨道道岔结构应安全可靠，道岔型号选择应与列车通过时的运行速度相适应。

5.3.6 无砟轨道结构的混凝土强度等级，隧道内和 U 形结构地段不应低于 C35，高架线和地面线地段不应低于 C40。

5.3.7 采用直流牵引供电并以走行轨组成回流网的城市轨道交通系统，轨道应符合下列规定：

1 应采取有效措施减少回流网的纵向电阻；

2 回流走行轨与周围结构之间应有良好的绝缘水平；

3 回流走行轨应按牵引供电区间设置分断点，应以绝缘式轨隙连接方式使回流走行轨在分断点处彼此隔离。

5.3.8 采取减振工程措施时，不应削弱轨道结构的强度、稳定性及平顺性。

5.3.9 高架线路跨越铁路、河流、重要路口地段及竖曲线与缓和曲线重叠地段应采取防脱轨措施。

5.3.10 路基工程应具有足够的承载力、稳定性和耐久性，并应满足防洪、防涝的要求。

5.3.11 路基工程工后沉降量应符合下列规定：

1 有砟轨道线路不应大于 200mm，路桥过渡段不应大于 100mm，沉降速率不应大于 50mm/ 年；

2 无砟轨道线路，不应超过扣件允许的调高量，且路桥或路隧交界处不应大于 10mm，过渡段沉降造成的路基和桥梁或隧道的折角不应大于 1/1000。

5.4 车 站 建 筑

5.4.1 车站应满足预测客流要求，应保证乘降安全、疏导迅速，车站布置应紧凑、便于管理，并应具有良好的通风、照明、卫生、防灾等设施。

5.4.2 线路之间的换乘方式应综合考虑建设条件、换乘客流、便捷性等因素。

5.4.3 除有轨电车系统外，车站站台和乘降区的宽度应符合下列规定：

　　1 岛式站台车站的乘降区宽度不应小于 2.5m，站台宽度不应小于 8m；

　　2 侧式站台车站，平行于线路方向设置楼扶梯时站台乘降区宽度不应小于 2.5m，垂直于侧站台设置楼扶梯时乘降区宽度不应小于 3.5m。

5.4.4 当采用有轨电车系统时，岛式站台的宽度不应小于 5m，侧式站台的宽度不应小于 3m。

5.4.5 车站楼梯和通道的宽度应符合下列规定：

　　1 天桥和通道宽度不应小于 2.4m；

　　2 单向公共区人行楼梯宽度不应小于 1.8m；

　　3 双向公共区人行楼梯宽度不应小于 2.4m；

　　4 消防专用楼梯宽度不应小于 1.2m，站台至轨行区的工作梯（兼疏散梯）宽度不应小于 1.1m，区间风井疏散梯宽度不应小于 1.8m。

5.4.6 车站付费区与非付费区之间的隔离栅栏上应设开向疏散方向的栅栏门，检票口和栅栏门的总通过能力应保证站台疏散至站厅的乘客不滞留在付费区。

5.4.7 城市轨道交通车站检票口应至少设置一处无障碍专用检票通道，通道净宽不应小于 900mm。

5.4.8 当车站不设置站台屏蔽门时，站台边缘应设置醒目的安全带或安全线标志；当车站设置站台屏蔽门时，自站台边缘起向内 1m 范围内的地面装饰层下应采取绝缘措施。

5.4.9 跨座式单轨系统车站站台应设站台屏蔽门，高架车站底部应封闭。

5.4.10 地下车站风亭（井）的设置应能防止气流短路，并应符合环境保护要求。

5.4.11 车站内应设置导向、事故疏散等标志标识，区间隧道应设疏散标志。

5.4.12 车站内应设无障碍设施。

5.5 结 构 工 程

5.5.1 结构净空尺寸应满足建筑限界、使用功能及施工工艺等要求，并应考虑施工误差、结构变形和后期沉降的影响。

5.5.2 结构工程的材料应根据结构类型、受力条件、使用要求和所处环境等选用，并应满足结构对材料的安全性、耐久性、可靠性、经济性和可维护性的要求。

5.5.3 当地下区间下穿河流、湖泊等水域时，应按规划航道的要求和预测冲淤深度控制区间隧道埋深，并应在下穿水域的两端设置防淹门或采取其他防水淹措施。

5.5.4 当高架结构墩柱有可能受机动车、船舶等撞击时，应设防止墩柱受撞击的保护措施。

5.5.5 进行过工程场地地震安全性评价的工程，抗震设防烈度应根据安全性评价结果确定。

5.5.6 结构工程应按照相关部门批准的地质灾害评价结论采取相应的措施，确保结构安全。

5.5.7 地下结构的防水措施应根据气候条件、工程地质和水文地质状况、结构特点、施工方法、使用要求等因素确定，应保证结构的安全性、耐久性和正常使用要求。

5.5.8 地下车站主体、出入口和机电设备集中区段的结构防水等级应为一级；区间隧道、联络通道、风井等附属结构的防水等级不应低于二级。高架结构桥面应设柔性防水层，并应设置顺畅的排水系统。

5.5.9 对有战时防护功能要求的地下结构，应在规定的设防部位按批准的人防抗力等级进行结构验算，并应设置相应的防护设施，满足平战转换要求；当与既有线路连通或上跨、下穿既有线路时，尚应保证不降低各自的防护能力。

5.6 车辆基地与其他设施

5.6.1 车辆基地用地应满足设计远期运营需求。

5.6.2 车辆基地选址应靠近正线，且具备良好的出入条件。

5.6.3 每条轨道交通线路应至少设置一处车辆段。

5.6.4 车辆基地应满足行车、维修和应急抢修需要，应满足对车辆进行公共卫生消毒的需要。

5.6.5 车辆基地应有完善的运输和消防道路，并应有不少于2个与外界道路相连通的出入口；总平面布置、房屋建筑和材料、设备的选用等应满足工艺和消防要求。

5.6.6 车辆基地应具备良好的排水系统，基地布局应满足防洪、防淹要求，其场坪高程应按能应对100年一遇洪水设防设计，并应满足城镇内涝防治要求。

6 机电设备系统

6.1 供 电 系 统

6.1.1 牵引供电系统、应急照明、通信、信号、线网清分系统、线路中央计算机系统、自动售检票系统、火灾自动报警系统、综合监控系统、出入口控制系统、站台屏蔽门系统、消防用电设备及与防排烟、事故通风、消防疏散、主排水泵、雨水泵、防淹门、公共安全防范有关的用电设备均应为一级负荷。

6.1.2 供电系统应具有完备的继电保护和自动装置。

6.1.3 供电系统注入公共电网系统的谐波含量值不应超过允许范围。

6.1.4 供电系统应具有电力远程监控功能。

6.1.5 在变电所的两路进线电源中，每路进线电源的容量应满足高峰小时变电所全部一、二级负荷的供电要求。

6.1.6 地面变电所应避开易燃、易爆、有腐蚀性气体等影响电气设备安全运行的场所。

6.1.7 当变电所配电装置的长度大于 6m 时，其柜（屏）后通道应设 2 个出口；低压电气装置后面通道的出口之间距离不应大于 15m。

6.1.8 在地下使用的电气设备及材料，应选用低损耗、低噪声、防潮、无自爆、低烟、无卤、阻燃或耐火的定型产品。

6.1.9 接触网应符合下列规定：

1 接触网应能在规定的列车行车速度内向列车可靠馈电；

2 接触网应满足限界要求，其带电裸导体应与钢筋混凝土结构、轨旁设备和车体保持安全间距；

3 接触网的电分段应满足牵引供电和检修作业要求；

4 正线接触网应实行双边供电；

5 车辆基地接触网应有主备 2 路电源，架空接触网应设置限界门；

6 接触轨应设置防护罩；

7 接触网应设置保护装置，露天线路架空接触网应设置避雷器，其间距应根据地域、气候等条件计算确定；

8 接触网架空地线应与牵引变电所接地装置连接；

9 固定支持架空接触网的金属结构体的接地应与接触网架空地线连接，且不应影响信号和杂散电流防护。

6.1.10 采用直流牵引供电并与走行轨组成回流网的城市轨道交通系统，其供电系统应符合下列规定：

1 直流牵引供电系统应为不接地系统，牵引网应采用双导线制，正极、负极均不应接地；

2 接地系统和回流回路之间不应直接连接；

3 回流网的导体应对地、对结构绝缘，回流网各导体之间的连接必须牢固，移动相关连接件时应使用专用工具；

4 电气安全、接地安全和杂散电流防护安全应综合设计，当三者之间有矛盾时应满足电气安全和接地安全；

5 牵引变电所中的电气设备应绝缘安装，且电气设备的基础槽钢应与结构钢筋绝缘；

6 连接牵引变电所与回流走行轨之间的回流电缆不应少于 2 个回路，当其中 1 个回路的 1 根电缆发生故障时应仍能满足回流的要求；

7 回流走行轨应按牵引区间设置回流分断点，轨道应采用绝缘式轨隙连接方式实现彼此间的相连和电气分隔；

8 回流走行轨与地之间的电压应符合下列规定：

　　1）在正常运行条件下正线应小于或等于 DC120V，车辆基地应小于或等于 DC60V；

　　2）当瞬时超过时应具有可靠的安全保护措施。

6.1.11 动力与照明应符合下列规定：

1 通信、信号、火灾自动报警系统及地下车站和区间隧道的应急照明应具备应急电源；

2　照明应采用节能灯具；

3　车站应设置总等电位联结或辅助等电位联结。

6.2　通　信　系　统

6.2.1　通信系统应安全、可靠，在正常情况下，应具备为运营管理、行车指挥、设备监控、防灾报警等传送语音、数据、图像等信息；在非正常或紧急情况下，应能作为抢险救灾的通信手段。

6.2.2　通信系统应符合下列规定：

1　传输系统应满足通信各子系统和其他系统信息传输的要求；

2　无线通信系统应为控制中心调度员、车站值班员等固定用户与列车司机、防灾人员、维修人员、公安人员等移动用户之间提供通信手段，应满足行车指挥及紧急抢险需要，并应具有选呼、组呼、全呼、紧急呼叫、呼叫优先级权限等调度通信、存储及监测等功能；

3　视频监视系统应为控制中心调度员、车站值班员、列车司机等提供列车运行、防灾救灾以及乘客疏导情况等视觉信息，应具备视频录像功能；

4　公务电话系统应满足城市轨道交通各部门间进行公务通话及业务联系的需要，并应接入公用网络；公务电话系统设备应具备综合业务数字网络的交换能力；

5　专用电话系统应为控制中心调度员及车站、车辆基地的值班员提供调度通信；调度电话系统应具有单呼、组呼、全呼等调度功能，并应具备录音功能；

6　广播系统应满足控制中心调度员和车站值班员向乘客通告列车运行信息及提供安全、向导等服务信息的需要，应能向工作人员发布作业命令和通知，应具备与火灾自动报警系统的联动功能，且防灾广播优先级应高于行车广播；

7　时钟系统应为工作人员、乘客及相关系统设备提供统一的标准时间信息。

6.2.3 通信电源应能实现集中监控管理，并应满足通信设备不间断、无瞬变供电要求；通信电源的后备供电时间不应少于 2h；通信接地系统应满足人身安全、通信设备安全及通信设备正常工作要求；通信系统应采取防雷措施。

6.2.4 地下车站及区间线路的通信电缆、光缆应采用阻燃、低烟、无卤、防腐蚀、防鼠咬的防护层，并应符合杂散电流腐蚀防护要求。

6.2.5 当光缆引入室内时，应做绝缘接头，室内外金属护层及金属加强芯应断开，并应彼此绝缘。

6.2.6 防灾广播的功率传输线路不应与通信线缆或数据线缆共管或共槽。

6.3 信 号 系 统

6.3.1 信号系统应具有行车指挥与列车运行监视、控制和安全防护功能及道岔、信号机、区段联锁功能，以及降级运用的能力。涉及行车安全的系统、设备应符合"故障—安全"原则。

6.3.2 线路全封闭的城市轨道交通系统应配备列车自动防护系统；线路部分封闭的城市轨道交通系统，列车运行安全防护应根据行车间隔、列车运行速度、线路封闭状态等运营条件采取相应的技术措施。

6.3.3 城市轨道交通应配置行车指挥系统。行车指挥调度区段内的区间、车站应能实现集中监视。具有自动控制功能的行车指挥系统尚应具有人工控制功能。

6.3.4 列车自动防护系统应满足行车密度、行车速度和行车交路等需求。当全封闭线路列车采用无安全防护功能的人工驾驶模式时，应有授权，并应对授权及相关操作予以表征。

6.3.5 列车自动防护系统应以实现列车停车为最高安全准则，并应具备下列功能：

　　1 检测列车定位与距离，控制列车间隔；

2 监督列车运行速度，发送超速信息和实现列车超速防护；

3 监控列车车门、站台屏蔽门状态，并根据安全状况限制列车车门、站台屏蔽门开闭；

4 使用在车站站台或车控室设置的紧急停车按钮对车站区域范围内的列车实施紧急制动。

6.3.6 联锁设备应保证道岔、信号机和区段的联锁关系正确。当联锁条件不符时，不应开通进路。敌对进路必须相互照查，不应同时开通。

6.3.7 列车自动运行系统应具有列车自动牵引、惰行、制动、区间停车和车站定点停车、车站通过及折返作业等控制功能。控制过程应满足控制精度、舒适度和节能等要求。

6.3.8 当列车配置列车自动防护设备、车内信号装置时，应以车内信号为主体信号；未配置时，应以地面信号为主体信号。当地面主体信号显示熄灭时，应视为禁止信号。

6.3.9 全自动运行系统应符合下列规定：

1 全自动运行系统建设应与线路、站场配置及运行管理模式相互协调。全自动运行系统应能实现信号、通信、防灾报警等机电系统设备及车辆的协同控制；

2 控制中心或车站有人值班室应能监控全自动运行列车的运行状态，应能实现列车停车及对车门、站台屏蔽门的应急控制。

6.3.10 当部分封闭的城市轨道交通设专用线路时，专用线路与城市道路的平交路口应设置城市轨道交通列车优先信号；当未设专用线路时，在平交路口处，城市轨道交通列车应遵守道路交通信号。

6.3.11 车辆基地信号系统应符合下列规定：

1 用于有人驾驶系统的车辆基地，应设进出车辆基地的信号机；进出车辆基地的信号机、调车信号机应以显示禁止信号为定位；车辆基地信号系统、设备的配置应满足列车进出车辆基地和在车辆基地内进行列车作业或调车作业的需求；

2 用于全自动运行系统的车辆基地，应根据全自动运行系统的功能和车辆基地内无人和有人驾驶区域的范围设置信号系统，配置相应设备；

3 车辆基地应纳入信号系统的监视范围；

4 试车线信号系统的地面设备及其布置应满足系统双向试车的需要。

6.3.12 信号系统设备应具有符合"故障—安全"原则的证明及相关说明。信号系统应满足国家对信息系统安全等级保护的要求。

6.3.13 在信号系统设备投入运用前，应编制技术性安全报告，内容应包括对功能的安全性要求、量化的安全目标等。

6.4 通风、空调与供暖系统

6.4.1 城市轨道交通的内部空气环境控制应采用通风、空调与供暖方式，并应符合下列规定：

1 当列车正常运行时，应将内部空气环境控制在标准范围内；

2 当列车阻塞在隧道内时，应能对阻塞处进行有效的通风；

3 当列车在隧道内发生火灾事故时，应能对事故发生处进行有效的排烟、通风；

4 当车站公共区和设备及管理用房内发生火灾事故时，应能进行有效的排烟、通风。

6.4.2 车站新（排）风井、集中空调系统的设置和卫生质量应符合下列规定：

1 新风井应设置在室外空气清洁的地点；

2 当新风井、排风井合建时，新风井开口应低于排风井开口；

3 各系统的新风吸入口应设防护网和初效过滤器；

4 空调系统的冷却水、冷凝水中不得检出嗜肺军团菌。

6.4.3 城市轨道交通的内部空气环境应优先采用自然通风（含

活塞通风）方式进行控制。

6.4.4 城市轨道交通应在车站公共区、地下车站付费区内及列车内设置温度、湿度、二氧化碳浓度、可吸入颗粒物浓度等空气质量指标的监控和记录设施设备。

6.4.5 地下车站站内夏季空气计算温度和相对湿度应按采用通风方式和使用空调方式2种状况分别合理确定。地下车站站内冬季空气温度不应低于12℃。

6.4.6 通风、空调与供暖系统的负荷应按预测的远期客流量和最大通过能力确定。

6.4.7 通风、空调与供暖方式的设置和设备配置应符合节能要求，并应充分利用自然冷源和热源。

6.4.8 区间隧道通风系统的进风应直接采自大气，排风应直接排出地面。

6.4.9 当采用通风方式且系统为开式运行时，每个乘客每小时需供应的新鲜空气量不应少于 $30m^3$；当系统为闭式运行时，每个乘客每小时需供应的新鲜空气量不应少于 $12.6m^3$，且新鲜空气供应量不应少于总送风量的10%。

6.4.10 当采用空调时，每个乘客每小时需供应的新鲜空气量不应少于 $12.6m^3$，且新鲜空气供应量不应少于总送风量的10%。

6.4.11 地下车站公共区内、设备与管理用房内的二氧化碳日平均浓度应小于0.15%，空气中可吸入颗粒物的日平均浓度应小于 $0.25mg/m^3$。

6.4.12 高架线和地面线站厅内的空气计算温度应符合下列规定：

1 当采用通风方式控制站厅温度时，夏季计算温度不应超过室外计算温度3℃，且不应超过35℃；

2 当采用空调方式控制站厅温度时，夏季计算温度应为29℃~30℃，相对湿度不应大于70%；

3 当高架线和地面线站厅设置供暖时，站厅内的空气设计温度应为12℃。

6.4.13 供暖地区的高架线和地面线车站管理用房应设供暖，供暖期间室内空气设计温度应为 18℃。

6.4.14 地上车站设备用房应根据工艺要求设置通风、空调与供暖，设计温度应按工艺要求确定。

6.4.15 列车阻塞在隧道时的送风量，应保障隧道断面的气流速度不小于 2m/s，且不高于 11m/s，并应保障列车顶部最不利点的隧道空气温度不超过 45℃。

6.5 给水、排水系统

6.5.1 城市轨道交通工程的给水系统应满足生产、生活和消防用水对水量、水压和水质的要求。

6.5.2 给水管道不应穿过变电所、蓄电池室、通信信号机房、车站控制室和配电室等房间。

6.5.3 地下车站及地下区间隧道排水泵站（房）的设置应符合下列规定：

1 区间隧道线路实际最低点应设排水泵站；

2 当出入线洞口的雨水不能按重力流方式排至洞外地面时，应在洞口内适当位置设排雨水泵站；

3 露天出入口及敞开风口应设排雨水泵房，并应满足当地防洪排涝要求。

6.5.4 地面车站、高架车站及车辆基地运用库、检修库、高层建筑屋面排水管道设计应按当地 10 年一遇的暴雨强度计算，设计降雨历时应按 5min 计算；屋面雨水工程与溢流设施的总排水能力不应小于 50 年重现期的雨水量；高架区间、敞开出入口、敞开风井及隧道洞口的雨水泵站、排水沟及排水管渠的排水能力，应按当地 50 年一遇的暴雨强度计算，设计降雨历时应按计算确定。同时，应满足当地城市内涝防治要求。

6.6 环境与设备监控系统

6.6.1 环境与设备监控系统应具备下列功能：

1 车站及区间设备的监控；

2 环境监控与节能运行管理；

3 车站环境和设备的管理；

4 执行防灾和阻塞模式；

5 系统维修。

6.6.2 车站及区间设备的监控应符合下列规定：

1 应能实现中央和车站两级监控管理；

2 环境与设备监控系统控制指令应能分别从中央工作站、车站工作站、车站紧急控制盘和环境与设备监控系统人工发布或由程序自动判定执行；

3 应具备注册和操作权限设定功能。

6.6.3 防灾和阻塞模式应符合下列规定：

1 应能接收车站自动或手动火灾模式指令，执行车站防排烟模式；

2 应能接收列车区间停车位置、火灾部位信息，执行隧道防排烟模式；

3 应能接收列车区间阻塞信息，执行阻塞通风模式；

4 应能监控车站逃生指示系统和应急照明系统；

5 应能监视各排水泵房危险水位和危险水位报警信息；

6 应能监视雨水易倒灌通道和低洼位置的积水位；

7 应能监视排水泵故障自动巡检状态。

6.6.4 环境监控与节能运行管理应符合下列规定：

1 应能对环境参数进行监测，对能耗进行统计分析；

2 应能控制通风、空调设备优化运行，提高整体环境的舒适度，降低能源消耗。

6.6.5 车站环境和设备的管理应符合下列规定：

1 应能对车站环境参数进行统计；

2 应能对设备的运行状况进行统计，优化设备运行，形成维护管理趋势预告。

6.6.6 系统维修应符合下列规定：

1 应能对系统设备进行集中监控和管理，监视全线环境与设备监控系统设备的运行状态；

2 应能对全线环境与设备监控系统软件进行维护、组态、定义运行参数，以及形成系统数据库和修改用户操作界面；

3 应能通过对硬件设备故障的判断，对系统进行实时监控及维护。

6.6.7 防排烟系统与正常通风系统合用的车站设备应由环境与设备监控系统统一监控。环境与设备监控系统和火灾自动报警系统之间应设置可靠的通信接口，应由火灾自动报警系统发布火灾模式指令，环境与设备监控系统应优先执行相应的火灾控制程序。

6.6.8 当地下区间发生火灾或列车阻塞停车时，隧道通风、排烟系统控制命令应由控制中心发布，车站环境与设备监控系统应接收命令并执行。

6.6.9 车站控制室应设置综合后备控制盘，盘面应以火灾工况操作为主，操作程序应简单、直接，操作权限应高于车站和中央工作站。

6.6.10 环境与设备监控系统应选择性能可靠，并具备容错性、可维护性且适应城市轨道交通使用环境的工业级标准设备；环境与设备监控系统对事故通风与排烟系统的监控应有冗余设置。

6.6.11 环境与设备监控系统软件应为标准、开放和通用的软件，并应具备实时多任务功能。

6.7 综合监控系统

6.7.1 控制中心应具有对全线的列车运行、电力供给、环境状况及车站设备、票务运行等全过程进行集中监控、统一调度指挥和管理的功能。

6.7.2 应根据城市轨道交通规划线网的规模和建设时序，设置1个或多个控制中心对列车运行进行统一调度指挥。

6.7.3 控制中心应具备行车调度、电力调度、环境与设备调度、防灾指挥、客运管理、乘客信息管理、设备维修及信息管理等运营调度和指挥功能，并应对城市轨道交通系统运营的全过程进行集中监控和管理。

6.7.4 控制中心应兼作防灾和应急指挥中心，并应具备防灾和应急指挥的功能。控制中心的综合监控系统应具备火灾工况监控、区间火灾防排烟模式控制、车站火灾消防应急广播、车站火灾场景的视频监控和乘客信息系统火灾信息发布功能。

6.7.5 控制中心应设置火灾自动报警、环境与设备监控、火灾事故广播、自动灭火、水消防、防排烟等消防设施控制系统。多线路中央控制室应设置自动灭火系统。

6.7.6 控制中心的综合监控系统应具备重要控制对象的远程手动控制功能。车站控制室综合后备盘应集中设置对集成和互联系统的手动后备控制。

6.8 自动售检票系统

6.8.1 车站控制室应设置紧急控制按钮，并应与火灾自动报警系统实现联动，当车站处于紧急状态或设备失电时，自动检票机阻挡装置应处于释放状态。

6.8.2 自动售检票系统的防雷接地与交流工频接地、直流工作接地、安全保护接地应共用综合接地体，接地装置的接地电阻值应按接入设备要求的最小值确定，其接地测试值不应大于 1Ω。

6.9 自动扶梯、电梯系统

6.9.1 自动扶梯、电梯的配置及数量应满足最大预测客流量的需要。

6.9.2 自动扶梯、电梯运行强度应满足每天连续运行时间不少于 20h、每周合计不少于 140h。

6.9.3 自动扶梯应符合下列规定：

　　1 应采用公共交通重载型自动扶梯，在运行的任意 3h 内，能以 100% 制动载荷连续运行的时间不应少于 1h；

2 应有明确的运行方向指示；

3 应配备紧急停止开关；

4 应设置附加制动器；

5 传输设备应采用阻燃材料；

6 自动扶梯应全程纳入视频监视范围；

7 自动扶梯主驱动链的静力计算的安全系数不应小于 8，当采用链条传动时，链条不应少于 2 排，当采用三角传动皮带时，皮带不应少于 3 根；

8 当自动扶梯名义速度为 0.5m/s 时，上下水平梯级数量不应少于 3 块；当名义速度为 0.65m/s 时，上水平梯级数量不应少于 4 块，下水平梯级数量不应少于 3 块；当名义速度大于 0.65m/s 时，上水平梯级数量不应少于 5 块，下水平梯级数量不应少于 4 块；

9 当扶手带外缘与任何障碍物之间距离小于 400mm 时，在自动扶梯与楼板交叉处以及各交叉设置的自动扶梯之间，应在扶手带上方设置无锐利边缘的垂直防护挡板，其高度不应小于 0.3m，且至少延伸至扶手带下缘 25mm 处。

6.9.4 电梯应符合下列规定：

1 电梯的配置应方便残障乘客使用；

2 电梯的操作装置应易于识别，便于操作；

3 当车站发生火灾时，电梯接收到消防指令后应能自动运行到设定层，并打开电梯轿厢门和层门；

4 电梯轿厢内应设有专用通信设备，保证内部乘客与外界的通信联络；

5 电梯轿厢内应设视频监视装置；

6 电梯应具备停电紧急救援功能；

7 电梯井道内不应布置与电梯无关的管线。

6.10 站台屏蔽门系统

6.10.1 站台屏蔽门应保障乘客顺利通过，当列车停靠在站台任意位置时，屏蔽门均应能满足车上乘客的应急疏散需要。

6.10.2 站台屏蔽门的结构应能同时承受人的挤压和活塞风载荷的作用。

6.10.3 在正常工作模式时，站台屏蔽门应由司机或信号系统监控；当站台屏蔽门关闭不到位时，列车不应启动或进站。

6.10.4 站台屏蔽门的每一扇滑动门应能在站台侧或轨道侧手动打开或关闭。

6.10.5 站台屏蔽门应设置应急门，站台两端应设置供工作人员使用的专用工作门。应急门和工作门不受站台屏蔽门系统的控制。

6.10.6 站台屏蔽门系统应按一级负荷供电，并应设置备用电源。

6.10.7 驱动电源的输出回路数应满足对应一节车厢的某个滑动门的回路电源故障时，对应该节车厢的其余滑动门应能够正常工作。

6.10.8 站台屏蔽门应具有障碍物探测功能。

6.10.9 站台屏蔽门系统所采用的绝缘材料、密封材料和电线电缆等应为无卤、低烟的阻燃材料，且不应含有放射性成分。

6.11 乘客信息系统

6.11.1 乘客信息系统应适应城市轨道交通网络化运营的需要，应实时提供准确的乘客乘车信息和服务信息，以及城市轨道交通设施、设备、装备、服务、故障、安全和应急指导等方面的公开信息。

6.11.2 城市轨道交通系统应设置乘车信息设施设备，电子显示屏等运营服务设施应为乘客提供发车时间、到达时间、沿线车站等运营服务信息。

6.11.3 乘客信息系统应能在紧急情况下显示辅助引导信息。

6.11.4 乘客信息系统设备应符合国家有关人体健康安全和环保等方面的标准。

6.11.5 乘客信息系统的数据线与电源线不应共用电缆，且不应敷设在同一根金属套管内。

6.12 公共安全设施

6.12.1 城市轨道交通公共安全防范系统工程应与新建的城市轨道交通工程项目同步规划、建设、检验和验收。已投入运营的城市轨道交通安全防范设施应在城市轨道交通系统改扩建时同步进行改扩建。

6.12.2 城市轨道交通公共安全防范系统应与城市轨道交通系统相协调，不应影响城市轨道交通的公共开放性。系统建成运行后，轨道交通应能满足高峰时段的使用需求。

6.12.3 城市轨道交通公共安全防范系统工程设计应综合运用公共安全技术资源，配合安全政策、防范程序、防范行动，协调运用威慑、阻止、探测、延迟和反应策略。

6.12.4 城市轨道交通应采用技术防范、实体防范和人力防范等多重措施构建一体化公共安全防范系统。技术防范、实体防范应相互配合，并应能支撑人力防范。

6.12.5 城市轨道交通公共安全防范系统工程应合理布设安全防范设施，包括安全检查设备、监控系统、危险品处置设施及相关用房等安防设施。

6.12.6 城市轨道交通应设置视频监控系统、入侵报警系统、安全检查及探测系统、出入口控制系统、电子巡查系统和安防集成平台等技术防范系统。

6.12.7 城市轨道交通公共安全技术防范系统中的各子系统应集成为一个整体，由独立的安防集成平台统一管理。

6.12.8 城市轨道交通公共安全防范系统的基础网络设施、信息系统等应符合国家网络安全等级保护制度。

6.12.9 城市轨道交通涉及安全的重要设施的通道门、系统和设备管理用房房门应设置电子锁等出入口控制装置。车站控制室综合后备控制盘（IBP）应设置出入口控制系统紧急开门控制按钮。

6.12.10 出入口控制系统应实现与火灾自动报警系统的联动控

制。电子锁应满足防冲撞和消防疏散的要求，并应具备断电自动释放功能，设备及管理用房房门电子锁还应具备手动机械解锁功能。紧急开门控制按钮应具备手动、自动切换功能。

6.12.11 在地下至高架的地面开口过渡地段、隧道出入口，应设有空间隔挡的安全防范措施。

第二部分

《城市轨道交通工程项目规范》
编 制 概 述

一、编制背景

（一）国家和工程建设标准化改革要求

按照标准化工作改革的要求，现行国家标准《城市轨道交通工程项目规范》GB 55033—2022（以下简称《规范》）将按照强制性标准要求采纳现有标准的全部强制性要求和需要用标准约束的强制性要求。

《规范》需要形成覆盖城市轨道交通全部强制性要求的框架。按照要建立层次分明、科学合理、适用有效的要求确定强制性内容，按照政府监管的需要并作为牵头要求，构建强制性要求的框架。现行标准没有而又需要制定的强制性标准的要求，在《规范》中进行了规定，对于技术问题复杂、经验和技术能力不足，难以在《规范》中直接清晰规定的内容，提出功能、目标或结果的要求，以此形成强制性体系框架。

（二）现行强制性条文缺陷及空缺

原国家标准《城市轨道交通技术规范》GB 50490—2009 实施中发现的问题需要在《规范》中弥补或解决。

1. 强制性条文缺陷

由于对强制性要求没有进行准确的界定，现行标准存在"泛化"强制性要求的现象，例如：

（1）将目标或原则作为强制性要求，如"设计使用年限不应低于 100 年""控制电路应满足'故障—安全'原则"；

（2）将符合法规或行政管理作为强制性要求，如"……成果必须由建设管理单位送审查机构审查。未经审查通过，不得作为施工图设计文件依据"；

（3）将"质量"要求等同于"强制性"要求，如"顶部不应滴水，底部不应积水。"

强制标准的本意是保障人体健康，人身、财产安全，环境保护和能源资源节约等，是政府实施监管时直接使用的标准，上述实例与强制性相去甚远，一些条文难以进行监管操作。因此，这类条文不应作为标准的条文。

2. 现行强制性条文空缺

（1）缺少直接用于政府监管的操作要求。城市轨道交通发展建设监管的简政放权、日益严峻的安全监管需要，对应于技术法规缺位形成的监管要求。

（2）社会经济环境变化新要求。现行标准缺项、不完善或不够显著的新需求，例如，乘客卫生与健康的要求、环境保护、资源节约与循环利用、公共安全反恐与预防暴力犯罪、残疾人权益保障、服务质量与水平的要求。

（3）城市轨道交通本质属性要求。乘客日益增长的出行需求，如安全、便捷、守时、舒适、健康等。

针对上述问题，在工程建设标准化改革背景下，借鉴发达国家城市轨道交通行业技术法规的制定经验，以保障城市轨道交通工程"安全"为核心目标。自2015年起，根据住房和城乡建设部《住房城乡建设部关于印发2016年工程建设标准规范制订、修订计划的通知》（建标函〔2015〕274号）的要求，对城市轨道工程建设标准开展了标准体制深化改革，在原国家标准《城市轨道交通技术规范》GB 50490—2009的基础上，编制了全文强制性工程规范《城市轨道交通工程项目规范》GB 55033—2022。

二、编制过程与思路

强制性工程建设规范《城市轨道交通工程项目规范》GB 55033—2022，是以现行城市轨道交通工程建设标准的强制性条文为基础，以规定工程项目的建设目标、规模、布局、功能、性能及关键技术要求为主线，具体规定保障人民生命财产安全、人身健康、工程安全、生态环境安全、公共安全和公共利益，以及促进能源资源节约利用、满足社会经济管理等方面的控制性底线要求，实现了覆盖城市轨道交通工程项目的（规划、建设、维护、管理的全过程要求）规划、勘测、设计、施工、验收和运行维护的全过程要求。

编制过程中，研究分析了国外城市轨道交通技术法规体系和相关技术内容及要求，简述如下：

1.美国建立了由《固定导轨系统州安全监管：最终规章》（49 CFR Part 674，2015之前为49 CFR Part 659）牵头法规和几个配套法规、技术规范和标准构成的轨道交通安全监管制度。规章规定安全监管要求，包括安全监管责任和主体，监管机构的权利、监管目标；定义事故、事件和事故苗头／未遂事件；安全监管规程；安全计划、事故调查。其中安全监管规程包括城轨安全计划和安全管理系统（SMS）。SMS包括安全政策、安全风险管理、安全确认和安全促进。

2.欧盟于2004年颁布技术法规2004/49/EC《铁路安全指令》，开展以建立统一的安全监管架构为目标的铁路和城市轨道交通安全法规体系的建设。《铁路安全指令》主要目标和内容是：欧盟成员国相互协调的轨道交通安全立法；确定安全参与各方之间的责任，包括基础设施管理、运营企业、制造商、供应商、采购方等的相关责任；建立欧盟统一的安全监管方法和指标，包括建立安全管理体系（SMS），对SMS进行安全认证和许可制度。《铁路安全指令》建立了法规（＋技术法规）、技术规范和标准的轨道交通安全监管制度。

3.其他发达国家，如英国根据欧盟指令发布《铁路和其他轨道交通系统安全条例2006》建立了城市轨道交通安全监管体系；以及新加坡《大众捷运系统法案》、德国《德国联邦轻轨建设和运营条例》等都是发布的城市轨道交通专项法规。

三、主要内容

1.《规范》主要内容

《规范》按照工程项目的建设目标、规模、布局、功能、性能及关键技术要求为内容主要要求，对城市轨道交通工程项目的技术对象进行规定。在原国家标准《城市轨道交通技术规范》GB 50490—2009 的车辆、限界、土建工程、机电设备技术对象（章）的基础上，增加城市轨道交通规划、杂散电流防护、卫生与健康、环境保护与资源节约、应急设施、公共安全、公共利益和社会管理等的内容。

2. 遵循工程建设标准化改革的方向

1）《规范》条文强制性表达

按照技术法规政策形式表达城市轨道交通系统的强制性要求。全部条文正面用词"必须""应"严格表达，反面用词用"严禁""不应"和"不得"表达。

2）内容范围

全部条文体现规定工程项目的建设目标、规模、布局、功能、性能及关键技术要求为条文表述范围，典型章节如：

（1）"规划"节，规定工程项目的建设目标、规模、布局、功能、性能的具体要求，用城市轨道交通规划落实"优先发展公共交通""国家新型城镇化规划"等的国家战略和政策，贯彻城市轨道交通的高质量发展。

（2）"限界"章，规定城市轨道交通安全运行的项目功能、性能建设及关键技术要求。

（3）"杂散电流防护"专门针对确保工程安全和人身健康安全。

（4）"环境保护与资源节约"节，规定了项目建设的环保和资源节约的目标、规模、布局、功能和基本性能要求。

《规范》的全部条文适用于城市轨道交通监管及工程技术人员、项目投资方和社会公众等各方使用，条文可操作性强。

3. 国际化程度和水平

《规范》借鉴了国际先进国家的城市轨道交通技术法规，在整体框架和基本要求方面与国际接轨或符合国际规则，可以作为城市轨道交通工程项目"国际化"的基本规范。关于国际化和"与国际接轨"主要体现为：

（1）城市规划要求。新设节"2.2 规划"，与国际接轨。工程项目建设程序中，规划（包括交通规划）是国际"建筑法"及相关立法规定的法定步骤，如英国建筑法规"Construction Law""Construction Act""Building Law""Building Regulation"等行业法规，美国建筑法"Construction Law"、公共工程合同法"Contract Law""Contract Regulation"等行业法规规定"规划"（planning）是必需的法定步骤。

（2）各技术环节安全全覆盖。技术内容覆盖与国际惯例一致。以美国为例：美国安全标准纲要的79个法规的技术对象为线路、桥梁、车辆、信号和列车控制系统、供电系统、乘客设备、应急响应等，与《规范》的技术对象和内容基本一致。

（3）符合国际惯例的专门或特有的安全要求，包括：杂散电流防护、公共安全、限界、安全防护区、防火等均是国际城市轨道交通行业法规规定的惯例。

第三部分

《城市轨道交通工程项目规范》
实 施 指 南

1 总 则

1.0.1 为规范城市轨道交通工程规划建设和维护，保障城市轨道交通安全和运行效率，做到以人为本、技术成熟、安全适用、经济合理，制定本规范。

【编制目的】

本条文阐述了本规范制定目的和意义，为城市轨道交通工程项目参与各方提供行为依据。

【条文释义】

本条文提出"以人为本、技术成熟、安全适用、经济合理"的基本原则。"以人为本"，意在强调城市轨道交通工程项目建设的最终目标是为乘客服务；"技术成熟"，从安全角度出发，不鼓励盲目求新；"经济合理"，强调城市轨道交通的建设和运营应考虑经济性，应注重经济效益，避免不必要的功能和浪费。

【编制依据】

《国务院关于印发深化标准化工作改革方案的通知》（国发〔2015〕13号）

《住房城乡建设部关于印发深化工程建设标准化工作改革意见的通知》（建标〔2016〕166号）

加快制定全文强制性标准，逐步用全文强制性标准取代现行标准中分散的强制性条文。新制定标准原则上不再设置强制性条文。

强制性标准具有强制约束力，是保障人民生命财产安全、人身健康、工程安全、生态环境安全、公众权益和公共利益，以及促进能源资源节约利用、满足社会经济管理等方面的控制性底线要求。强制性标准项目名称，统称为技术规范。

技术规范分为工程项目类和通用技术类。工程项目类规范，是以工程项目为对象，以总量规模、规划布局，以及项目功能、性能和关键技术措施为主要内容的强制性标准。通用技术类规范，是以技术专业为对象，以规划、勘察、测量、设计、施工等通用技术要求为主要内容的强制性标准。

【实施要点】

本文件中有明确轨道的条款在工程建设项目中必须严格执行，在本规范中规定得较为原则的条款，按照配套标准中相应条款执行。

1.0.2 城市轨道交通工程项目必须执行本规范。

【编制目的】

本条文规定了本规范的适用范围和强制性。

【条文释义】

《规范》是城市轨道交通工程建设和运行维护的底线性要求。除有特别说明外，适用于地铁系统、轻轨系统、单轨系统、有轨电车、磁浮系统、自动导向轨道系统、市域快速轨道系统等所有城市轨道交通制式的工程规划、勘测、设计、施工、竣工验收和运行维护等全生命周期。

【实施要点】

1. 城市轨道交通

不同制式的城市轨道交通系统存在技术特点差异。在本规范的条款中，针对不同制式的城市轨道交通系统的异同点，区别规定其技术要求。

2. 建设和运行维护

建设是指新建、改建和扩建城市轨道交通工程项目的规划、可行性研究、勘察设计、施工安装、调试验收和不载客试运行，还包括车辆和机电设备的采购、制造；运行维护包括设施、设备的维修和维护。

3. 既有城市轨道交通系统的适用性

本规范适用于新建、改建和扩建的城市轨道交通工程。本规范实施前已经运营的城市轨道交通不受本规范的约束，但改建或扩建时必须按本规范执行。

1.0.3 城市轨道交通的规划、建设和运行维护应满足安全、卫生与健康、环境保护、资源节约、公共安全、公共利益和社会管理要求。

【编制目的】

本条文规定了城市轨道交通项目建设的基本原则，并成为城市轨道交通工程项目参与各方的行为准则。

【实施要点】

城市轨道交通在安全、卫生与健康、环境保护、资源节约、公共安全和维护社会公共利益等方面的技术要求是城市轨道交通建设和运营过程中必须遵守的，也是我国相关法律、行政法规规定需要强制执行的。因此，满足安全、卫生与健康、环境保护、资源节约、公共安全和维护社会公共利益等方面的技术要求是城市轨道交通建设的前提。

【编制依据】

《中华人民共和国安全生产法》

第六十三条　负有安全生产监督管理职责的部门依照有关法律、法规的规定，对涉及安全生产的事项需要审查批准（包括批准、核准、许可、注册、认证、颁发证照等，下同）或者验收的，必须严格依照有关法律、法规和国家标准或者行业标准规定的安全生产条件和程序进行审查；不符合有关法律、法规和国家标准或者行业标准规定的安全生产条件的，不得批准或者验收通过。对未依法取得批准或者验收合格的单位擅自从事有关活动的，负责行政审批的部门发现或者接到举报后应当立即予以取缔，并依法予以处理。对已经依法取得批准的单位，负责行政审批的部门发现其不再具备安全生产条件的，应当撤销原批准。

《中华人民共和国反恐怖主义法》

第二十七条　地方各级人民政府制定、组织实施城乡规划，应当符合反恐怖主义工作的需要。

地方各级人民政府应当根据需要，组织、督促有关建设单位在主要道路、交通枢纽、城市公共区域的重点部位，配备、安装公共安全视频图像信息系统等防范恐怖袭击的技防、物防设备、设施。

第三十一条 公安机关应当会同有关部门，将遭受恐怖袭击的可能性较大以及遭受恐怖袭击可能造成重大的人身伤亡、财产损失或者社会影响的单位、场所、活动、设施等确定为防范恐怖袭击的重点目标，报本级反恐怖主义工作领导机构备案。

《国务院办公厅关于保障城市轨道交通安全运行的意见》（国办发〔2018〕13号）规定的四条基本原则

以人为本，安全第一。坚持以人民为中心的发展思想，把人民生命财产安全放在首位，不断提高城市轨道交通安全水平和服务品质。

统筹协调，改革创新。加强城市轨道交通规划、建设、运营协调衔接，加快技术创新应用，构建运营管理和公共安全防范技术体系，提升风险管控能力。

预防为先，防处并举。构建风险分级管控和隐患排查治理双重预防制度，加强应急演练和救援力量建设，完善应急预案体系，提升应急处置能力。

属地管理，综合治理。城市人民政府对辖区内城市轨道交通安全运行负总责，充分发挥自主权和创造性，结合本地实际构建多方参与的综合治理体系。

《住房城乡建设部关于加强城市轨道交通安防设施建设工作的指导意见》（建城〔2010〕94号）的第五条

五、建立和完善安防标准体系，加大科技投入，提升城市轨道交通安防设施规划建设水平。

各地要加强交流，总结经验，进一步建立和完善城市轨道交通相关安防设施规划建设标准体系，使城市轨道交通安防设施规划建设工作规范化、制度化。同时，注重加大科技投入，建立安全可靠的信息系统，研发适用、经济、高效的安防设施及相应的装备、技术，提高安防设施的科技水平。

1.0.4 工程建设所采用的技术方法和措施是否符合本规范要求，由相关责任主体判定。其中，创新性的技术方法和措施，应进行论证并符合本规范中有关性能的要求。

【编制目的】

本条文规定了工程合规性判定的原则，目的是鼓励创新性技术方法和措施在满足《规范》中有关功能、性能要求的前提下应用，促进城市轨道交通工程建设高质量发展。

【条文释义】

工程建设强制性规范是以工程建设活动结果为导向的技术规定，突出了建设工程的规模、布局、功能、性能和关键技术措施，但是，规范中关键技术措施不能涵盖工程规划建设管理采用的全部技术方法和措施，仅仅是保障工程性能的"关键点"，很多关键技术措施具有"指令性"特点，即要求工程技术人员去"做什么"，规范要求的结果是要保障建设工程的性能。因此，能否达到规范中性能的要求，以及工程技术人员所采用的技术方法和措施是否按照规范的要求去执行，需要进行全面的判定。其中，重点是能否保证工程性能符合规范的规定。

进行这种判定的主体应为工程建设的相关责任主体，这是我国现行法律法规的要求。《中华人民共和国建筑法》《建设工程质量管理条例》《民用建筑节能条例》等相关的法律法规，突出强调了工程监管、建设、规划、勘察、设计、施工、监理、检测、造价、咨询等各方主体的法律责任，既规定了首要责任，也确定了主体责任。在工程建设过程中，执行强制性工程建设规范是各方主体落实责任的必要条件，是基本的、底线的条件，有义务对工程规划建设管理采用的技术方法和措施是否符合本规范规定进行判定。

同时，为了支持创新，鼓励创新成果在建设工程中的应用。当拟采用的新技术在工程建设强制性规范或推荐性标准中没有相关规定时，应当对拟采用的工程技术或措施进行论证，确保建设工程达到工程建设强制性规范规定的工程性能要求，确保建设工程质量和安全，并应满足国家对建设工程环境保护、卫生健康、经济社会管理、能源资源节约与合理利用等相关基本要求。

2 基 本 规 定

2.1 一 般 要 求

2.1.1 城市轨道交通建设应以实现网络化运营为目标开展网络体系规划；应做到资源系统规划、网络化统筹配置、共享和方便使用。

【编制目的】

本条文规定了网络体系工作开展要求。城市轨道交通工程项目必须从体系规划着手，同时满足网络体系规划工作要求。

【条文释义】

城市轨道交通网络体系规划是建立整体网络化，安全、高效实现网络化运营的重要保障。进而在后续建设过程中实现资源共享、避免频繁升级或改造、降低投资，健全城市轨道交通网络化规划建设。

网络体系规划是针对网络化建设和运营管理业务，经体系化梳理、层次性分析和系统性归纳，提出需要在网络层面统筹规划与实施的内容，确立网络化管理架构体系，并配置相应的设施设备，以解决线路逐次建设时期，线路与网络之间协调问题，避免频繁升级或改造，实现网络化统筹建设、安全协同运行和高效管理，也有利于建设投资划分、审批和资产更新等管理。

【实施要点】

在执行中可采用现行国家标准《城市轨道交通线网规划标准》GB/T 50546—2018 的相应条款支撑本条内容实施。

2.1.2 包括有轨电车轨道在内的城市轨道交通钢轮钢轨系统的轨道应采用 1435mm 标准轨距。

【编制目的】

本条文是城市轨道交通工程项目基本的、统一的要求，统一城市轨道交通钢轮钢轨系统 1435mm 的轨距是标准化最基本和最关键的要求。

2.1.3 正线运营线路应采用双线、右侧行车制。

【编制目的】

本条文规定了城市轨道交通行车规则。

【条文释义】

本条文对行车规则进行规定，正线应采用双线、右侧行车制。南北向线路应以由南向北为上行方向，由北向南为下行方向；东西向线路应以由西向东为上行方向，由东向西为下行方向；环形线路应以列车在外侧轨道线的运行方向为上行方向，内侧轨道线运行方向应为下行。

【实施要点】

采用现行建设标准《城市轨道交通工程项目建设标准》建标 104—2008 第四十二条"一、每条正线运营线路均应采用双线、右侧行车制。全线运营应采用集中调度。"以及现行国家标准《地铁设计规范》GB 50157—2013 第 3.3.1 条规定，地铁在正线上应采用双线、右侧行车制。

2.1.4 城市轨道交通规划和建设应根据承运客流需求选择高运量、大运量、中运量或低运量系统，选择制式和设计编组；应按照效率目标，确定运行速度；应根据出行时间、舒适度和换乘方便性等因素确定服务水平。应按照国家现行有关标准要求选择 A 型车、B 型车、C 型车、L 型车，以及有轨电车、单轨车或市域车车型。

【编制目的】

本条文规定了城市轨道交通工程项目系统制式、编组、运行速度、服务水平和车型等基本要素的确定原则。

【实施要点】

根据现行建设标准《城市轨道交通工程项目建设标准》建标 104—2008，单向运能：高运量为 4.5 万人次 /h～7.0 万人次 /h，大运量为 2.5 万人次 /h～5.0 万人次 /h；中运量全封闭型为

1.5万人次/h～3.0万人次/h，存在平交道口时为1.0万人次/h～2.0万人次/h；低运量为1.0万人次/h以下（见现行国家标准《城市轨道交通工程基本术语标准》GB/T 50833—2012）。

在线网规划标准中，对高运能和大运能已不再区分。《城市轨道交通分类》中对运能的划分只划分为三级：大运能、中运能和低运能。

服务水平建议按照现行国家标准《城市轨道交通线网规划标准》GB/T 50546—2018的第5.1节服务水平确定，如表示车厢舒适度的特征指标（表5.1.4）：

表5.1.4　城市轨道交通不同等级车厢舒适度技术特征指标

舒适度等级	车厢站席密度（人/m²）
A 非常舒适	≤3
B 舒适	3～4（含）
C 一般	4～5（含）
D 拥挤	5～6（含）
E 非常拥挤	＞6

运行速度选择建议为，市区线：最高速度80km/h～120km/h（对应旅行速度35km/h～60km/h），市域快轨最高运行速度120km/h～160km/h（对应旅行速度，快线A大于65km/h、快线B为45km/h～60km/h。参见现行建设标准《城市轨道交通工程项目建设标准》建标104—2008、现行行业标准《城市公共交通分类标准》CJJ/T 114—2007和现行国家标准《城市轨道交通线网规划标准》GB/T 50546—2018。

2.1.5 城市轨道交通工程设计年限应以建成通车年为基准年，之后应分为初期3年、近期10年、远期25年。在设计年限内，设计运能应满足客流预测需求，应留有不小于10%的运能储备。

【编制目的】

本条文规定了城市轨道交通工程设计年限。

【实施要点】

按照《城市轨道交通工程项目建设标准》建标 104—2008 第十六条进行规定：城市轨道交通初期 3 年、近期 10 年、远期 25 年的设计年限，设计和建设规模应以客流预测为依据。

明确规定每条线路的工程设计年限分为初期、近期、远期，不分制式差异，也不分运能等级不同，均按照设计年限计算客流。

采用设计年限的概念有两个作用：一是对建设规模有阶段性的总量控制；二是有利于分期实施，保持项目规模和标准的整体性和有序发展。

初期定为通车后第 3 年，这 3 年作为"客流培育期"是十分必要的。根据第三年培育的客运量判断是否具有一定运量规模，是确定项目建设的必要性的依据之一。同时按此组织行车方案，计算选配车辆数量。

近期定为通车后第 10 年，是指第 3 年—第 10 年的"客流成长期"，这与当地的城市建设总体规划远期年是比较接近的，对于客流预测的基础和依据比较落实，预测结果的可信度较好，对于近期规模有较合理的控制，同时考虑本系统内大量采用的电子产品的使用寿命（10 年～15 年）和更新率较快的特点采取具体措施。因此近期年限就可用于确定机电设备在初期装备的内容和数量。

远期定为通车后第 25 年。如果从建设期开始计算，至远景年是 30 年，实际上已经接近城市建设总体规模的远景年，城市建设发展规模基本稳定。这样既体现了快速轨道交通项目的长远性和超前性要求，同时又对建设规模进行最终的控制，避免盲目扩大工程规模。远期的客流预测值是确定项目最终规模的依据，主要是确定列车选型和编组最大长度，因此"客流预测"必须作为研究专题，认真组织专家评估，确认其可信性。

由于客流预测存在一定的不确定性，同时预测数据不可能与运能设计的模数正好吻合，因此在应用时，尚需对客流特征进行定性、定量分析后合理采用。

设计年限基准年的确定应符合以下规定：

1. 分期建设的线路应分期进行客流预测和确定设计年限的基准年；

2. 同期建设但分段通车的线路应以最晚通车运营段的建成通车年为基准年，根据相关规范补充进行客流预测；

3. 建成通车年晚于客流预测确定的基准年时，应根据相关规范补充进行客流预测。

【编制依据】

《中华人民共和国城乡规划法》

第十七条 城市总体规划、镇总体规划的内容应当包括：城市、镇的发展布局，功能分区，用地布局，综合交通体系，禁止、限制和适宜建设的地域范围，各类专项规划等。

规划区范围、规划区内建设用地规模、基础设施和公共服务设施用地、水源地和水系、基本农田和绿化用地、环境保护、自然与历史文化遗产保护以及防灾减灾等内容，应当作为城市总体规划、镇总体规划的强制性内容。

城市总体规划、镇总体规划的规划期限一般为二十年。城市总体规划还应当对城市更长远的发展作出预测性安排。

2.1.6 线路上列车的最高运行速度应符合下列规定：

1 不应大于线路设计允许的最高运行速度；

2 不应大于站台、曲线线路、道岔区、车辆段场及其他特殊地段等的列车限速；

3 在站台计算长度范围内，当不设站台屏蔽门时，越站列车实际运行速度不应大于40km/h；

4 有轨电车在道路上与其他交通方式混合运行时，设计允许最高运行速度不应超过该道路允许的最高行驶速度。

【编制目的】

本条文基于基本安全性能要求和考虑乘客感受规定运行速度的要求。

【条文释义】

1. 列车通过站台、曲线线路、道岔区、车辆段场或其他特殊地段应按规定的限速运行：① 列车进站速度为列车头部进入有效站台端部时的运行速度，并在规定制动条件下，保证列车在限定站台范围的位置停车。② 曲线限速应按曲线半径、轨道超高和允许未被平衡横向加速度的数值确定，这是舒适度的标准要求。③ 道岔侧向通过速度主要受曲线半径（无超高）和未被平衡横向加速度限制。④ 在车辆段内的列车运行速度，主要受车场内道岔侧向限速控制。

2. 列车越站通过站台时，应对行驶速度应进行限制。对早期建设未设站台屏蔽门的线路，越站列车通过有效站台的速度不应大于 40km/h，以保证站台上的乘客能够判断列车的运行状态，避免发生危险。站台设屏蔽门的线路，列车越站不停车通过站台的速度应该根据站台屏蔽门结构强度、车站形式、车辆及设备限界要求等因素确定。一般情况下，越站列车不停车通过有效站台的运行速度不宜超过 60km/h，如超过此速度，则应对站台屏蔽门的结构强度、限界等因素进行综合计算确定。

3. 有轨电车系统存在与地面交通混行的工况，此时列车的运行速度要遵循所在道路对机动车行驶速度的规定。运行速度由司机根据道路限速要求进行控制，不得超速行驶。

【实施要点】

根据现行建设标准《城市轨道交通工程项目建设标准》建标 104—2008 第四十三条，列车运行速度应符合下列规定：

一、列车在正线上的最高运行速度应与车辆设计最高速度相符合，并允许瞬间超速 5km/h。

二、列车通过曲线线路和道岔区宜按规定的限速运行。

三、列车进入有效站台端的运行速度不宜大于 55km/h。

四、列车进入车辆段场线路的运行速度不宜大于 25km/h。

五、列车故障或事故状态下，推送运行速度宜为 25km/h～30km/h。

2.1.7 除有轨电车外，其他城市轨道交通列车应设置安全防护系统；有轨电车工程应采取避免或减少司机瞭望视觉障碍的措施，专有路权段应设置路面边界防护标识或安全防护措施。

【编制目的】

本条文规定了城市轨道交通列车设置安全防护系统的要求。

【术语定义】

安全防护系统：是指起到保证列车追踪和列车进路安全作用的自动化监视和控制系统。

【条文释义】

城市轨道交通运行速度高、行车密度大，为保证行车安全，提高运行效率，应在全封闭的线路条件下运行，并采取技术手段对列车进行安全运行防护。有轨电车主要在地面运行，采用专用道或与地面交通混行，运行速度相对较低，存在大量平交道口，其运行方式与全封闭运行方式有很大不同，因此允许通过司机瞭望来保证行车安全。

2.1.8 一条线路（含支线和贯通运营的线路）、一座换乘车站及其相邻区间，应按同一时间发生一次火灾进行防火设计。

【编制目的】

本条文规定了防火的设防要求，有利于简化设计，涉及城市轨道交通中各个子系统的防火设计、建设规模和防护等级。

【条文释义】

按照一条线路同一时间内发生一次火灾来考虑，是根据我国40多年来的地铁建设及运营经验，并考虑国外有关资料确定的。随着从单线建设进入网络化建设，提出了换乘车站及其相邻区间按同一时间内发生一次火灾的原则，如二线换乘车站即指二座车站及其相邻的4个区间均按同一时间发生火灾的概率来考虑。三线、四线换乘也同样考虑。

2.1.9 车辆和机电设备应满足电磁兼容要求，投入使用前，应经过电磁兼容测试并验收合格。

【编制目的】

本条文为项目基本安全要求，规定了城市轨道交通机电设备电磁兼容的基本安全要求。

【条文释义】

城市轨道交通车辆和不同的机电设备有不同的电磁兼容要求，城市轨道交通采用的车辆和机电设备需要通过电磁兼容测试并验收合格才能在工程中使用。

通过检查车辆和机电设备的电磁兼容测试文件，以确认电磁兼容测试机器结果的有效性。

2.1.10 供乘客自行操作的设备，应易于识别，并应设在便于操作的位置；当乘客使用或操作不当时，不应导致危及乘客安全或影响设备正常工作的事件发生。

【编制目的】

本条文为供乘客自行操作的设备设置的基本准则：能使设备便于使用，且不能危及乘客的安全，也不会影响设备正常工作。

【条文释义】

在城市轨道交通系统中存在一些供乘客使用或操作的设备，这些设备及其标识要醒目，便于乘客识别；设备的安放位置要方便乘客操作和使用；这些设备还应当满足"故障—安全"原则，即在乘客误操作的情况下，能自动导向安全方向，减轻以避免损失，应避免危及乘客安全和设备正常工作。本条文在城市轨道交通设计、设备制造、建设各环节落实，在验收中检查落实效果。

2.1.11 城市轨道交通的接地系统，应确保人身安全和设备正常使用。乘客身体可能接触到的设备，金属接触部分应可靠接地，并有漏电保护措施。

【编制目的】

本条文规定是基本安全要求，设备接地直接影响设备安全使用及人身安全。

2.1.12 城市轨道交通场所内部，空调、通风、照明等控制室内环境的设备设施应与工程同期建设。

本条文规定城市轨道交通场所内部空气环境、照度、室内环境污染物等控制设备设施应与工程同期建设，是社会进步的要求，也是规范完整性要求，并避免后期改造困难。

2.1.13 城市轨道交通工程应配备必要的消防设施，并应具备乘客和相关人员安全疏散及方便救援的条件。

【编制目的】

本条文为基本安全功能要求，规定了城市轨道交通在消防设备设施和乘客疏散和救援方面的基本安全要求。

【实施要点】

执行过程中，按照现行国家标准《地铁设计防火标准》GB 51298—2018 的相应条款来支持本条内容的实施。

2.1.14 城市轨道交通工程应采取有效的防震、防淹、防雪、防滑、防风、防雨、防雷等防止自然灾害侵害的措施。变配电所、控制中心应按当地 100 年一遇的暴雨强度确定防内涝能力。

【编制目的】

本条文规定了防灾设计和防灾设施配备的基本要求，对配电中心和控制中心明确了防内涝等级。这也是汲取了 7·20 河南暴雨灾情的经验。

2.1.15 城市轨道交通的基础网络设施、信息系统等应实行国家网络安全等级保护制度。密码产品和密码技术的使用和管理应符合国家密码管理主管部门的规定。

【编制目的】

本条文是对信息安全的基本要求。针对城市轨道交通系统是完全在计算机系统下控制运行的系统，实行信息安全等级保护。

【编制依据】

《中华人民共和国网络安全法》（中华人民共和国主席令第五十三号，自 2017 年 6 月 1 日起施行）

《中华人民共和国计算机信息系统安全保护条例》（国务院 147 号令）

《国家信息化领导小组关于加强信息安全保障工作的意见》（中办发〔2003〕27号）

【实施要点】

国家网络安全等级保护制度是国家网络安全保障的基础。开展网络安全等级保护工作是保护信息化发展、维护网络安全的根本保障，是网络安全保障工作中国家意志的体现。

技术层面要确保物理和环境安全、网络和通信安全、设备和计算安全、应用和数据安全等方面的安全稳定；管理层面要开展安全策略和管理制度、安全管理机构和人员、安全建设管理、安全运维管理等工作。

2.1.16 全封闭运行的城市轨道交通车站应设置公共厕所。

【编制目的】

本条文为城市轨道交通项目的基本功能要求。

【条文释义】

全封闭运行的城市轨道交通车站设置公共厕所，并应便于乘客使用和管理；线路部分封闭或不封闭运行的中低运量系统，如有轨电车，车站的设置简单，多为开敞形式，可随时借用周边的公用厕所，故可不设公共厕所。

公共厕所要求设在车站，并没有强制规定公共厕所是设在站台还是在站厅层，在建设时可酌情考虑。

2.1.17 城市轨道交通工程应设置无障碍乘行和使用设施。

【编制目的】

本条文为城市轨道交通项目的基本功能要求。

【条文释义】

为满足有行为障碍者和有需要使用无障碍设施者能够安全、便捷地使用各种服务设施，城市轨道交通工程应在车站站外区域、车站站内公共区、列车车厢设置无障碍乘行和使用设施。

【编制依据】

《联合国残疾人权利公约》

《残疾人机会均等标准规则》

《无障碍环境建设条例》

《无障碍环境建设"十四五"实施方案》

【实施要点】

城市轨道交通工程项目的无障碍乘行和使用设施，应与车站工程同时交付使用。车站站外区域的无障碍设施应与市政盲道、坡道等无障碍设施连通；既有线路车站及车辆在改建、升级、运维时，应考虑增加无障碍设施。

同一城市中的各种制式、线路间的车站及车辆应做到无障碍设施完整、连贯和操作统一。

在具体执行中，现行国家标准《建筑与市政工程无障碍通用规范》GB 55019—2021 中的相应条款可支持本条内容的落实。

2.1.18 城市轨道交通应采取合理可靠的技术措施，确保施工和运营期间相邻建（构）筑物的安全。施工时应根据周边环境条件设置施工围挡，采取减振降噪、防尘、污水处理、防火等措施，设置疏散通道。

【编制目的】

本条文规定了城市轨道交通对外界建（构）筑物影响的处理要求。

2.1.19 城市轨道交通建设应符合文物保护、生态保护、风景名胜保护等有关规定。

【编制目的】

本条文要求城市轨道交通的建设和运营必须执行国家在环境保护、文物保护方面的法律、法规和标准。

【背景与案例】

济南市是著名的泉城，"保泉优先"的原则使得济南地铁修建意见多次被搁置，历经10多次专题论证，30多年的探索，济南地铁1号线终于开通运营。

西安地铁在建设过程对文物保护工作做了大量工作：建设过程中边建设边考古，为保护文化埋藏层，地铁作业层基本在14m以下，采取多种技术措施确保地面古建筑物沉降控制在标准之内。西安地铁的建设为后继历史文化名城建设地铁提供了经验。

2.1.20 城市轨道交通工程建设应建立和完善工程安全风险管理体系，包括工程风险评估体系、监测体系和管控体系，并应从规划、可行性研究、勘察设计、施工、验收到交付，实施全过程工程建设风险管理，构建风险分级管控和隐患排查治理双重预防机制。

【编制目的】

本条文要求城市轨道交通工程项目建设必须进行风险管控。

【条文释义】

为落实《中共中央 国务院关于推进安全生产领域改革发展的意见》关于"构建风险分级管控和隐患排查治理双重预防机制"要求的一项举措。强调了工程安全风险评估体系、监测体系和管控体系覆盖城市轨道交通工程项目的全过程，具体为：

1. 工程安全风险评估体系包括：建立工程安全风险分级和事故隐患排查分级标准、安全风险和事故隐患分级和安全风险评估；

2. 安全监测体系包括：安全风险监测、事故隐患辨识和工程风险警情报送；

3. 安全风险分级管控体系包括：工程风险和事故隐患技术处理措施、安全监测预警、事故隐患排查和安全事故处置。

【编制依据】

《中共中央 国务院关于推进安全生产领域改革发展的意见》

2.1.21 下列区域或场所应划分为轨道交通地下和地上工程安全保护区的范围：

1 出入口、风亭、冷却塔、变电所和无障碍电梯等附属设施结构外边线外侧 10m 内；

2 地面车站和地面线路、高架车站和高架线路结构、车辆基地用地范围外边线外侧 30m 内；

3 地下车站与隧道结构外边线外侧 50m 内；

4 轨道交通穿（跨）越水域的隧道或桥梁结构外边线外侧 100m 内。

【编制目的】

本条文规定了城市轨道交通工程安全保护区的范围，这是保证城市轨道交通安全运行的必要措施，也是总结近年来发生外部施工和作业打穿地铁隧道以及施工作业影响城市轨道交通安全的事件基础上作出的规定。

城市轨道交通的安全不仅取决于系统内部因素，还与周边环境因素密切相关。根据城市轨道交通设施的特点，综合考虑各种因素对城市轨道交通设施设备安全和运营安全的影响，确定安全保护区，尽可能减小外界因素对城市轨道交通运营安全的影响。

【术语定义】

安全保护区：是指为保障城市轨道交通安全建设和运营而在轨道交通沿线划定的特定区域，该区域内的建设和作业等活动受到有效管控。

【编制依据】

《城市轨道交通运营管理规定》

2.1.22 未经批准不应在轨道交通工程安全保护区内进行下列作业：

1 新建、改扩建或拆除建（构）筑物；

2 敷设管线、架空作业、挖掘、爆破、地基处理或打井；

3 修建塘堰、开挖河道水渠、打井、挖砂、采石、取土、堆土；

4 在穿越水域的隧道段疏浚作业或者抛锚、拖锚等作业；

5 其他大面积增加或减少荷载等可能影响轨道交通安全的活动。

【编制目的】

本条文为保证城市轨道交通安全运行制定的条款。

【实施要点】

随着城市轨道交通线网规模的增大，建设与运营安全显得尤为重要。城市轨道交通安全保护区内的施工作业，对城市轨道交通的安全有着直接的影响，如果作业不当会直接造成城市轨道交通设施、设备的损坏，影响和威胁工程项目安全。因此，在城市轨道交通安全保护区内的施工作业，应采取可靠的技术措施，制定相应的安全防护措施和监测方案。

【编制依据】

《城市轨道交通运营管理规定》

2.1.23 城市轨道交通应划定公共安全保护区，并应按照区域和部位设置外界人、物禁入的区域及阻挡、防范设施。

【编制目的】

本条文为保证城市轨道交通建设与运行安全设置安全空间制定的条款。

【术语定义】

公共安全保护区：指为防止外来因素对城市轨道交通建设与运营的干扰，减少城市轨道交通施工和运营时安全风险与隐患，保护公共基础设施和人员安全，在城市轨道交通沿线两侧以及设施设备所在的特定空间范围内对影响施工和运行安全的行为进行限制而设置的特殊区域。

【实施要点】

由于城市轨道交通敷设方式的多样性，地面线路、路堑等线路以及通风井等设备的出现，使得外界人、物可能对城市轨道交通的建设与运行安全产生影响。公共安全保护区在公共安全方面按照周界、监视区、防护区、禁区划定；还应当规划地质灾害保护区，规划防止空中异物或危害的空间保护区。在城市轨道交通的禁入区域应设置明显的、表明禁止外界人和物进入的标识。同时，应采取有效的物理措施，防范外界人、物的进入。

2.1.24 城市轨道交通工程建设应建立关键节点风险防控体系，编制关键节点清单，执行关键节点风险管控程序，进行关键节点施工前安全条件核查。

【编制目的】

本条文规定城市轨道交通工程建设的安全风险管控保障措施

要提前安排，要求在施工前确定关键节点的安全条件和风险管控程序。进行关键节点施工前的安全条件核查是城市轨道交通工程项目开工的基本步骤。

【条文释义】

城市轨道交通工程生产安全事故大多与工程关键节点施工前风险管控不到位有关，造成较大生命财产损失。为强化城市轨道交通工程关键节点施工前风险预控措施，提升关键节点风险管控水平，有效防范和遏制事故发生。

【编制依据】

《住房城乡建设部办公厅关于加强城市轨道交通工程关键节点风险管控的通知》（建办质〔2017〕68号）

【实施要点】

在具体执行中可参照现行国家标准《地铁工程施工安全评价标准》GB 50715—2011、《城市轨道交通工程安全控制技术规范》GB/T 50839—2013等标准中的相应条款。

2.1.25 与列车运行有关的系统联调，应在行车相关区段轨道系统初验、供电系统初验、冷滑试验和热滑试验合格后进行。

【编制目的】

本条文为保证列车安全运行条款。

【实施要点】

在与列车运行有关的系统联调开始前，必须检查站台、轨道和道岔几何尺寸、轨行区安装的设备几何尺寸，是否满足设计的设备限界和车辆限界要求。检查列车带电自立运行牵引供电系统带负荷运行的情况；检查信号联锁功能是否实现。

2.1.26 城市轨道交通建成后应同时具备以下条件方可投入载客运营：

1 完成城市轨道交通工程单位工程验收、项目工程验收和竣工验收等；

2 不载客试运行时间不少于90d；

3 通过运营前安全评估。

【编制目的】

本条文规定了城市轨道交通投入载客运营前应达到的基本要求。

【术语定义】

不载客试运行的时间：是指城市轨道交通土建工程、系统设备安装调试合格后的时间。

【实施要点】

明确提出了三个验收"单位工程验收、项目工程验收、竣工验收"，提高了安全要求的保障；"3个月"天数有异议，进一步明确规定90天；规定通过"运营前安全评估"，进一步保障安全的要求。

2.1.27 城市轨道交通设施及设备应进行有效维护，确保其安全、可靠。

【编制目的】

本条文规定了保障城市轨道交通设施及设备应进行有效维护，是保障城市轨道交通安全运营的措施，也是城市轨道交通运营机构的基本责任要求。

2.1.28 城市轨道交通应具备在发生故障、事故或灾难的情况下，迅速采取有效处置措施的工程技术条件。

【编制目的】

本条文规定了城市轨道交通运营中遇到维修、突发事件处理时需要基本工程技术条件。

【条文释义】

在发生城市轨道交通故障、事故、灾难或紧急事件时，到场处理事件的人员及装备和设备等需要输送通道，操作的场地和空间、安全隔离等设施，以及工程技术环境和条件，如电源、水源、通信设施和广播告知等的处置环境条件。

2.1.29 城市轨道交通系统设备和设施达到设计工作年限、使用环境发生重大变化或遭遇重大灾害后，需要继续使用时，应进行技术鉴定，并应根据技术鉴定结论进行处理。

【编制目的】

当城市轨道交通的主体结构、车辆以及各设备系统达到设计使用年限，以及遭遇重大灾害后需要继续使用时，应对其进行技术鉴定是确保使用安全的基本规则。

【条文释义】

城市轨道交通的主体结构、车辆以及各设备系统都有不同的设计使用年限，当达到设计使用年限并需要继续使用时，应对其进行技术鉴定，并根据鉴定结论作相应处理。重大灾害（如火灾、风灾、地震、爆炸等）对城市轨道交通的结构、车辆、设备系统和运营安全造成严重影响或潜在危害，需要继续使用时，也应进行技术鉴定，并根据鉴定结论作相应处理。

【实施要点】

当城市轨道交通达到设计使用年限或遭遇重大灾害后，如需继续使用，应当委托相应的机构按照规定的程序进行安全评估和相应的技术鉴定，并根据评估结论和鉴定意见进行处理；使用环境发生重大变化，如超出原结构设计的环境变化，包括标准环境的改变、技术变化和技术进步等的重大变化，均应当进行技术鉴定，根据鉴定结论进行处理。

2.1.30 城市轨道交通工程建设应合理确定车站出入口数量、用地控制范围，并应与周边用地、建筑、道路相协调，保障车站出入口处客流顺畅，不对周边道路造成影响。

【编制目的】

本条文要求车站出入口设置的要求，要避免和减少对周边环境产生干扰。

【实施要点】

本条文是城市轨道交通建设规划和工程设计审查审批的内容。车站出入口的数量必须满足客流出入的要求，相连通道、建筑和道路结合城市轨道交通不能妨碍客流出入，城市轨道交通客流出入也不应干扰道路功能。

2.1.31 城市轨道交通工程设计应根据线网规划协调线路间的关

系，应统筹考虑换乘车站的设计和邻近工程的建设条件，预留续建工程的实施条件，续建工程实施难度大的应同期建设。

【编制目的】

根据规划，协调城市轨道交通工程线路间的关系，统筹考虑换乘车站的设计和邻近工程的建设条件，预留续建工程的实施条件等是多快好省建设的基本要求和规划的基本原则。

来自于现有城市轨道交通工程建设的经验，运行后工程改扩建受制于周边环境的限制，预留续建工程的连接条件是实际的需要。

【实施要点】

在实施中可参考现行国家标准《地铁设计标准》GB 50157—2013 的相应条款执行落实。

2.1.32 城市轨道交通的地下工程应兼顾人防要求。

【编制目的】

落实《中华人民共和国防空法》。

【编制依据】

《中华人民共和国防空法》

第十四条 城市的地下交通干线以及其他地下工程的建设，应当兼顾人民防空需要。

【实施要点】

实施中应结合当地的人防要求予以落实。在设计、竣工验收环节进行检查。

2.1.33 城市轨道交通系统应设置客运服务标志、疏散标志和安全标志。

【编制目的】

本条文规定了标志设置的要求。

【条文释义】

为了方便乘客乘坐城市轨道交通，保证车站正常运营秩序，车站内应设置导向和服务乘客的标志。事故疏散标志是在灾害情况下保证乘客安全疏散的必要设施。为了给乘客提供优质服务，提升服务水平，对需要提供的信息服务进行了规定。

建立城市轨道交通客运服务信息系统是城市轨道交通建设和运营的基本要求。基础设施、设备条件要支持提供：相关服务信息，包括乘客信息系统、运营管理条例、乘车常识等相关内容。

【实施要点】

城市轨道交通轨道规划、设计和建设过程中需要设置完善的客运服务标志、疏散标志和安全标志，为向乘客提供规范、有效、及时的信息提供硬件保障。

2.1.34 城市轨道交通工程应具备应对公共卫生事件进行消毒的条件。

【编制目的】

在总结公共卫生事件防控的经验基础上制定本条文，工程建设要与公共卫生管理的各项要求相衔接。

【条文释义】

城市轨道交通"公共卫生事件"，是指突然发生，造成或者可能造成社会公众健康严重损害的重大传染病疫情，主要是呼吸道传播疾病：病原体存在于空气的飞沫或气溶胶中，易感者吸入后感染，如新型冠状病毒感染、麻疹、白喉、结核病、禽流感等，以及接触传播，例如，麻疹、白喉、流行性感冒等。

【编制依据】

《国家突发公共事件总体应急预案》（2006年1月8日发布并实施）

【实施要点】

包括车站及其设施设备，如车站内乘客出入和候车环境、售检票机，整车、车厢，车厢内部环境消杀，包括座椅、扶手、把手、地面、车厢内部装饰面、玻璃等，以及空气的过滤（网）消毒等的消毒设施、设备及条件。

【背景与案例】

北京地铁应对病毒感染的车辆消毒的"五步法"：一是对出库列车进行全面消毒；二是对折返列车进行喷洒消毒；三是对中

途不回库列车的门把手、扶手、立杆及乘客经常接触的地方进行擦拭消毒；四是对回库列车进行整车彻底消毒；五是对列车的通风网进行喷洒消毒。

2.2 规　　划

2.2.1 城市轨道交通线网规划应明确不同规划期城市轨道交通的功能定位、发展目标、发展模式和与其他交通方式的关系，提出线网规划布局以及线路和设施等用地的规划控制要求。城市轨道交通线网规划应与城市综合交通体系规划协调一致。

【编制目的】

本条文规定了城市轨道交通线网规划的任务及主要内容，包括功能定位、发展目标、发展模式、衔接关系、规划布局以及规划用地控制的原则要求。

【编制依据】

《住房城乡建设部关于加强城市轨道交通线网规划编制的通知》（建城〔2014〕169号）

《国务院办公厅关于进一步加强城市轨道交通规划建设管理的意见》（国办发〔2018〕52号）

【实施要点】

《住房城乡建设部关于加强城市轨道交通线网规划编制的通知》（建城（2014）169号）规定：在城市总体规划编制时，应统筹研究发展城市轨道交通的必要性，确需发展的，应同步编制线网规划。线网规划是城市综合交通体系规划的组成部分，是城市总体规划的专项规划。及时组织和科学编制线网规划，并将线网规划的主要内容纳入城市总体规划和控制性详细规划。

从文件要求上，线网规划既是城市综合交通体系规划的组成内容，又是城市总体规划的组成内容，三者应保持一致。城市轨道交通线网规划主要纳入城市总体规划，区间、车站、控制中心、主变电所等其他设施用地应在控制性详细规划中具体落实。

各地在开展线网规划中，可参照《城市轨道交通线网规划标准》GB/T 50546—2018 中关于线网组织与布局、用地规划等相关规定和要求。

2.2.2 交通需求分析应根据城市 5 年内的交通调查数据进行，分析应针对城市规划确定的远期和远景年限及其规划范围，并应对客流预测进行风险分析，包括弹性余量分析。

【编制目的】

本条文规定了交通需求分析基础资料、预测年限及范围、交通需求预测结果分析的基本要求。

【条文释义】

交通需求分析的中心工作内容涉及交通需求预测模型的建立。交通需求预测流程一般包括模型估计、模型标定、模型校核和模型应用四个阶段。模型估计的重点是准确定义模型的函数形式并确定模型参数。模型标定是对参数取值进行调整，以使交通需求预测结果与交通调查数据一致。模型校核是通过比较模型的预测结果与其他数据的匹配程度来确定模型预测未来的能力。通常模型校核与模型标定应循环进行。模型应用是运用模型对规划目标年及不同交通政策情形进行预测和模拟。本条文规定了交通需求分析工作中关键环节的要求。

根据《中华人民共和国城乡规划法》的规定，城市总体规划的规划期限一般为 20 年，同时要求城市总体规划应对城市更长远的发展做出预测性安排。城市轨道交通线网规划的年限与城市总体规划的年限一致，因此，远期和远景年交通需求分析的土地利用依据分别为城市规划远期和远景。

交通需求分析作为城市轨道交通线网规划的基础和依据，数据要可靠。采用 5 年内的交通调查数据是最低要求。远景客流预测结果的可信度在一定程度上取决于远景人口、就业岗位的预测，目前远景人口预测的可信度较低，风险在于预测的远景人口在分布上超出了城市开发的边界范围，或城市预测的远景人口不符合人口增长的客观规律，这些情况在实际中都应该避免。

基于未来规划的不确定性，对客流预测进行风险分析十分必要。在综合评价中，应分析客流风险等不确定性因素变动对评价结论的影响，以评估方案的风险和评价结论的可靠性。

【实施要点】

在执行中可参照现行国家标准《城市轨道交通客流预测规范》GB/T 51150—2016 中的相应条款来落实执行。

2.2.3 线路的敷设和封闭方式应根据线路功能定位和运能需求，以及沿线城市土地利用规划、自然条件、历史文化遗产保护、环境保护要求综合确定。

【编制目的】

本条文规定了城市轨道交通线路选择敷设方式和确定系统封闭方式的基本要求。

【条文释义】

城市轨道交通线路敷设可采用地面、地下、高架等方式，敷设方式应结合城市总体规划、沿线用地条件、地理环境条件及城市轨道交通系统选型的技术特点因地制宜进行选择，并应满足沿线城市功能发展需要和土地使用条件，以及历史文化遗产保护、环境保护、道路交通、气候、地形、水文地质、安全性和经济性等要素要求。

大运量系统线路选择地下和全封闭方式首先考虑的是运能需求。其他敷设和封闭方式选择，沿线土地利用规划、自然条件、历史文化遗产保护、环境保护等都是考虑的因素。必要时应针对不同敷设方式条件下的方案进行比选。

城市轨道交通普线按运量可划分为大运量和中运量两个层次。中运量系统可分为全封闭系统和部分封闭系统。在中心城区，大运量线路宜采用地下敷设为主，当条件许可时可采用高架线，为全封闭系统。中运量全封闭系统线路宜采用高架敷设为主，对于寒冷地区、飓风频繁地区经技术经济论证合理条件下可采用地下线；中运量部分封闭系统线路宜采用高架、地面敷设为主。

【实施要点】

山地城市、跨江城市的敷设方式受地形、水文地质条件影响较大，应该重视地形、水文地质条件对敷设方式的影响，线网布局也会受到敷设方式影响，应综合考虑，必要时应针对不同敷设方式条件下的线网方案进行比选。

2.2.4 城市轨道交通车站应与公共汽电车及步行、自行车交通便捷衔接，衔接设施规模应与需求相适应，并应与城市轨道交通统一规划、同期建设。

【编制目的】

本条文从城市交通一体化的角度出发，提出了城市轨道交通车站应配套建设与各种交通方式衔接设施的要求。

【条文释义】

城市轨道交通车站与其他交通方式衔接应以城市轨道交通车站为核心进行组织，从交通方式使用效率和可持续发展的角度，交通衔接方式的优先次序为步行、自行车、地面公交、出租车、小汽车。

交通衔接应遵循分区域原则，结合城市用地发展、道路交通规划以及城市轨道交通网络特征等因素，一般可将城市范围划分为三个区域，不同区域的交通出行特征见表1。

不同区域的交通出行特征汇总表　　　　　表1

类别	基本特征	土地开发条件	道路交通条件	出行特征
中心区	城市发展核心区域	土地开发强度大，用地较紧张	道路网密度高，交通压力大	市级商业办公吸引中心，多为岗位端出行，吸引力强
边缘地区	蔓延发展的边缘区域	建设用地比例小，开发强度低	道路网密度较低	多为居住端出行，向心性特征明显
卫星城镇	独立组团	组团核心发展强度高	内部完善道路网，与中心城区有骨干道路连接	内部出行和向心性出行共存

不同区域的交通衔接特征如下：① 中心区：轨道交通承担主体或骨干交通的功能，步行接驳需求比例较高，同时还包括地

面公交、自行车等方式的间接吸引范围接驳需求。② 边缘地区：轨道交通主要承担骨干和廊道性的交通功能，主要通过地面公交、自行车、小汽车等交通方式满足较远区域的接驳需求，扩大轨道交通的吸引范围。③ 卫星城镇：轨道交通主要承担廊道性的交通功能，以服务于卫星城镇内部以及对外的交通联系，包括步行、自行车、地面公交、小汽车等交通方式的短距离和中长距离的接驳需求。

衔接设施是城市轨道交通系统发挥综合客流效益的关键，应当与城市轨道交通统一规划、同期建设。

【实施要点】

交通衔接应充分体现"以人为本"的理念，保证安全性和便利性，步行应放在所有衔接方式最优先考虑的位置，通过完善出入口集散广场、人行步道、过街设施等市政辅助设施，构造安全、连续、便捷和舒适的步行衔接系统。车站出入口客流集散广场面积不宜小于 $30m^2$。

城市轨道交通车站与其他交通方式衔接的具体要求可参照现行国家标准《城市轨道交通线网规划标准》GB/T 50546—2018 中关于交通接驳的规定要求。

2.2.5 城市轨道交通公共安全防范设施应与城市轨道交通工程同步规划、同步设计、同步施工、同步验收、同步投入使用。

【编制目的】

为提高城市轨道交通应对突发事件的能力，确保城市轨道交通持续、稳定和健康发展，本条文规定了城市轨道交通公共安全防范设施"五同步"的要求。

【条文释义】

城市轨道交通公共安全技术防范工程是城市轨道交通工程的重要组成部分，是城市轨道交通安全运营的重要保障之一。为了防范城市轨道交通事故的发生，确保人民生命财产安全，相关单位必须充分认识城市轨道交通安防工作的重要性、特殊性和复杂性，从城市轨道交通规划、设计、施工的各个阶段重视安防体系构建。城市轨道交通公共安全技术防范工程应与城市轨道交通工程整体项目建设同步进行，并集成为一个整体进行专项设计、施工、检验、验收和管理评估。整体改建的城市轨道交通工程也应与新建项目一样，保证公共安全技术防范工程的同步规划、设计、施工、验收。已投入运营的城市轨道交通安防设施通过逐步改建达到规范标准要求。

城市轨道交通公共安全技术防范系统为一个整体，不能将其各子系统分散到现有的其他各专业项目中。现实中，一些地方将安防系统拆分并归到其他一些机电系统的建设中，往往造成安防系统建设的多头管理、进度不同步的情况，有损于整个轨道交通技术防范系统的统一性和集成度。

【编制依据】

《关于加强城市轨道交通安防设施建设工作的指导意见》（建城〔2010〕94 号）

【实施要点】

实施过程中应严格执行《规范》的规定，以及住房和城乡建设部《关于加强城市轨道交通安防设施建设工作的指导意见》（建城〔2010〕94 号）的要求。省、自治区、市人民政府建设主管部门负责监督相关规定的落实情况，城市轨道交通建设、运营单位负责实施安防系统的建设工作。

在城市轨道交通可行性研究、初步设计、施工图设计等各个环节，要根据国家有关法规和标准要求，优化安防设施的设计，预留安全检查设备的接口，合理设置监控系统、危险品处置设施、安防办公用房等安防设施。初步设计文件应当包括安防设施设计的内容，并设置安防设计专篇。各级城市轨道交通规划建设主管部门要会同有关部门加强初步设计中公共安全技术防范系统设计的审查和指导工作。施工图设计应按照批准的初步设计方案进行，对于涉及公共安全技术防范系统的重大设计变更，建设单位应报原初步设计审批部门批准。在城市轨道交通建设过程中，要严格按照国家有关标准，同步建设有关安防设施。对安防设施未与城市轨道交通工程同步设计、同步建设或不符合有关法律法规和强制性标准规定的城市轨道交通建设项目，不予验收。城市轨道交通安防设施建设所需资金，要纳入城市轨道交通建设项目投资概预算，确保资金投入。各地要确保已投入运营的城市轨道交通工程安防设施改建资金的落实，按照相关标准要求，逐步改建安防设施。

在城市轨道交通工程施工过程中，应严格执行本规范的规定，同步建设有关安防设施。施工准备阶段安防规划和相关设计文件均应通过建设主管部门会同公共安全管理部门组织的相关专家审查。

城市轨道交通公共安全技术防范工程验收由建设单位会同建设行政管理部门、公安部门等政府主管部门组织实施。检验应由具有相应资质的第三方检测单位实施。

城市轨道交通公共安全防范系统工程的建设是一个持续和动态的过程。随着城市轨道交通线路运营情况及外部环境的变化，以及公共安全防范系统内设备本身的老化，可能会出现系统的功能和性能无法满足实际需求的状况，应及时对城市轨道交通公共安全防范系统进行整体使用管理评估，对无法满足要求的系统或设备进行改建、扩建，以使系统持续发挥作用。

城市轨道交通公共安全防范工程设计、施工、检验、验收和使用管理，可参照《城市轨道交通公共安全防范系统工程技术规范》GB 51151—2016 的要求。

2.2.6 城市轨道交通线网规划应确定线路区间、车站、车辆基地及控制中心、主变电所等规划用地的建设控制区。

【编制目的】

本条文规定了城市轨道交通线路和重要设施规划用地的建设控制区要求，确定建设控制区是城市轨道交通线网规划编制工作的主要任务之一，目的是预留与控制城市轨道交通设施的用地条件，保障上述工程的用地条件，以减少拆迁工程、节约工程建设资金。

【条文释义】

建设控制区是城市轨道交通各项设施的选址用地范围。在建设控制区外围是安全保护区，一些规范标准中称为"控制保护区"或"控制保护地界"，安全保护区是城市轨道交通项目顺利建设、运营、维护和安全的重要保障，也是处理城市轨道交通各项设施与周边设施相互关系的衔接、协调区域。

城市轨道交通线网规划阶段应重点确定车辆基地的用地规模和选址方案，对于线路区间（包括正线、出入线、联络线）、车站和控制中心、主变电所等其他设施的用地应提出控制原则和要求，用地控制方案可在后续工作中逐步落实。城市轨道交通线网规划编制完成后，尚应编制城市轨道交通用地控制规划，详细研究并确定各项设施的布局方案和用地控制范围，用地应在城市控制性详细规划中落实。

【实施要点】

城市轨道交通建设控制区的要求及指标具体要求可参照现行国家标准《城市轨道交通线网规划标准》GB/T 50546—2018 中关于用地控制的规定。

目前，城市轨道交通有钢轮钢轨、单轨、磁悬浮等多种系统制式，其主要技术标准和建设条件存在一定差异，现行国家标准《城市轨道交通线网规划标准》GB/T 50546—2018 中建设控制区指标主要根据钢轮钢轨系统规划、建设、运营经验获得，其他制式城市轨道交通系统可以参照。

城市轨道交通工程建设所需用地应在规划阶段纳入城市控制性详细规划予以落实。

2.2.7 城市轨道交通规划地界应与用地范围重叠的道路、地下管线、综合管廊、地下空间开发、其他大型市政工程统筹规划，同期建设或预留建设条件。

【编制目的】

本条文规定了城市轨道交通规划与地上、地下空间规划及有关规划协调、衔接的要求。

【编制依据】

《国务院办公厅关于进一步加强城市轨道交通规划建设管理的意见》(国办发〔2018〕52号)

《住房城乡建设部关于加强城市轨道交通线网规划编制的通知》(建城〔2014〕169号)

《住房城乡建设部关于印发城市地下空间开发利用"十三五"规划的通知》(建规〔2016〕95号)

【实施要点】

在实际建设中,由于投资主体不同、建设时序不一致等原因,城市轨道交通地下线、地下人行通道、综合管廊等设施实现统筹建设和衔接的难度较大。一方面应理顺建设机制;另一方面在规划阶段应考虑建设时序、相关接口预留和运营需求,为建设实施提供清晰的设计条件和明确的规划依据,加强城市地上地下空间规划的可实施性。

2.2.8 城市轨道交通外部电源规划应纳入城市电力设施规划。

【编制目的】

城市轨道交通系统是城市用电大户,其外部电源应当作为城市电力设施规划的主要用户进行规划,确保运营期间的用电需求,避免未来再进行供电设施改造。

【术语定义】

城市轨道交通外部电源: 由公用电网向城市轨道交通的变电站供电的工程,一般包括电网侧间隔、输电线路及相关附属工程。

【实施要点】

为实现城市轨道交通外部电源规划与城市电力设施规划相匹配,达到电网资源的最佳利用和资源共享,应在城市电力设施规划时考虑城市轨道交通的电源需求,综合其电压等级、电源数量、位置、容量等在城市电力设施规划时纳入考虑因素。此外,城市轨道交通多采用集中供电方案,建成区变电站选址难度较大,既要有足够的用地条件,又要与周围环境相协调,也需要尽早进行规划。

2.2.9 城市轨道交通线网布局应符合下列规定：

1 线路走向应符合主导客流方向，线路运能标准应与服务水平一致。始发站早高峰小时乘客满载率不应超过70%；

2 主要换乘站应结合城市各级功能中心区统筹布局；

3 城市轨道交通车站应与铁路客运站、机场、长途汽车客运站、城市公交枢纽等重要交通枢纽紧密衔接，统一规划；

4 城市轨道交通车站和设施不应超出规划建设用地范围。

【编制目的】

本条文规定了城市轨道交通线网布局的基本原则和技术要求。

【编制依据】

《住房城乡建设部关于加强城市轨道交通线网规划编制的通知》（建城〔2014〕169号）

【条文释义】

城市轨道交通线网布局，首先，是服从客流运输的要求，其次，具有引导城市空间发展、促进城市土地开发的作用。城市轨道交通线网布局与城市空间结构吻合，与城市用地功能布局相协调，城市轨道交通走廊串联城市重要客运枢纽和大型客流集散点，可极大提高车站服务人口、就业岗位的覆盖率。

针对始发站乘客上不去车，后续站更加拥挤的现象，乘客、社会各方极不满意，需要加大监管力度提出的具体指标，对城市轨道交通客流预测和设计提出进一步要求。随着社会的进步，应大力提倡公共交通出行。当始发站满载率过高时，相邻车站下车乘客少，上车非常困难，导致列车拥挤，舒适度很差。在城市规划阶段和接驳设施建设时应考虑对城市轨道交通始发站客流的冲击，城市轨道交通始发站在设计阶段应充分考虑城市轨道交通始发站设置位置、周边规划发展和系统运能之间的相互关系。

目前，城市轨道交通线网规划对换乘站的规划布局重视不够，尤其是换乘站与城市主要公共服务中心、主要客运枢纽的规划结合较弱，导致城市主要公共服务中心、主要客运枢纽的交通可达性难以提高。

线网换乘站在布局上与城市的市区级中心、城市主要客运枢纽结合设置，与各级商业商务服务中心、就业中心的核心区域结合起来，这些区域是人流密集的集中区域，线网换乘站在该核心区域内布局，方便客流进出，提高了这些区域的交通可达性。

现行国家标准《城市轨道交通线网规划标准》GB/T 50546—2018 对铁路客运站、机场衔接城市轨道交通线网的门槛下限进行了规定：① 规划高峰小时旅客发送量大于或等于 1 万人次的特大型铁路客运站应设置城市轨道交通进行接驳，大于或等于 3000 人次且小于 1 万人次的大型铁路客运站宜设置城市轨道交通进行接驳。城市轨道交通车站应与铁路客运站结合设置，不能结合设置的，换乘距离不应大于 300m。② 规划年旅客吞吐量大于或等于 4000 万人次的机场应设置城市轨道交通进行接驳，大于或等于 1000 万人次且小于 4000 万人次的机场宜设置城市轨道交通进行接驳。机场与城市主中心之间轨道交通内部出行时间不宜大于 40min。

《住房城乡建设部关于加强城市轨道交通线网规划编制的通知》（建城〔2014〕169 号）中规定，线网规划的规划期限和地域范围，应当与城市总体规划相一致，线网规划一般应在城市总体规划确定的规划建设用地内。同时做好城市轨道交通远景线网研究，对远景线网布局提出总体框架性方案，远景线网一般应在城市开发边界范围内布置。

【实施要点】

在研究确定城市轨道交通线网方案时，首先，确定城市轨道交通服务水平，服务水平应以交通需求特征为依据，研究确定不同空间层次轨道交通服务时效性、便捷性和舒适性等服务水平指标，并提出与之相适应的技术标准。其次，确定城市轨道交通线网功能层次，线网层次结构应按不同空间层次交通需求构成特征和服务水平要求确定，宜由不同技术标准、不同系统制式轨道交通线路组合而成。

城市轨道交通线网布局的具体要求可参照现行国家标准《城市轨道交通线网规划标准》GB/T 50546—2018 中关于线网组织与布局的规定。

生态环境管控地区非城市建设开发用地，在城市总体规划中属于空间管制范围，不应设置车站，但现实中部分城市有违背城市总体规划意图在该区域设置车站的现象，会诱导市场进行土地开发，侵占生态绿地。本条文对此种情况进行了约束性规定。

2.2.10 系统制式选择应根据线路功能、需求特征、技术标准、敷设条件、工程造价、资源共享等要素综合分析确定。确定系统运能时，高峰小时客流最大断面平均车厢站席密度不应大于 6 人 $/m^2$。

【编制目的】

本条文规定了城市轨道交通系统制式与功能层次的关系，明确了系统制式选择的基本原则，以及确定系统运能时采用的定量技术指标。

【条文释义】

《国务院办公厅关于进一步加强城市轨道交通规划建设管理的意见》（国办发〔2018〕52 号）中要求，坚持近远期结合，统筹考虑交通、环境、工程等各方面因素，选择适宜的轨道交通系统制式和敷设方式，宜地面则地面、宜地下则地下，合理确定建设标准，着力提高综合效益。

现行国家标准《城市轨道交通线网规划标准》GB/T 50546—2018 中要求，在线路规划时重点要提出线路的旅行速度、平均站间距、最大运输能力等技术标准，并应符合线路在城市轨道交通线网中的功能定位和层次、客流特征、服务水平的总体要求。确定线路主要技术标准是实现线网功能定位、网络布局要求的关键基础，旅行速度决定了线路的整体运行时间目标，平均站间距是车站布局的重要控制原则，最大运输能力是系统制式、编组选择的重要依据。

根据线路的功能作用、客流需求特征以及主要技术标准，结合线路运量等级和适宜的敷设方式选择，通过工程造价、资源共享等技术经济要素综合比较，合理确定系统制式。

现行国家标准《地铁设计规范》GB 50157—2013、现行建设标准《城市轨道交通工程项目建设标准》建标 104—2008 中均提出，计算车辆定员数时，车厢空余面积定员数宜按每平方米站立 6 名乘客计算。

现行国家标准《城市轨道交通线网规划标准》GB/T 50546—2018 中基于乘客服务水平，将车厢服务水平等级由高到低分为 A 非常舒适、B 舒适、C 一般、D 拥挤和 E 非常拥挤五级，对应的车厢站席密度为 ≤3 人 /m²、>3 人 /m²～4 人 /m²、>4 人 /m²～5 人 /m²、>5 人 /m²～6 人 /m²、>6 人 /m²。规定了普线平均车厢舒适度不宜低于 C 级，快线平均车厢舒适度不宜低于 B 级。普线、快线车厢舒适度要求参考了我国部分城市和国际组织的经验和做法。

鉴于我国人口众多和当前的经济发展水平，以及城市轨道交通主要服务于通勤交通的实际需要，在确定系统运能时，本规范仅确定了基于车厢舒适度的平均车厢站席密度低限指标，不大于 6 人 /m²，各地城市根据自身经济发展水平和居民交通需求，可适当选择适于自身发展实际的平均车厢站席密度即车厢舒适度服务指标。

【实施要点】

本条文前段内容来源于现行国家标准《城市综合交通体系规划标准》GB/T 51328—2018 第 9.3.5 条。主要根据功能要求和运量等级，确定城市轨道交通的系统形式。目前工程建设中常见的轨道交通系统制式包括地铁、轻轨、单轨、快线系统、市郊铁路、自动导轨等。规划阶段应明确线路的速度目标值、站距、运量等关键技术参数，为系统选型提供依据。条件允许时，鼓励利用既有铁路设施实现城市轨道交通功能。

基于平均车厢站席密度的系统运能（可反映至工程建设标

准、建设成本）和车厢舒适度是两个反向指标，平均车厢站席密度取值高，定员数也高，系统运能也大，车辆编组相对较短，工程建设标准和建设成本相对较低，但基于服务水平的车厢舒适度相对较低；反之亦然。通过提高乘车舒适度，吸引人们逐渐放弃个体机动车而转乘轨道交通方式出行，可以缓解城市交通供需压力，优化城市交通结构，引导绿色交通出行。各城市在确定平均车厢站席密度时，应根据城市自身发展实际，在工程建设成本和乘客服务水平之间取得一个平衡，合理确定平均车厢站席密度指标。

【编制依据】

《国务院办公厅关于进一步加强城市轨道交通规划建设管理的意见》（国办发〔2018〕52号）

2.2.11 城市轨道交通车站应符合城市设计要求，保障地上与地下协调发展。

【编制目的】

本条文规定了车站要符合城市设计要求，目的是构建以城市轨道交通站点为核心、集约高效和人性化的城市环境和活动空间，做好车站与城市地上、地下空间规划设计的统一和协调。

【条文释义】

《城市设计管理办法》（中华人民共和国住房和城乡建设部令第35号）规定，单体建筑设计和景观、市政工程方案设计应当符合城市设计要求。本条文是对《城市设计管理办法》的具体落实和体现。

在城市轨道交通车站规划设计建设时，应重视《城市设计管理办法》中的下列要求：

城市设计是落实城市规划、指导建筑设计、塑造城市特色风貌的有效手段，贯穿于城市规划建设管理全过程。通过城市设计，从整体平面和立体空间上统筹城市建筑布局、协调城市景观风貌，体现地域特征、民族特色和时代风貌。

重点地区城市设计应当塑造城市风貌特色，注重与山水自然的共生关系，协调市政工程，组织城市公共空间功能，注重建筑空间尺度，提出建筑高度、体量、风格、色彩等控制要求。

历史文化街区和历史风貌保护相关控制地区开展城市设计，应当根据相关保护规划和要求，整体安排空间格局，保护延续历史文化，明确新建建筑和改扩建建筑的控制要求。

重要街道、街区开展城市设计，应当根据居民生活和城市公共活动需要，统筹交通组织，合理布置交通设施、市政设施、街道家具，拓展步行活动和绿化空间，提升街道特色和活力。

【编制依据】

《中华人民共和国城乡规划法》

《城市设计管理办法》（中华人民共和国住房和城乡建设部令第 35 号）

【实施要点】

城市轨道交通系统是城市的窗口，不仅可以展现城市风貌特色和公共空间体系，对优化城市空间布局和形态格局也尤为重要。当城市轨道交通线路经过下列地区时，应符合下列重点地区城市设计要求：城市核心区和中心地区；体现城市历史风貌的地区；新城新区；重要街道，包括商业街；滨水地区，包括沿河、沿海、沿湖地带；山前地区；其他能够集中体现和塑造城市文化、风貌特色，具有特殊价值的地区。

2.2.12 车站出入口、风亭、集中冷站、广播电视信号设施、通信信号设施、供电设施、给水排水设施和其他设施应划定建设用地控制范围。

【编制目的】

本条文规定了城市轨道交通车站重要附属设施及其他设施规划建设用地的控制要求。

【条文释义】

《城市规划编制办法》（中华人民共和国建设部令第 146 号）要求，城市总体规划的强制性内容包括城市轨道交通网络、交通枢纽布局；城市分区规划内容包括主要交叉口、广场、公交站场、交通枢纽等交通设施的位置和规模，轨道交通线路走向及控制范围；详细规划内容包括公共设施配套要求、交通出入口方位等要求。

《住房城乡建设部关于加强城市轨道交通线网规划编制的通知》（建城〔2014〕169号）要求，编制线网规划应对线网规划中的线路、站点，明确其初步位置及其用地控制要求，落实车辆基地等设施用地，划定城市轨道交通主要设施的用地控制界线和规划控制区。通过预留与控制设施用地，为城市轨道交通建设提供用地条件。将城市轨道交通规划的主要内容纳入城市总体规划和控制性详细规划。

车站主要由车站主体及出入口、风亭、冷却塔、管理用房等附属设施组成。车站主体根据建设条件可选择布置在道路红线内或外侧地块内，布置在道路红线内时能够充分利用城市道路用地，布置在道路红线外侧地块内时需额外占用较多土地资源。因此，在城市建成区，车站主体一般随着线路布局优先布置在道路红线之内。车站附属设施可布置在道路红线内或外侧毗邻地块内，城市道路规划设计往往未考虑预留上述设施的空间条件，造成车站出入口往往设置在人行道上，妨碍了行人正常通行。因此城市轨道交通项目建设中，车站附属设施通常需要布置在道路红线外侧毗邻地块内，为了能够集约利用土地资源，有条件可与邻近公共建筑相结合。

车站位于城市道路红线内时，重点考虑在城市道路红线外两侧毗邻地块设置出入口、风亭、冷却塔、管理用房等附属设施的用地条件。根据各地建设经验，车站附属设施主要分布在车站周边道路红线外两侧毗邻地块。

除了供电设施用地单独设置的较多外，广播电视信号设施、通信信号设施、给水排水设施等一般在车站用地范围内统筹设置，需要做好车站设施与大市政管线的接口工作。地上（地面、高架）敷设系统根据规划设计方案对建设用地需求提出具体要求，做好建设用地预留控制工作。

【实施要点】

位于城市道路红线内的车站，车站主体一般布置在城市道路红线内，车站附属设施通常布置在城市道路红线外两侧毗邻地块内。现行国家标准《城市轨道交通线网规划标准》GB/T 50546—2018对车站两侧毗邻地块建设控制区指标作出了规定，对于无单独建设用地需求的设施，可以将这些设施如车站出入口、风亭、集中冷站等在该毗邻地块内统筹规划布局和建设。

车站位于城市道路红线外时，应在城市道路红线外侧地块考虑设置车站主体及其附属设施的建设用地条件。

2.3 杂散电流防护

2.3.1 城市地铁、轻轨、市域快速轨道系统以直流牵引供电、走行轨回流的杂散电流防护工程，应采取加强绝缘的防护方案或绝缘与排流相结合的防护方案，线路、轨道、建筑结构、供电、金属管线安装等工程应符合相应的防护方案的技术要求。同一条线路应采取同一种防护工程方案。

【编制目的】

本条文规定了城市轨道交通杂散电流防护措施的实施主体及防护方案的选择，目的是明确杂散电流防护技术措施的应用范围，对防护工程方案的制定进行限定。

【术语定义】

直流牵引供电：由外部直流电源向列车供电的牵引方式。

杂散电流：在非指定回路上流动的电流，或因有意和无意的接地，而流入大地或埋地金属物体中的泄漏电流。

【条文释义】

我国目前运营、在建或规划了地铁、轻轨等类型的轨道交通城市大多采用直流牵引供电系统，以走行轨作为回流导体组成回流网。

国内外的相关研究表明，直流牵引供电系统可能产生杂散电流腐蚀的问题，有的地方杂散电流腐蚀还相当严重。鉴于杂散电流的腐蚀速度和强度大于土壤的腐蚀，如果自身防护不善，有可能造成回流电流的泄漏，形成杂散电流，对内危害地铁轨道、金属结构、金属管线和设备，对外危害城市的公共建筑和埋地管网设施，甚至可能造成灾难性后果，成为城市的一种严重公害，如不对地铁杂散电流加以遏制，将会给国民经济带来巨大损失。

同一条线路的地铁杂散电流防护工程只可选择其一，不可同时兼有。这是由于不同方案对应着不同方法，如果混淆运用，势必会带来一定的副作用，从而造成彼此之间的相互干扰和投资浪费。

【实施要点】

本条文规定了城市轨道交通杂散电流防护的实施主体和防护方案，具体要求可按现行行业标准《地铁杂散电流腐蚀防护技术标准》CJJ/T 49—2020 中的相应条款执行，主要包括确定杂散电流防护的应用范围及整体防护方案的选择。

【背景与案例】

新建地铁杂散电流腐蚀防护工程首先应明确新建工程采取何种防护方案。在可行性研究阶段的论证、评估与设计时，应在走行轨回流加强绝缘和走行轨回流辅以排流的防护方案中选择其一进行设计。

防护设计方案只有紧紧围绕地铁的线路与线网、轨道、主体建筑结构、供电系统、排流系统、金属管线与设备、车辆基地和防护监控等相关的各个系统进行科学规划，才能从源头上做好防护的统筹、预测与评估工作，才能与地铁工程协调一致，达到最佳的防护效果。全国各个城市地铁建设的情况不同，因此，防护工作应根据各地的特点采取针对性的防护措施。对于已经完工的地铁工程，如果杂散电流泄漏对社会产生危害的，应进行系统性的综合治理工作。

2.3.2 杂散电流防护应将走行轨回流网、主体建筑结构、轨道交通系统内部和沿线埋地金属管线及设备列为重点防护对象并建立整体性防护系统，采取杂散电流防护的技术措施，并应与受影响方在工程可行性研究阶段或初步设计阶段进行技术、经济、环保、安全性论证与评估，共同参与工程检验和验收。

【编制目的】

本条文规定了杂散电流的重点防护对象，明确了杂散电流防护措施的参与制定方。

【术语定义】

走行轨回流网：由走行轨作为回流导体组成的回流网。

【条文释义】

地铁直流系统中杂散电流引起腐蚀的防护，需要从全局角度出发，并从长计议。这项工程与地铁主体结构工程一样也是百年大计，工程质量的关键取决于整体防护系统的设计、施工、检验、监测和维护。所以，应将加强整体性的绝缘防护和沿线相邻系统的安全防护作为主要目标，预防、控制、限制并最终遏止杂散电流向地铁外部扩散，将其影响及危害降至最低程度。

为了保证地铁工程的整体防护效果，本条要求新建地铁杂散电流腐蚀防护设计融入地铁建设工程的总体规划之中，与其他专业的设计一样，需要在工程可行性研究阶段或初步设计阶段就做好地铁杂散电流防护专题的技术、经济、环保、安全性比较论证与评估，会同相关专业共同开展地铁整体防护的统筹、协调与综合设计工作。在工程施工和运行过程中，须满足防护设计中规定的绝缘与防腐蚀要求。

【实施要点】

本条文规定了城市轨道交通杂散电流的重点防护对象和防护措施制定的整体要求，具体要求可按现行行业标准《地铁杂散电流腐蚀防护技术标准》CJJ/T 49—2020 中的相应条款执行，主要包括确定杂散电流受影响方和重点防护对象，与受影响方在工程可行性研究阶段、初步设计阶段、工程验收阶段进行综合评估。

【背景与案例】

杂散电流对内危害地铁轨道、金属结构、金属管线和设备，对外危害城市的公共建筑和埋地管网设施，甚至可能造成灾难性后果。

治理杂散电流腐蚀最根本和有效的措施是要致力于治理和消除杂散电流产生的根源，在地铁工程设计初期就应建立整体防护的思想理念，既要考虑治标，又要考虑治本，要从产生杂散电流的根本和源头上采取措施。

2.3.3 杂散电流防护应与城市轨道交通的其他工程相互协调，其他工程的设计及施工，不应影响杂散电流防护措施和降低性能及要求。

【编制目的】

本条文规定了杂散电流防护与城市轨道交通的其他工程设计、施工的相互关系，明确了杂散电流防护的重要性。

【条文释义】

地铁杂散电流防护工程的实践证明，如果在工程中减少防护措施或降低防护要求，必定会对杂散电流整体防护体系和防护效果造成严重影响，地铁一旦生成了杂散电流或受到了杂散电流的影响，都将难以弥补和补救。本条文提出的杂散电流腐蚀防护的规定，在防护工程的实际设计和施工时，地铁各专业都应尽可能做到充分协调、密切配合，排除各种干扰因素的影响，落实杂散电流防护的原则和策略，无论如何都不能在新建和改扩建地铁项目时减少和降低杂散电流防护所需要的防护措施和防护要求。

【实施要点】

本条文规定了城市轨道交通杂散电流防护工程与其他工程设计、施工的相互关系，具体要求可按现行行业标准《地铁杂散电流腐蚀防护技术标准》CJJ/T 49—2020 中的相应条款执行，主要包括：明确设计、施工对接节点，明确其他工程的设计及施工要求。

【背景与案例】

虽然产生杂散电流的重点是牵引供电系统，但在地铁工程的许多方面都会对杂散电流的产生带来影响。所以，要从地铁的整体防护进行思考，从全局的角度出发，做好杂散电流的预防与控制工作，如供电专业、走行轨专业、土建专业、轨旁设备专业等各专业密切配合。

2.3.4 供电系统正常供电方式下的接触网、回流网、排流网应满足远期高峰小时任一个供电区间结构钢筋纵向电压平均值应小于0.1V，排流防护时应处于－1.5V～＋0.5V保护电压的范围内。杂散电流防护与电气接地安全不应相互冲突。走行轨应按牵引区间设置回流分断点。车辆基地供电时走行轨回流应与正线绝缘隔离。应设置杂散电流防护监测与监控系统，并应能及时准确监测到主体建筑结构钢筋对地电位和杂散电流。

【编制目的】

本条文规定了系统杂散电流防护指标要求，明确了杂散电流防护与电气接地安全的相互关系，对走行轨回流提出杂散电流防护的设计要求，同时明确了杂散电流监测、监控系统的功能要求。

【术语定义】

回流网：由专用轨、走行轨、电缆及连接件等回流通路导体组成。

保护电压：金属达到有效保护所需要的电压。

【条文释义】

在基本不受外界杂散电流影响的情况下，结构钢筋的电位基本上保持在自然电位值以内，其值为0.1V。

从金属结构腐蚀防护的角度来看，金属结构表面不受腐蚀的最佳电位数值根据国外文献所载为－0.85V，这对于地铁主体结构中的钢筋也同样适用。在地铁运营过程中，这个电位数值是一个受多种因素影响的脉动变化的物理量，在采用或不采用排流防护的条件下都是如此。因此，在实际中需要对这个物理量规定一个合理的取值范围，该范围规定为－1.5V～＋0.5V。地铁主体结构钢筋处于这个数值范围内，可以说是安全的，因此，在实际工程中也称此电位为防护电位或保护电位。上限＋0.5V，与极化电位相一致，最高不能超过极化电位。下限 −1.5V，阴极防护较佳电位是 −0.8V 左右，经现场试验，电压负向偏移过大，对阴极防护并不利，会产生吸附作用。

地铁杂散电流防护属于安全防护的范畴，如果被忽视或被边缘化，必将造成难以弥补的损失。因此，其重要程度应与电气安全防护、接地安全防护等同。本标准就此明确提出这三者的安全是相关联的，也是同等重要的，设计时需要同时考虑它们的安全性、协调性以及共容性。由于三者的安全利益相关，故在设计时就应同等对待，共同承担安全责任，而不应偏袒任何一方。如果偏重一方进行设计，势必会给其他方面带来不良后果。因此，本条特别强调杂散电流防护、电气安全防护、接地安全防护三者之间关系应该是平等、相关、依存、和谐的关系，故在防护设计时，需做到彼此兼容和相互协调。

在地铁的不同线路之间、过渡区段及车辆基地，回流网应设置电气分隔。采用这种隔离措施，可以最大限度地避免相互之间的干扰和影响。

地铁杂散电流防护工程中，监测系统是必备的，以利于地铁对防护对象的实时监测与保护。建立杂散电流防护监测与控制系统，可对杂散电流情况进行及时的掌握和有效的控制，也是对地铁防护对象建立安全保护的屏障。

【实施要点】

本条文规定了系统杂散电流防护指标要求及系统杂散电流防护的设计要求，具体要求可按现行行业标准《地铁杂散电流腐蚀防护技术标准》CJJ/T 49—2020 中的相应条款执行，主要包括高峰小时任一个供电区间结构钢筋纵向电压平均值要求，排流防护时保护电压要求，走行轨应设置回流分段点要求、车辆基地走行轨回流应与正线绝缘隔离的要求、杂散电流监测与监控的要求。

【背景与案例】

按现行国家标准《轨道交通 地面装置 电气安全、接地和回

流 第 2 部分：直流牵引供电系统杂散电流的防护措施》GB/T 28026.2—2018 规定，钢筋混凝土隧道结构、高架桥、道床的纵向电压降为 0.1V。从金属结构腐蚀防护的角度来看，金属结构表面不受腐蚀的最佳电位数值根据国外文献所载为 −0.85V，上限 ＋0.5V，与极化电位相一致，最高不能超过极化电位。下限 −1.5V，阴极防护较佳电位是 −0.8V 左右，经现场试验，电压负向偏移过大，对阴极防护并不利，会产生吸附作用。

2.3.5 走行轨回流网应保持回流通路畅通，其纵向电阻值应小于 0.01Ω/km。走行轨应与沿线金属结构、金属管线、设备设施及大地保持绝缘，且当采取加强绝缘防护方案时其过渡电阻值不应低于 150Ω·km；当采取绝缘与排流相结合防护方案时其过渡电阻值不应低于 15Ω·km。

【编制目的】

本条文规定了走行轨回流网纵向电阻、过渡电阻的指标要求，通过限制走行轨纵向电阻及过渡电阻，以降低杂散电流泄漏，减少杂散电流的影响及危害。

【术语定义】

纵向电阻：沿层理方向的电阻。

过渡电阻：走行轨与结构之间、走行轨与大地之间或其他两个导体之间单位长度的电阻。

【条文释义】

地铁杂散电流产生的根源是采用直流牵引供电方式的回流系统，从这个根源角度出发考虑防护设计，就需要针对回流系统的通畅性和绝缘性，来寻求解决问题的途径。

现在新建或改扩建地铁工程的走行轨均采用长轨，不仅可以减少列车振动和噪声，也减小了回流电路的电阻，从而提高了回流效率。《规范》规定了纵向电阻值小于 0.01Ω/km 这个指标，作为对上、下行走行轨并联后的基本要求。对轨道金属连接部件规定限值，是防护的基本要求。对轨道绝缘的要求必定包含轨道连接部件，尤其是金属连接部件，其连接质量关乎轨道的整体绝缘水平，需引起轨道专业工作人员的高度重视。

根据多年来地铁运行的实践经验和国内外标准及研究资料表明：

对地铁杂散电流在源头上采取加强绝缘的防护措施，走行轨对结构、对地的过渡电阻值到达 $150\Omega \cdot km$；对采取排流防护的地铁工程，其走行轨对结构、对地的过渡电阻值达到 $15\Omega \cdot km$ 以上，则认为是可以接受的。

【背景与案例】

美国、英国、德国、俄罗斯和日本等国家，均把加强轨道绝缘作为防止杂散电流腐蚀的一项根本措施。加强绝缘可大大提高回流系统对主体结构、对地的过渡电阻值。欧美及亚洲一些发达国家和地区较多采用这种方法，其过渡电阻值可以达到 $200\Omega \cdot km \sim 300\Omega \cdot km$。在这种情况下，如果工程质量和相应的维护保养工作符合标准要求，可以将杂散电流值限制在毫安（mA）的量级。这样可将杂散电流腐蚀控制在可以接受的范围内，从而基本上解决了杂散电流腐蚀问题。

2.3.6 杂散电流防护指标应符合下列规定：

1 钢筋混凝土结构极化电位正向偏移应小于 0.5V。

2 结构钢筋对地电位高峰小时正向偏移平均值应取 0.1V，或 1h 内 10% 峰值的正向偏移平均值应取 0.5V；对城市轨道交通线路周围的金属结构和金属管线未采取阴极防护的区域，结构钢筋对地电位高峰小时正向偏移平均值应取 0.2V。

3 当采取保护电位防护时，主体建筑结构钢筋应处于 $-1.5V \sim 0.5V$ 保护电位的范围内。

【编制目的】

本条文规定了杂散电流防护的指标要求，通过指标限值明确杂散电流腐蚀影响的程度及杂散电流防护的目标。

【术语定义】

极化电位：由于电流的流动引起电极／电解质界面电位的偏移成为极化状态时的电位。

【条文释义】

通过对国内外文献的分析表明，在弱电解质中基于结构钢筋电压和泄漏电流密度之间的相互关系，密度为 $0.6mA/m^2$ 的电流能引起钢筋的电位向正方向偏移 $0.4V\sim0.6V$。根据对电极极化现象的理解，当泄漏电流自金属进入弱电解质的方向流过时，金属发生极化即伴随此电流产生的电位偏移，上述电压即为极化电压数值。因此，为了在实际工作中便于工作人员进行测量，可以认定杂散电流引起的极化电位数值作为一个量化的临界值，以此当作判断标准的指标值，其值为 0.5V。

在基本不受外界杂散电流影响的情况下，结构钢筋的电位基本上保持在自然电位值以内，其值为 0.1V。

腐蚀危险电位与土壤电阻率、地下水电解质、工程材料耐腐蚀特性等有关，电压偏离为 $0.4V\sim0.6V$。

"1h 内 10% 峰值的平均值为 0.5V"是为防止测量时的干扰信号，明确取其 10% 的峰值为极化电压偏移值。

按现行国家标准《轨道交通 地面装置 电气安全、接地和回流 第 2 部分：直流牵引供电系统杂散电流的防护措施》GB/T 28026.2—2018，钢筋混凝土隧道结构、高架桥、道床的纵向电压降为 0.1V。

根据现行国家标准《轨道交通地面装置 电气安全、接地和回流 第 2 部分：直流牵引供电系统杂散电流的防护措施》GB/T 28026.2—2018 的规定，钢筋混凝土或金属结构应考虑杂散电流的影响，如果在运输高峰期间金属结构对地的偏移电位平均值不超过 0.2V，对非阴极防护区的结构不需要采取特别措施。

从金属结构腐蚀防护的角度来看，金属结构表面不受腐蚀的最佳电位数值根据国外文献所载为 -0.85V，这对于地铁主体结构中的钢筋也同样适用。在地铁运营过程中，这个电位数值是一个受多种因素影响的脉动变化的物理量，在采用或不采用排流防护的条件下都是如此。因此，在实际中需要对这个物理量规定一个合理的取值范围，规范将这个允许的取值范围规定

为 $-1.5V\sim+0.5V$。地铁主体结构钢筋处于这个数值范围内，可以说是安全的，因此，在实际工程中也称此电位为防护电位或保护电位。上限 $+0.5V$，与极化电位相一致，最高不能超过极化电位。下限 $-1.5V$，阴极防护较佳电位是 $-0.8V$ 左右，经现场试验，负压过大，对阴极防护并不利，会产生吸附作用。

【实施要点】

本条文规定了杂散电流防护的指标要求。主要包括钢筋混凝土结构极化电位正向偏移要求、结构钢筋对地电位高峰小时正向偏移平均值要求、主体建筑结构钢筋保护电位的要求。

2.3.7 当埋地金属管线穿越道床时应采取杂散电流防护措施。敷设在隧道中的电缆、水管等金属管线结构，不应直接接触地下水流、积水、潮湿墙壁、土壤以及含盐沉积物。

【编制目的】

本条文规定了埋地金属管线、电缆、水管等金属管线结构的杂散电流防护要求，目的是避免金属管线结构穿越道床或者敷设时由于周边环境产生杂散电流泄漏或者腐蚀。

【条文释义】

金属管线在地铁轨道下方穿越的部位最容易受到来自走行轨泄漏的杂散电流腐蚀，因而此处的危害相对最大。要求在此部位增设加强的绝缘防护层，并在穿越部位的两侧设绝缘法兰，以防止杂散电流沿管线路径进一步扩散。规定穿越部位需保持清洁干燥，以消除可能导致结构发生腐蚀的电解质条件。

地铁隧道中的积水、潮湿墙壁和土壤以及含盐沉积物等，都是电解质一类的物质，是致使金属结构发生腐蚀的重要因素。因此，要设法使电缆外铠装、水管等金属管线与这些电解质类物质脱离接触，以消除发生腐蚀的条件。

【实施要点】

本条文规定了埋地金属管线、电缆、水管等金属管线结构的杂散电流防护要求，主要包括埋地金属管线穿越道床时的防护要求、敷设在隧道中的电缆、水管等金属管线结构的防护要求。

【背景与案例】

埋地金属管线穿越道床时，若未采取合理的杂散电流防护措施容易导致走行轨回流电流经穿越的埋地金属管线泄漏，从而产生腐蚀危害；与走行轨距离较近时也可能产生打火放电等现象。因此，埋地金属管线穿越道床时应采取杂散电流防护措施，避免杂散电流经附近穿越金属管线泄漏的情况。电缆、水管等金属管线结构若直接接触地下水流、积水、潮湿墙壁、土壤以及含盐沉积物，则会增大杂散电流腐蚀的可能。

2.4 环境保护与资源节约

2.4.1 应合理规划线路走向和线位，综合比选确定系统制式、敷设方式及线路埋深等，优化节能设计，做到技术可靠、经济合理和节能环保。

【编制目的】

本条文规定了确定项目环保和资源节约的布局和基本性能要求。

【条文释义】

城市轨道交通建设应坚持以节约土地、节约资源、减少能耗为基本原则。对节能应统一规划，各系统间应协调配合，在满足相同功能要求的前提下，尽量降低系统和设备自身的能量损耗。线路功能定位、服务水平、系统运能、线路走向及起讫点、车辆基地选址和资源共享等，应依据线网规划确定，并应符合政府主管部门批准的文件。

【编制依据】

环境保护部办公厅文件《关于做好城市轨道交通项目环境影响评价工作的通知》（环办〔2014〕117号）

【实施要点】

环境保护部办公厅文件《关于做好城市轨道交通项目环境影响评价工作的通知》（环办〔2014〕117号）提出强化城市轨道交通规划环评对项目环评的约束指导、充分发挥环评优化项目选址选线方案的作用、强化噪声污染防治措施、严格控制环境振动以及做好施工期环境保护，城市轨道交通项目选址选线应当符合城市规划，应当与规划环评审查结论和意见一致，尽量选择沿城市既有交通干线或规划交通干线敷设，与已有敏感建筑物之间设置足够的防护距离。线路穿越城市建成区和人口集中居住区域时，应当采用地下线敷设方式；穿越城市建成区以外非环境敏感区，可采用高架线或地面线的敷设方式。尽量通过控制地下线与振动敏感点的距离、加大隧道埋深、提高运营维护水平等，降低振动源强度，并根据减振量需要采取浮置板道床、减振扣件等轨道减振措施。

2.4.2 应对各功能用地统筹布局，合理确定主变电所、车辆基地、控制中心等设施的共享方案。

【编制目的】

通过统筹布局，达到节能环保和资源节约的要求，以及系统性和完整性的要求。

【条文释义】

轨道交通线网控制中心作为轨道交通线路运营的核心综合协调角色，全面负责所有运行车辆、车站、区间、客流、设备、行车等方面的监视、协调、指挥、调度和管理。为适应线网发展，保证轨道交通网络的安全、集约、高效运营，必须对轨道交通网络运营进行统一调度指挥，实现调度指挥中心建设、运营组织协调、资源信息共享、突发事件应急处置和网络对外协调统筹规划、统一管理。

应遵循系统规划、资源共享、综合效益、安全可靠、风险控制的原则，按照城市轨道交通工程建设年度，统一规划在一定的区域内同步建设和规划建设的主变电所的数目，避免重复建设，造成不必要经济损失和不良社会影响。

车辆基地是城市轨道交通建设项目的重要组成部分，占地多、规模大，涉及车辆、线路、站场、工务、供电、通信、信号、建筑、给水排水、消防等系统和专业，是地铁建设的主要控制环节之一。由于车辆基地工程投资大、占地较多，确定合理的功能布局对降低工程投资、节约用地有重要意义。

【实施要点】

通过主变电所、车辆基地、控制中心统筹布局、资源共享是网络化的必要条件，是轨道交通规划、建设必须研究和落实的重要环节，对降低工程造价、节约用地、节能环保及轨道交通建设的可持续发展具有重要作用。应在满足系统性和完整性的要求前提下，通过确定合理共享方案，实现节能环保和资源节约目标要求。

2.4.3 城市轨道交通设计应采取降低对生态环境影响的措施，对浅埋、高架及地面线路应采取降低噪声、减少振动、隔离、规避措施。

【编制目的】

本条文规定了城市轨道交通工程在设计中采取环保措施。

【条文释义】

新建、改建、扩建经过噪声敏感建筑物集中区域的铁路和城市轨道交通线路等，建设单位应当在可能造成噪声污染的重点路段设置声屏障或者采取其他减少振动、降低噪声的措施，符合有关交通基础设施工程技术规范以及标准要求。

【编制依据】

《中华人民共和国噪声污染防治法》（中华人民共和国主席令第一〇四号）

第四十六条"制定交通基础设施工程技术规范，应当明确噪声污染防治要求。"

【实施要点】

城市轨道交通设计应选择合理的线路走向和隧道埋深，尽量避免直接从敏感点正下方穿过，同时考虑达标距离要求，控制线路两侧用地；重点从车辆条件、轮轨条件、轨道结构、隧道结构等方面综合考虑减轻振动环境影响。对下穿学校、医院、文物等特殊建筑物，应根据跟踪监测结果，采取轨道工程减振、敏感保护目标支撑结构加固、基础加固等防护措施。

2.4.4 设计、需要配套建设的环境保护设施，应与城市轨道交通同步设计、同期施工、同时投入使用。

【编制目的】

本条文强调配套建设的环境保护设施要与城市轨道交通同步设计、同期施工、同时投入使用。

【条文释义】

国家在环境保护、文物保护方面的法律、法规和标准，城市轨道交通建设和运营也必须执行。需要配套建设的环境保护设施，应与城市轨道交通同步设计、同期施工、同时投入使用。运营单位应保障环境保护设施的持续有效使用。

2.4.5 机电设备应选用紧凑、高效、节能环保产品。

【编制目的】

本条文强调机电设备应选用紧凑、高效、节能环保产品，以达到高效、舒适、安全、有益于环境保护的要求。

【条文释义】

本条文规定了确定项目环保和资源节约的操作要求。机电设备应优先选用高效、低耗、节能型的产品；对照明、自动扶梯、空调通风设备等实施智能控制。

【实施要点】

1. 机电设备应选择技术成熟、安全可靠、节能高效、环保卫生、维修简便的产品。

2. 设备选择应首选性价比合理的国内产品，适当引进国外的关键设备和先进技术，并做好统一技术标准和相关接口，有利于系统设备集成化、模块化及网络兼容性，并逐步提高国产化比例。

3. 初期设备数量应按近期需要配置，并预留远期设备加装位置。根据近、远期运量增长的需要，结合设备使用寿命周期，以及设备安装条件的可能，研究合理配置方案。

4. 设备和电缆的安装不得侵入设备限界和紧急疏散通道的地

面和空间，还要考虑安全保护和防盗报警的措施。

2.4.6 城市轨道交通建设和运营中，应对可能产生的噪声、振动、电磁辐射、废水、废渣、废气、粉尘、恶臭气体、光辐射、放射性物质等环境影响要素采取工程防治措施。

【编制目的】

本条文强调城市轨道交通建设和运营中对可能对环境影响要素采取工程防治措施。

【条文释义】

排放污染物的企业事业单位和其他生产经营者，应当采取措施，防治在生产建设或者其他活动中产生的废气、废水、废渣、医疗废物、粉尘、恶臭气体、放射性物质以及噪声、振动、光辐射、电磁辐射等对环境的污染和危害。根据轨道交通的特点，作出规定。

【编制依据】

《中华人民共和国环境保护法》

第四十二条　排放污染物的企业事业单位和其他生产经营者，应当采取措施，防治在生产建设或者其他活动中产生的废气、废水、废渣、医疗废物、粉尘、恶臭气体、放射性物质以及噪声、振动、光辐射、电磁辐射等对环境的污染和危害。

排放污染物的企业事业单位，应当建立环境保护责任制度，明确单位负责人和相关人员的责任。

重点排污单位应当按照国家有关规定和监测规范安装使用监测设备，保证监测设备正常运行，保存原始监测记录。

严禁通过暗管、渗井、渗坑、灌注或者篡改、伪造监测数据，或者不正常运行防治污染设施等逃避监管的方式违法排放污染物。

《建设项目环境保护管理条例》

第十五条　建设项目需要配套建设的环境保护设施，必须与主体工程同时设计、同时施工、同时投产使用。

第十六条　建设项目的初步设计，应当按照环境保护设计规范的要求，编制环境保护篇章，落实防治环境污染和生态破坏的措施以及环境保护设施投资概算。建设单位应当将环境保护设施建设纳入施工合同，保证环境保护设施建设进度和资金，并在项目建设过程中同时组织实施环境影响报告书、环境影响报告表及其审批部门审批决定中提出的环境保护对策措施。

2.4.7 城市轨道交通试运行期间，建设单位应对环境保护设施运行情况和城市轨道交通对环境的影响进行检测，并应根据检测结果采取必要的补救措施。

【编制目的】

本条文规定目的是降低城市轨道交通运行产生的环境影响。

【条文释义】

城市轨道交通运营单位应当加强对城市轨道交通线路和城市轨道交通车辆、铁路线路和铁路机车车辆的维护和保养，保持减少振动、降低噪声设施正常运行，并按照国家规定进行监测，保存原始监测记录，对监测数据的真实性和准确性负责，并应根据检测结果采取必要的补救措施。

【编制依据】

《中华人民共和国噪声污染防治法》（中华人民共和国主席令第一〇四号）

第五十一条　公路养护管理单位、城市道路养护维修单位应当加强对公路、城市道路的维护和保养，保持减少振动、降低噪声设施正常运行。

城市轨道交通运营单位、铁路运输企业应当加强对城市轨道交通线路和城市轨道交通车辆、铁路线路和铁路机车车辆的维护和保养，保持减少振动、降低噪声设施正常运行，并按照国家规定进行监测，保存原始监测记录，对监测数据的真实性和准确性负责。

2.4.8 城市轨道交通系统能源消耗计算基本指标应为车公里能耗［kW·h/（车·km）］和乘客人公里能耗［kW·h/（人·km）］。建设项目能耗计算应选用单位投资能耗指标。

【编制目的】

本条文规定目的是统一城市轨道交通系统能源消耗指标计算。

【条文释义】

城市轨道交通系统能耗应考虑设施设备配置选型、服务水平和运输工作量等因素，按照车站、控制中心、车辆基地、线路、路网等分类统计。车站各系统能耗应按照具体设备分类进行分项统计，包括车站电梯与自动扶梯系统能耗、车站照明系统能耗、车站通风与空调系统能耗、车站其他系统能耗。换乘站能耗应按车站所属线路分别进行评价。

2.5 应急设施

2.5.1 城市轨道交通应按照国家各类应急预案要求进行空间和设施安排，包括设置应急场地、疏散通道、救援通道、应急指挥场地，设置应急广播、应急通信、公告设施和设备等应急专用设施，以及设置救治药品和医疗器械等物资储备专用空间和条件，统筹设计，同步建设。

【编制目的】

本条文规定了应急预案要求的应急空间、场地、通道，需要包括在城市轨道交通工程设计中。通过规定应急预案要求的空间和设施安排以及工程建设要求，保障并提高城市轨道交通保障公共安全和处置突发公共事件的能力。

【条文释义】

城市轨道交通工程除自身运营应具备的设施外，还需要包括应急空间、场地、通道。

【实施要点】

在城市轨道交通工程设计中，应急场地、疏散通道、救援通道、应急指挥场地，设置应急广播、应急通信、公告设施和设备等应急专用设施，以及设置救治药品和医疗器械等物资储备专用空间和条件等应当齐备，同步建设。验收时按照设计和本条文检查验收。

在执行中可参照现行国家标准《地铁设计规范》GB 51298—2018 中的相应条款支持本条内容的实施。

2.5.2 城市轨道交通突发大客流事件响应预案的客流集散空间、运输运力配置应与工程能力协调。

【编制目的】

本条文以安全为首要原则，规定响应预案制订中客流集散空间和运力配置的确定原则。

【条文释义】

对于城市轨道交通遇到突发大客流，如严重污染天气、大型活动等客流激增的事件响应预案，预案包括增加因道路交通限制转移大客流的运输运力和疏散方案，需要设计或预先安排与客流集散空间和运输能力协调的应急空间、场地、通道，且不能超出工程能力。

【实施要点】

城市轨道交通突发大客流事件响应预案要充分估计可能的突发客流规模，安排应急空间、场地、通道和运力。对应急预案进行审核时应查验是否超出工程能力，如超出应视为无效并重新制定，应在更大的范围内统筹协调。

2.5.3 城市轨道交通应设置下列应急空间或设施，并应具备相应的功能：

1 应设置应急情况下乘客安全滞留空间，包括区间线路轨道中心或道岔区旁侧乘客紧急疏散通道和安全滞留的空间，并应具备相应的疏散能力；

2 应设置区间线路疏散通道，出入口和自动扶梯应能在应急状态下迅速转变为疏散模式，自动检票机阻挡装置应能转换为释放状态；

3 应设置应急疏散场地、疏散通道，确定疏散指挥岗位位置；

4 应设置通信指挥系统和事件响应机构通信方式；

5 应显示和广播疏散信息，设置救援标志、疏散照明和疏散导向标识。

【编制依据】

《国家突发公共事件总体应急预案》（2006）

4　应急保障

各有关部门要按照职责分工和相关预案做好突发公共事件的应对工作，同时根据总体预案切实做好应对突发公共事件的人力、物力、财力、交通运输、医疗卫生及通信保障等工作，保证应急救援工作的需要和灾区群众的基本生活，以及恢复重建工作的顺利进行。

【实施要点】

对照应急空间或设施，并应具备相应的 5 款功能能力，在应急预案、安全检查和预案演练中检查确认。如对未被疏散客流的乘客安排安全滞留场地；线路疏散通道，出入口等转变为疏散模式，如"AFC 转为双向通行方式"；应急疏散场地、疏散通道、疏散指挥岗位位置均应预先确定；通信指挥系统和事件响应机构通信设施等均是城市轨道交通应急响应必备的基本能力；发布疏散信息，设置救援标志、疏散照明和疏散导向标识等是应急响应启动的基本行动内容，应事先安排。

3 限　界

3.0.1 城市轨道交通应根据不同车辆类型和运行工况，确定相应的车辆限界、设备限界和建筑限界。

【编制目的】

本条文规定了城市轨道交通系统需依据车型和运行工况制定相应的车辆限界、设备限界和建筑限界构成的三限界体系，控制建设规模，确保人、车运行安全。

【条文释义】

城市轨道交通系统制式多样，采用的车辆类型各异，运行工况也不尽相同，因而需制定对应的各城市轨道交通系统制式的限界，作为约束工程设计和建设的前提条件。

【实施要点】

各种制式的城市轨道交通应制定相应的车辆限界、设备限界和建筑限界构成的三限界体系。城市轨道交通各专业设计和工程建设均需以限界为基本依据开展工作。

3.0.2 车辆在规定的运行工况下不得超出相应车辆限界，轨行区土建工程和机电设备的设置应符合相应的限界要求。车辆在各种运行状态下，不应发生车辆与车辆、车辆与轨行区内任何固定的或可移动物体之间的接触，车辆受电弓与接触网、车辆集电靴与接触轨除外。

【编制目的】

本条文规定了车辆、沿线设备和建（构）筑物的限界要求。

【条文释义】

线路上运行的车辆不得超出车辆限界，沿线设备布置不得侵入设备限界，建（构）筑物不允许进入到建筑限界内，确保相邻车辆之间、车辆与沿线设备之间不发生接触，以保证运行安全。

当受电弓工作时，只有受电滑板与接触网接触导线接触受电；落弓时，受电弓任何部分不得与接触网接触。

当受流器工作时，集电靴与供电接触轨接触受电；非受流端或切除状态的集电靴不得与相邻物体接触。

【实施要点】

车辆设计轮廓尺寸需按照标准规定的计算方法进行校核计算，检验是否超车辆限界，沿线设备布置设计不能侵入设备限界。

3.0.3 隧道及永久建（构）筑物的断面尺寸不应小于建筑限界。

【编制目的】

本条文规定了隧道及永久建（构）筑物断面尺寸的限界要求。

【条文释义】

隧道及永久建（构）筑物断面尺寸过小将影响设备布置空间。

【实施要点】

设计隧道及永久建（构）筑物断面尺寸时需充分考虑系统设备布置、功能需求、施工工艺水平、结构变形、曲线参数等综合因素，满足不小于建筑限界的要求。

3.0.4 城市轨道交通线路单线断面建筑限界应符合表3.0.4的规定。

表3.0.4 车辆断面与隧道净断面面积之比

速度等级 车辆类型	100km/h及以下	120km/h	140km/h	160km/h
密闭性车体	—	—	< 0.35	< 0.29
非密闭性车体	≤ 0.5	≤ 0.4	≤ 0.27	—

【编制目的】

本条文规定了按照密闭性车体和非密闭性车体分类，在不同速度工况下，车辆断面与隧道净断面面积之比必须满足的要求，作为制定单线断面建筑限界的前置条件。

【条文释义】

列车在隧道内高速运行，需要考虑车内乘客的压力舒适度标准及不同车速下能耗处在合理范围之内。以上因素直接和轨面以上隧道净断面面积、行车速度和车辆密闭性有关。车辆断面与轨道面以上的净空面积之比也叫阻塞比。经过相关科研专题研究和众多工程实践证明，为保证车内乘客的压力舒适度标准及不同车速下能耗处在合理范围，不同速度工况、车辆密闭性下的车辆断面与隧道净断面面积之比应满足表3.0.4的规定。120km/h及以下城市轨道交通车辆一般采用非密闭性车体，140km/h车辆可采用密闭性车体和非密闭性车体。160km/h车辆，因速度高目前一般都采用密闭性车体。

【实施要点】

在制定城市轨道交通线路单线断面建筑限界时，考虑其他因素后制定的建筑限界，需要同时满足表3.0.4的规定，如不满足表3.0.4的规定，则应加大建筑限界。

【背景与案例】

本条文规定，要求断面制定既要兼顾行车限界净空要求，又需考虑乘客的舒适度标准和车辆能耗和噪声等因素，避免断面制定过小。

3.0.5 当城市轨道交通非顶部授电且无安装设备时，建筑限界上部和侧面距设备限界的最小安全间隙应符合表3.0.5-1规定；当车辆存在低于运行面以下部分且无安装设备时，建筑限界下部距设备限界的轨道最小安全间隙应符合表3.0.5-2规定。

表3.0.5-1 建筑限界上部和侧面距设备限界的最小安全间隙（mm）

类别	地铁、轻轨、直线电机车辆、有轨电车	市域快轨	跨座式单轨、中低速磁浮、AGT自动导向
最小安全间隙	200	300	200

表3.0.5-2 建筑限界下部距设备限界的最小安全间隙（mm）

类别	地铁、轻轨、直线电机车辆、有轨电车、市域快轨	跨座式单轨	中低速磁浮	AGT自动导向
最小安全间隙	—	100	100	100

【编制目的】

本条文规定了限定工况下，建筑限界上部和侧面距设备限界的最小安全间隙、建筑限界下部距设备限界的最小安全间隙。

【条文释义】

列车在线路上运行，当城市轨道交通非顶部授电且无安装设备时，建筑限界上部和侧面距设备限界的最小安全间隙，是吸收了多年的工程实践经验教训，在综合考虑了不同速度工况下列车运行时的建筑限界与车体间的噪声、列车运行的综合能耗及空气压力波的变化处在合理范围内而做出的规定。

当车辆存在低于运行面以下部分且无安装设备时，建筑限界下部距设备限界的轨道最小安全间隙，引用自对应制式车辆的相关限界规范数据制定。

【实施要点】

在当城市轨道交通非顶部授电且无安装设备时，制定建筑限界时，上部和侧面的建筑限界应符合表 3.0.5-1 的规定；当车辆存在低于运行面以下部分且无安装设备时，下部建筑限界应符合表 3.0.5-2 的规定。实施过程中可参考现行行业标准《地铁限界标准》CJJ/T 96—2018 第 3.3.1 条和第 3.3.8 条第 3 款、《中低速磁浮交通设计规范》CJJ/T 262—2017 第 5.1.2 条、《跨座式单轨交通限界标准》CJJ/T 305—2020 第 5.1.2 条。

3.0.6 建筑限界宽度应符合下列规定：

1 对双线区间，当两线间无建（构）筑物时，两条线设备限界之间的安全间隙应符合表 3.0.6 规定。

表 3.0.6 两条线间无建（构）筑物时设备限界之间的安全间隙（mm）

类别	地铁、轻轨、直线电机车辆、跨座式单轨、有轨电车、中低速磁浮、AGT 自动导向	市域快轨	
		140km/h	160km/h
安全间隙	100	150	200

2 当无建（构）筑物或设备时，市域快轨隧道结构与设备

限界之间的距离不应小于200mm，其他轨道交通形式不应小于100mm；当有建（构）筑物或设备时，建（构）筑物或设备与设备限界之间的安全间隙不应小于50mm。

3 当采用接触轨受电时，受流器带电体与轨旁设备之间应保持电气安全距离。

4 当地面线外侧设置的防护栏杆、接触网支柱等构筑物时，应保证与设备限界之间留有安装设备需要的空间。

5 人防隔断门、防淹门的建筑限界，在车辆静态状态下应满足宽度方向的安全间隙，且不应小于600mm。

6 车辆基地建筑限界在作业区域应扩展设备装拆、设备舱开启与关闭等占用空间的包络范围。

【编制目的】

本条文规定了与建筑限界宽度确定相关因素的主要内容。

【条文释义】

本条文主要规定了与建筑限界宽度确定相关的条款，包括了线间距的确定标准、设备或管线的与设备限界之间的安全间隙标准等。原则上，土建结构物与设备限界之间一般条件下应保证不小于200mm的安全间隙，困难条件下应保证不小于100mm的安全间隙；设备或管线与设备限界之间的安全间隙不应小于50mm。

而采用接触轨授电的线路，应保证轨旁设备与接触轨带电体或车辆集电靴带电体之间的安全间隙不小于电气安全间隙要求，这个要根据不同的电压等级确定，详细要求按照供电系统章节规定执行。

对于人防门或防淹门的建筑限界宽度应考虑至少有一侧留有足够空间，保证列车停在人防门或防淹门范围时，紧急疏散人员能够从一侧通过人防门或防淹门。

在车辆基地中，停车线两侧的空间，应考虑在有维修检修要求时，应留有足够距离，确保设备维修车辆通过或维修工器具使用的空间满足要求。

【实施要点】

1. 设备或管线与设备限界之间的安全间隙不应小于 50mm；

2. 土建结构与设备限界之间的安全间隙一般不应小于 200mm，困难情况下不应小于 100mm；

3. 两线之间两设备限界之间的最小距离不应小于 100mm。

【背景与案例】

本条文内容较多，最主要是需要控制设备限界与土建结构或设备与管线之间留有足够安全间隙，确保实施完成的轨旁设备或结构在任何情况下都不能侵限。

例如，疏散平台与设备限界之间的间隙一般情况下不应小于 50mm。

3.0.7 车站计算站台长度范围内直线站台边缘与车厢地板面高度处车辆轮廓线的水平间隙应符合表 3.0.7 的规定，曲线站台边缘与车厢地板面高度处车辆轮廓线的水平间隙相比直线站台的间隙增加量不应大于 80mm。

表 3.0.7　直线站台边缘与车厢地板面高度处车辆轮廓线的水平间隙

类别	停站进出站端速度	100km/h 以上速度等级的车辆越行	水平间隙（mm）				
			80km/h		100km/h		120km/h
			滑动门	塞拉门	滑动门	塞拉门	
地铁	≤70km/h	不大于相邻区间速度	≤70	≤100	≤70	≤100	停站≤100 越行≤100
轻轨	≤60km/h	—	≤70				
直线电机车辆	≤65km/h	—	≤100				
市域快轨	≤70km/h	不大于相邻区间速度	停站≤100，越行≤100				
跨座式单轨	≤60km/h	—	≤80				

类别	停站进出站端速度	100km/h 以上速度等级的车辆越行	水平间隙（mm）
有轨电车	≤ 35km/h	—	≤ 100
中低速磁浮	≤ 60km/h	—	≤ 70
AGT自动导向	≤ 35km/h	—	≤ 50（含橡胶条）

【编制目的】

本条文规定了站台边缘与车厢地板面高度处车辆轮廓线的水平间隙及对应的运行速度。

【条文释义】

站台服务于旅客上下车，站台边缘与车厢地板面高度处车辆轮廓线的水平间隙过大易发生踏空人身伤害。为保护旅客安全，需尽可能减小间隙。而从保证行车安全考虑，结合车辆客室门结构型式和运行速度，合理控制站台间隙是必要的。因曲线站台需要加宽，站台间隙必然扩大，踏空危险性增大，控制曲线半径带来的加宽值不要超过 80mm。

【实施要点】

依据车辆客室门结构型式和运行速度，控制站台间隙和曲线半径。实施过程中可参考现行国家标准《地铁设计规范》GB 50157—2013、现行行业标准《地铁限界标准》CJJ/T 96—2018。

3.0.8 在任何工况下，车站站台面均不应高于车辆客室地板面，车站站台面与车辆客室地板面间的高差应符合表 3.0.8 的规定。

表 3.0.8 车站站台面与车辆客室地板面间的高差

类别	工况	车站站台面与车辆客室地板面间的高差（mm）
地铁	空车静止	≤ 50
轻轨	空车静止	≤ 50

续表 3.0.8

类别	工况	车站站台面与车辆客室地板面间的高差（mm）
直线电机车辆	空车静止	≤ 50
市域快轨	空车静止	≤ 50
跨座式单轨	空车静止	≤ 50
有轨电车	空车静止	≤ 50
中低速磁浮	悬浮静止	≤ 30
AGT 自动导向	空车静止	≤ 50

【编制目的】

本条文规定了车站站台面与车辆客室地板面间的高差。

【条文释义】

车站站台面与车辆客室地板面间的高差过大将影响旅客上下车，特别是残障人员。考虑车辆走行部因载重、悬挂故障客观存在的下沉量，一般车辆客室地板面高度设计略高于车站站台面，避免出现反高差，有利于安全。目前除中低速磁浮外，各制式的车站站台面与车辆客室地板面间的高差均不大于 50mm。

【实施要点】

1. 避免车辆因载重、悬挂故障产生客室地板面低于站台面的反高差。

2. 空车静止状态下，车辆客室地板面与车站站台面的高差采用本条文规定的数值。

实施过程中可参考现行国家标准《地铁设计规范》GB 50157—2013、现行行业标准《地铁限界标准》CJJ/T 96—2018。

3.0.9 直线车站的站台屏蔽门与车辆车体轮廓最宽处的间隙应符合表 3.0.9 的规定。

表 3.0.9 直线车站的站台屏蔽门与车辆车体轮廓最宽处的间隙（mm）

类别	停站	越行
地铁	≤ 130	140

续表 3.0.9

类别	停站	越行
轻轨	≤ 130	—
直线电机车辆	≤ 130	—
市域快轨	≤ 130	150
跨座式单轨	≤ 130	—
有轨电车	≤ 130	—
中低速磁浮	≤ 110	—
AGT 自动导向	≤ 110	—

【编制目的】

本条文规定了站台门与车辆静止状态下的间隙控制要求。

【条文释义】

本条文按照两类形式确定各种制式情况下站台门与车辆轮廓线之间的间隙，首先是停站工况下，除了中低速磁浮和 AGT 自动导向系统采用 110mm 外，其他各类制式都采用 130mm 的间隙标准。其次在越行条件下，由于目前我国采用越行的城轨项目还不多，因此，只规定了地铁和市域快轨两种制式条件下的越行站台门与车辆之间的最大控制间隙值。

【实施要点】

1. 停站状态下，一般采用本条文规定的数值即可；

2. 越行状态下，一般地铁比停站条件下增加 10mm 间隙，市域快轨比停站条件下增加 20mm 间隙。

实施过程中可参考现行国家标准《地铁设计规范》GB 50157—2013、现行行业标准《地铁限界标准》CJJ/T 96—2018。

【背景与案例】

列车通过站台区域的速度与停站和过站有直接的关联性。在停站状态下，列车过站速度会受到一定的限制，例如，采用 6A 编制的车站站台范围内，其列车在站台区域的最大速度不会超过 65km/h；而越行状态下，列车的过站速度一般比较高，例如，在铁道行业标准《市域（郊）铁路设计规范》TB 10624—2020中，对于越行速度进行了规定，即不超过 100km/h。

3.0.10 区间内的纵向疏散平台应在设备限界外侧设置，直线地段和曲线地段纵向疏散平台距轨道中心线高度应统一按低于车厢地板面高度 150mm～200mm 确定。在车辆静止状态下，车辆轮廓距离疏散平台间隙，曲线地段不应大于 300mm。

【编制目的】

本条文规定了疏散平台高度设置方法以及在车辆静止状态下，车辆轮廓距离疏散平台的间隙范围。以杜绝疏散平台安装定位只管满足限界要求，而不顾及缝隙过大给乘客疏散可能造成的安全隐患。

【条文释义】

区间内的纵向疏散平台应在设备限界外侧设置，直线地段和曲线地段纵向疏散平台距轨道中心线高度应统一按低于车厢地板面高度 150mm～200mm 确定，是综合考虑方便直线和曲线段的疏散平台定位及施工、疏散平台上方 2m 外的净空还能满足设备或管线安装空间要求；同时避免车辆在载客情况下，当疏散平台在线路曲线段内侧时，车厢地板面不低于疏散平台面高度，当疏散平台在曲线外侧时，车厢地板面与疏散平台高差不宜过大。以曲线段轨道超高 120mm，半超高设置为例。A 型车车厢地板靠近疏散平台位置，车辆静止状态时，在曲线外侧抬高大约 125mm，曲线内侧方向降低 125mm。直线段 A 型车地板面距离轨面高度 1130mm，按照低于车厢地板面 150mm～200mm 制定，一般疏散平台距离轨道中线高度取整为 950mm，距离直线段车厢地板面高差 180mm。疏散平台在曲线内侧时，180mm－125mm＝55mm，即使考虑载客后车厢地板面的可能下沉量，也能确保疏散平台不低于车厢地板面，保证乘客下车时不会绊倒。疏散平台在曲线外侧时，高差 180mm＋125mm＝305mm，即使不考虑载客后车厢地板面可能还有一定的下沉量，该高差也基本可在乘客接受范围之内。疏散平台原则应在轨道铺轨后施工，因实际轨道中心线和理论线路中心线可能存在一定的偏差。疏散平台距轨道中心线高度即为疏散平台与轨道中心线的标高差。

在车辆静止状态下，车辆轮廓距离疏散平台间隙，曲线地段不应大于300mm，是考虑间隙大于300mm，乘客下车疏散时容易引起次生灾害事故。以A型车为例，直线段设备限界在疏散平台高度位置为1620mm左右，按照一般A型车的最小曲线半径350m计算，设备限界（未旋转）为1720mm左右，考虑轨道超高后的设备限界在疏散平台高度位置差异并不大及疏散平台与设备限界的间隙50mm，疏散平台边至轨道中心线的限界为1720mm＋50mm＝1770mm左右，不会超过1800mm。也就是说在车辆静止状态下，疏散平台边与平台高度处的车辆轮廓间隙，在最小曲线半径350m时，一般也不会大于300mm（1800mm－1500mm＝300mm）。在工程实践中，尤其小半径地段，要严格控制疏散平台的施工精度，确保施工后该间隙满足规定要求。

【实施要点】

本条文规定统一了疏散平台高度设置方法，以及规定了在车辆静止状态下，曲线段车辆轮廓距离疏散平台的最大间隙，避免因缝隙过大，给乘客疏散带来安全隐患，同时对疏散平台的设计、安装提出了更高的要求。实施过程中可参考《市域快速轨道交通规划与设计导则》RISN-TG032—2018第4.2.2条。

【背景与案例】

1.疏散平台高度设置方法，目前国内不同规范间的规定差异很大。考虑疏散的安全性、便利性和目前国内疏散平台主流设置方法，特统一做出以上规定。

2.目前车辆轮廓距离疏散平台间隙，现有国家或行业规范都只规定了疏散平台必须满足限界要求，但对间隙允许大小或范围没有做出明文规定，导致实际工作中，该缝隙普遍偏大，对乘客疏散时存在一定安全隐患。故本条特作出规定。

3.0.11 车辆基地库内检修高平台及安全栅栏距车辆轮廓之间的

水平横向间隙应限定在80mm～120mm，低平台应采用车站停站站台限界。

【编制目的】

本条文规定了车辆基地库内检修高平台及安全栅栏、低平台与车辆轮廓横向间隙。

【条文释义】

车辆基地库内检修高平台及安全栅栏与车辆轮廓横向间隙在80mm～120mm。低平台与车辆轮廓横向间隙采用车站停站站台限界，具体值参见表3.0.7。

【实施要点】

车辆基地库内检修平台或安全栅栏不能与车辆剐蹭，现行行业标准《地铁限界标准》CJJ/T 96—2018第3.3.20条推荐了合理的数值范围，旨在指导检修平台或安全栅栏与车辆轮廓的间隙设置。

【背景与案例】

检修平台或安全栅栏与车辆轮廓的间隙过大，发生过检修维护人员踏空造成伤害的事故，现行行业标准《地铁限界标准》CJJ/T 96—2018经过计算优化，推荐了合理的数值范围，限定了最大值，有效减少了该类事件的发生。

3.0.12 线路上运行的车辆均不应超出运行线路的车辆限界。

【编制目的】

本条文规定了线路上运行的车辆不应超过车辆限界。

【条文释义】

线路上运行的车辆（包括工程车辆）均不应超出运行线路的车辆限界。

【实施要点】

车辆（包括工程车辆）设计轮廓尺寸按照标准规定的计算方法进行校核计算，检验是否超车辆限界。

4 车　　辆

4.1　一　般　规　定

4.1.1　车辆及其内部设施应采用不燃材料或低烟、无卤的阻燃材料。

【编制目的】

本条文规定了车辆及其内部设施应采用不燃材料或低烟、无卤的阻燃材料，目的是阻止火灾的发生与蔓延，同时降低火灾发生后次生灾害的影响。是车辆安全的基本要求。

【条文释义】

本条文对车辆及内部设施规定了所使用材料的防火、阻燃性要求，为了防止火灾的发生与蔓延，以及在火灾发生时产生有毒气体危害人体健康，车辆及内部设施的主体结构件原则上应采用不燃材料，某些非金属面材或材料的表面处理层应使用经过阻燃处理的难燃级材料，电线电缆绝缘层、减振橡胶件可使用无卤、低烟的阻燃材料。

【实施要点】

车辆及其内部设施中防火设计需要重点考虑的主要指面向乘客和司乘人员的人机界面的设施与结构。所用材料包括车体结构材料、车内结构材料、保温及其包装材料、车内装饰材料、空调风道、通用橡胶材料、电线电缆等。

在项目执行过程中，可通过现行行业标准《机车车辆用材料阻燃技术要求》TB/T 3138—2018 的规定支撑本条内容的实施。或通过现行欧洲标准《铁路应用 车辆的防火保护 第 2 部分 材料和部件的防火性能要求》EN 45545—2：2020 的规定支撑本条内容的实施。

现行欧洲标准《铁路应用 车辆的防火保护 第 2 部分 材料

和部件的防火性能要求》EN 45545—2：2020 按运行类别将车辆的防火分为3个等级，同样将车辆各部分的材料按应用部位进行了分类，对其防火性能要求则根据材料的特性及应用部位不同各有侧重点，主流的关注项包含烟密度（D）、毒性指数（CIT）、临界熄灭热通量（CFE）或最大平均热释放速率（MARHE）指标等，在我国城轨车辆业内公认按该标准的要求执行完全能满足车辆安全运用需求。

还可通过现行国家标准《地铁设计规范》GB 50157—2013、《地铁车辆通用技术条件》GB/T 7928—2003、《城市轨道交通市域快线 120km/h～160km/h 车辆通用技术条件》GB/T 37532—2019、《城市轨道交通直线电机车辆通用技术条件》GB/T 32383—2020、《城市轻轨交通铰接车辆通用技术条件》GB/T 23431—2009、《地铁安全疏散规范》GB/T 33668—2017，现行行业标准《跨座式单轨交通车辆通用技术条件》CJ/T 287—2008 第 6.21 条的规定支撑本条内容的实施。

【背景与案例】

在城轨车辆设计时，均会进行车辆的防火方案策划及设计，在车辆的防火策划案中均会明确规定车辆及其内部设施所用材料及其防火阻燃性能的要求，并会进行相应的材料防火性能（阻燃性）检测以验证其满足车辆防火设计方案的要求。

在既有各城轨车辆项目中，车辆的主体结构一般采用金属材料，为不燃材料。

车内结构主要指顶板、侧顶板、行李架（若有）、墙板、间壁板、地板、扶手立柱与内装骨架结构等，所用材料为不燃或难燃级的材料。

保温及包装材料主要指保温用无机材料、保温用高分子材料、保温材料用包装材料等，保温用无机材料一般应为不燃（A级）材料，保温用高分子材料及包装材料，所用材料为难燃级的材料。

车内装饰材料主要指用于座椅的面板（或蒙面）材料、地板布等、照明灯罩体、显示器面板、发泡类材料和窗帘（若有）等，所用材料为难燃级的材料。

空调风道的主体材料为不燃（A级）材料或难燃级的材料。通用橡胶材料为难燃级的材料。

根据铁道行业标准《机车车辆用材料阻燃技术要求》TB/T 3138—2018 的规定，难燃级材料即经 45°角燃烧测试达难燃级的材料，其烟密度［Ds（4），25kW/m^2，有引燃］应≤200。上述难燃级材料有材料自身已具备的防火阻燃性能，也包括经过阻燃处理的材料所达到的防火阻燃性能。

4.1.2 车辆最高运行速度不应小于线路设计最高运行速度的 1.1 倍，并应根据线路运营需求设计车辆耐振、减振、抗冲击能力，减少振动对车辆及环境的有害影响。

【编制目的】

本条文规定了车辆最高设计速度要求，其目的是保证车辆在线路上的运行安全。同时规定车辆采取减振措施的要求，其目的一是改善乘客的乘坐舒适度，二是减少对环境的有害影响。

【条文释义】

车辆最高运行速度即车辆最高设计速度，是在正常情况下，考虑车辆车体和转向架结构强度和车辆动力学性能所允许的最大行车速度。

规定车辆最高设计速度要求，是为保证车辆在线路上安全运行，不致发生任何倾覆和脱轨等重大事故。

当车辆的刚度、模态与线路运营条件不相适应时，车辆会出现较大的振动异常现象，不利于车辆的振动舒适性与耐疲劳性能，会对车辆的安全性产生恶劣的影响。为适应不同运营线路条件，转向架至车体、有源设备至车体的隔振设计、车辆与线路激励的模态解耦、车辆各系统间模态解耦均应满足一定的要求，使车辆模态解耦、减振性能符合设计要求，确保车辆振动舒适性及抗疲劳性能满足安全及环保要求。

列车运行过程中不可避免地存在正面碰撞或追尾冲击等风险。车辆应具备抗冲击的吸能结构满足一定的吸收冲击能量的要求，以保障车上人员的安全。

【实施要点】

在项目执行过程中，可通过现行国家标准《轨道交通 机车车辆台架试验方法》GB/T 32358—2015、《机车车辆动力学性能评定及试验鉴定规范》GB/T 5599—2019、《在非旋转部件上测量和评价机器的机械振动 第6部分：功率大于100kW往复式机器》GB/T 6075.6—2002，及铁道行业标准《铁道客车及动车组模态试验方法及评定》TB/T 3502—2018、《机车车辆强度设计及试验鉴定规范 总则》TB/T 3548—2019和现行欧洲标准《铁路应用轨道车辆耐撞性要求》EN 15227：2020的规定支撑本条内容的实施。

【背景与案例】

针对城轨车辆的结构及运用特点，在车辆走行部进行减振设计的基础上，对于车体与转向架的模态匹配、车下吊挂设备的减振安装、车顶设备的减振与安装等均已成为车辆减振设计的常规。对一些自带较强激振源的设备及耦合振动影响车体局部振动、整车振动及车体与设备结构疲劳，甚至影响车辆运行的可靠与安全的因素均已在车辆设计制造中作为重点关注项进行管控。

在我国城轨车辆中均已按照碰撞安全理念进行设计，列车两端都配备防爬装置、车钩能量吸收装置和司机室碰撞能量吸收区，保障车上人员的安全。

4.1.3 应采取降噪隔噪措施减少车辆噪声。

【编制目的】

本条文按照环保的要求，规定了车辆应采取降噪隔噪的措施，来降低车辆的噪声，降低噪声对环境及乘客的有害影响。

【条文释义】

车辆应采取降噪隔噪措施来控制噪声污染。

【背景与案例】

目前现行国家标准《城市轨道交通列车噪声限值和测量方法》GB/T 14892—2006规定了噪声限值。随着人们对生活质量的要求不断提高，对舒适性的要求越来越高，国内多数运营单位在此标准要求的基础上提出了更高的要求，同时车辆的降噪隔噪措施也在不断丰富。目前，新出厂的列车百分之百加装节能降噪环，在役列车百分之八十也加装了节能降噪环。

4.2 车体及内装

4.2.1 运行在隧道或高架线上、在道中心（或中心水沟）设置逃生和救援通道的钢轮钢轨系统，A型车编组列车端部应设置应急疏散专用端门及下车设施，端门的宽度不应小于600mm，高度不应小于1800mm。

【编制目的】

本条文规定了列车两端设置"应急疏散专用端门及下车设施"的条件，即"运营在隧道或高架线上、在道中心（或中心水沟）设置逃生和救援通道的钢轮钢轨系统""A型车编组列车"。在列车端部设置专用端门与逃生和救援通道实现不错位对接且避开钢轨，能确保疏散乘客的安全。

【条文释义】

指明在钢轮钢轨系统中的隧道或高架上、在道中心（或中心水沟）设置了逃生或救援通道的线路中运行的A型列车需要在端部设置应急疏散专用端门及下车设施。

端门宽度不应小于600mm，高度不应小于1800mm是按一般人体通过宽度需求和身高考虑，便于应急疏散、不致发生堵塞和意外。

指定A型车是因为A型地铁车辆的载客能力相对较大，列车的长度更长，在隧道或高架线路上需要疏散时，列车中间的乘客需要步行的距离更长、在满员时单位时间疏散人数需求较大，可能会因车侧疏散通道的宽度限制而延长疏散时间。另外A型车车体相对较宽，便于应急疏散专用端门设置在车辆中心线位置，可实现与道中心（或中心水沟）设置的逃生和救援通道不错位对接，能辅助更快地安全疏散乘客。

【实施要点】

A 型车端部的应急疏散专用端门的宽度不应小于 600mm，高度不应小于 1800mm，执行过程中，可通过现行国家标准《地铁设计规范》GB 50157—2013 和《地铁安全疏散规范》GB/T 33668—2017 中的相应条款的规定支撑本条内容的实施。

【背景与案例】

某些情况下大运量的钢轮钢轨系统线路需要在道中心（或中心水沟）设逃生或救援通道，如果该线路都是地面线，乘客下车后可以四散向外逃生，但如果该线路中有隧道或高架，由于在隧道或高架线路两侧的逃生通道宽度有限，限制了单位时间的逃生人数，在 A 型车载客能力相对更大、列车长度相对更长的场景，若列车满员情况下需要应急疏散，则在隧道与高架线路上仅靠车侧逃生通道可能需要更长的时间，增加危险系数，因而需要在列车两端增加逃生通道，以便增加单位时间的逃生人数。因而在列车端部必须设置应急疏散专用端门、下车设施。目前城市轨道交通 A 型地铁列车基本都已设置端部专用应急疏散门。

4.2.2 车门有效净高度不应小于 1.80m；自地板面计算，立席处净高不应小于 1.9m。

【编制目的】

本条文规定了车门通过处的净高度。为改善客室乘客站立区的环境，根据技术进步现状，增加了客室内立席处净空高要求。

【条文释义】

车门通道处，地板布面以上有效净高度不应小于 1.8m（参考现行国家标准《地铁设计规范》GB 50157—2013 表 4.1.5）；车内立席处净高度不应小于 1.9m，该高度从地板布面向上计算。车门通道处有效净高度不应小于 1.8m，即车门通道处的车体、内饰等结构不应侵入到距地板面高度 1.8m 以内。1.8m 考虑了 18 岁～55 岁 99% 的成年女 1697mm 身高、18 岁～60 岁 95% 的成年男 1775mm 身高，还考虑了鞋高 25mm，即综合身高 1775mm ＋ 25mm ＝ 1800mm。

车内立席处，从地板面向上计算，净高度不应小于 1.9m，即顶部不应有结构侵入到 1.9m 高度以内。

【实施要点】

车门有效净高度不应小于 1.80m，执行过程中，可通过现行国家标准《地铁设计规范》GB 50157—2013 和现行建设标准《城市轨道交通工程项目建设标准》建标 104—2008 中的相应规定支撑本条内容的实施。

【背景与案例】

车门通道处有效净高度为不应小于 1.8m，目前城市轨道交通所有项目的车辆均执行标准规定，满足此要求。

国内轨道交通的通用性做法是立席处的净高度不低于 1.9m。即从地板面向上计算，净高度不应小于 1.9m。包括贯通道区域以及客室顶板安装的 LED 或 LCD 显示屏，其下平面距离地板布面不应小于 1.9m。

4.2.3 客室侧门应具备下列功能：

1 能单独开闭和锁闭，在站台设有屏蔽门时，能与屏蔽门联动开闭；

2 列车运行时能可靠锁闭；

3 能对单个车门进行隔离；

4 在列车收到开门信号后才能正常打开；

5 在紧急情况下，能手动解锁开门。

【编制目的】

本条文规定了客室侧门应具备的最少功能，特别是第 5 款规定，要求紧急情况下能手动进行解锁开门操作。

【条文释义】

1.每个客室侧门可以单独开和闭，可以单独锁闭，在站台设有屏蔽门时，能与对应的屏蔽门联动开或闭。

2.列车运行时，客室侧门能可靠锁闭，避免意外打开。

3.能对单个客室侧门进行隔离。当某个车门出现意外无法正常操控动作时，为避免因全列车门全关闭连锁限制无法动车，应能对单个故障车门进行隔离处理。

4. 在列车收到开门信号时才能正常打开。

5. 在紧急情况下，能通过操作解锁装置，进行手动开门。

【编制依据】

《城市轨道交通初期运营前安全评估技术规范 第1部分：地铁和轻轨的通知》（交办运〔2019〕17号）第34条（表6）。

表6 列车联挂救援测试

项目名称	列车联挂救援测试
测试目的	测试列车联挂救援功能是否符合设计要求。
测试内容与方法	a）将模拟故障列车施加停放制动,降弓/靴停放在线路上,另一列救援列车低速靠近模拟故障列车进行列车联挂； b）完成联挂后，释放模拟故障列车停放制动，推救援列车牵引手柄牵引模拟故障列车至一定距离，记录列车联挂救援情况。
测试结果	列车联挂救援功能应符合设计要求。

【实施要点】

能对单个车门进行隔离，执行过程中，可通过《交通运输部办公厅关于印发城市轨道交通初期运营前安全评估技术规范 第1部分：地铁和轻轨的通知》（交办运〔2019〕17号）第34条的规定支撑本条内容的实施。

【背景与案例】

1. 每个客室侧门可以单独开闭和锁闭，这个要求基本从有地铁项目就开始了。2010年以后，国内普遍设置站台屏蔽门，客室侧门通过网络与车地接口设置，能与对应的屏蔽门联动开或闭。

2. 列车运行时，客室侧门能可靠锁闭，仅有少量几起运行中门板脱落事件，因为本条涉及乘客安全，所以必须可靠保证。

3. 对有故障的客室侧门隔离，可以确保正常的运营，实际运营中，这类事情也偶有发生，基本未耽搁运营。

4. 因为车门系统内部硬件电路的故障或软件的 BUG，确实发生过车门意外打开事件，近些年随着车门系统技术的进步与可靠性的提高，已基本不发生。保证在列车收到开门信号时才能正常打开是保证乘客安全的前提。

5. 在紧急情况下，能通过操作解锁装置，进行手动开门，实际也多次使用过证明了该功能设置的必要性。

4.2.4　在地面线或高架线路上行驶的非高气密性要求的列车，各车厢应当有适当数量的车窗能受控局部独立开启。

【编制目的】

本条文规定了非气密要求的轨道交通列车各车厢应设置适当数量的活动窗，活动车窗能受控局部独立开启。目的是在车辆断电、车内空调系统停止工作的紧急情况下，通过能受控局部独立开启的车窗（活动车窗）实现内外空气的流通。另外，当乘客中出现通过空气传播的严重传染性疾病疑似症状时，乘客所在车厢要开窗运行，以降低空气污染程度与避免疾病的传染扩散。

【条文释义】

能够受控局部独立开启的车窗为客室活动窗。列车设置客室活动窗的意义有两点：首先当列车空调设置的通风量过小或不足时乘客可以通过打开活动窗增加客室内的通风量，增加舒适性。其次当空调机组发生故障导致通风量/送风量过低或者车辆故障断电空调机组完全失效且车辆未设置紧急通风装置时，乘客可以打开活动窗作为客室内紧急通风的方式。

【实施要点】

活动车窗适用的列车运用场景为行驶在开阔线路上，且车辆没有很高的气密要求。对于气密要求较高的车辆，设置活动窗会导致整车气密性下降，影响乘客的舒适性。对于各车厢活动窗设置的数量应协同考虑整车车窗布置情况，选取适当比例的车窗设置为活动窗。车窗应设置可靠的窗锁保证车窗可以可靠地打开和关闭。对于部分车辆必要时窗锁可设置为专用钥匙打开，以防止乘客误操作。各活动窗的开闭应该是独立不互相关联的，乘客可以选择开启或关闭任意一个活动窗。

在项目执行过程中，可通过铁道行业标准《铁道客车单元式组合车窗》TB/T 3107—2011 的规定支撑本条内容的实施。

当列车运行速度超过 120km/h 时，有高气密性要求的列车需要采用满足气密要求的通风措施。

【背景与案例】

在没有气密要求的城轨车辆（一般最高运行速度在 100km/h）按照惯例和需求设置客室活动窗。如某地铁列车的每节车厢均在车辆中间窗户的上部设置可手动开启的活动窗，如图 1 所示。速度高、有气密要求的车辆未设置活动窗。

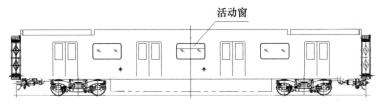

图 1　车厢中部侧窗带活动窗

4.3　牵引和制动

4.3.1　列车应具有独立且相互协调配合的电气、摩擦制动系统，并应具有车辆在各种运行状态下所需的制动力。

【编制目的】

本条文规定了车辆应具备的电气制动和摩擦制动两种基本制动形式，并规定电气制动和摩擦制动应具有独立的制动能力且能相互协调配合，用以保证列车在各种运行状态下的制动力需求。

【术语定义】

常用制动： 调节列车运行速度或使列车在预定地点停车的制动（现行国家标准《铁道车辆词汇　第 3 部分：制动装置》GB/T 4549.3—2004，第 2.7 条）。

紧急制动： 使列车迅速减速并达到在最短距离内紧急停车的

制动（现行国家标准《铁道车辆词汇 第3部分：制动装置》GB/T 4549.3—2004，第 2.8 条）。

电气制动：将列车动能转化为电能或热能的制动方式，通称电制动。此工况下牵引电机在列车制动时作为发电机使用，其所发电能通过逆变器转换回馈，当电能被反馈至供电电网时，称为再生制动；当电能被反馈至电阻器时，称为电阻制动。

摩擦制动：通过摩擦副的摩擦将列车运动的动能转变为热能，消散于大气，从而产生制动作用。

【条文释义】

电制动一般包括再生制动、电阻制动；常见的摩擦制动有空气制动、液压制动和磁轨制动，基础制动有踏面制动、盘形制动。

列车运行状态下的制动通常由电气制动与摩擦制动两种制动混合使用，两种制动系统必须做到统一指令、相互协调配合，保证随时满足列车运行状态下所需的制动力。

常用制动应优先使用电制动，并充分利用电制动功能。电制动与摩擦制动应能协调配合，当电制动力不足时，摩擦制动应按总制动力的要求补充不足的制动力。

摩擦制动应具有独立的制动能力，且作为列车运行安全的最后保障，即使在牵引供电中断或电制动出现故障的意外情况下，也应能保证摩擦制动发挥作用，使列车能安全减速、停车（现行国家标准《地铁设计规范》GB 50157—2013 第 4.6.3 条，《地铁车辆通用技术条件》GB/T 7928—2003 第 10.1 条）。

除非有特殊要求，紧急制动由纯摩擦制动施加。当列车出现严重影响列车安全的严重故障或意外情况时，应能立刻实施紧急制动。

列车制动系统中的电制动、摩擦制动均应能充分利用轮轨黏着条件和能根据车辆载荷大小自动调整制动力的大小（现行国家标准《地铁设计规范》GB 50157—2013 第 4.5.4、4.6.2 条）。

【实施要点】

列车运行时制动优先级由高至低排列如下：① 再生制动；② 电阻制动（若有）；③ 摩擦制动。

列车常用制动应充分利用电制动功能。当电制动力不足时，摩擦制动应按总制动力的要求补充不足的制动力。电制动与摩擦制动应能协调配合实现平滑转换，并具有冲击率限制（冲击率一般不得高于 0.75m/s³）。

电制动控制无论手动（MTC）或自动（ATC）操作，对所有速度都自动响应，在通过规定的电制动消失点以前，减速度不应有明显的变化，变化率应满足规定的冲击限制要求。

电制动系统再生制动与电阻制动的混合控制原则：电制动由再生制动和电阻制动组成时，以再生制动优先。在网压上升到预定值时，再生制动能平滑过渡到电阻制动。再生制动和电阻制动能连续交替使用，并满足冲击极限的要求。

电制动和摩擦制动混合检测控制原则：电制动和摩擦制动混合转换必须平滑，切换过程满足规定的冲击率限制。低速的转换点的选取须保证停车精度的要求。

列车摩擦制动的基础制动类型（采用踏面制动或盘形制动）及在列车中的配置，应根据列车最高运行速度选定（习惯上当列车最高运行速度在 100km/h 以下时，可采用踏面制动形式；而当列车最高运行速度在 100km/h 时，推荐采用盘形制动形式），并应计算紧急制动和常用制动时基础制动装置摩擦面的温度不得超过极限允许温升（现行国家标准《地铁设计规范》GB 50157—2013 第 4.2.5 条）。

电制动和摩擦制动各自应有独立的防滑控制功能，以实现最佳黏着利用从而保障列车安全制动减速与停车。

除特殊要求外，制动能力的典型指标为，在额定载员载荷（AW2）情况下，在平直干燥轨道上，车轮半磨耗状态，列车从最高运行速度到停车（按目前的技术现状与业内共识，城市轨道交通系统尚不考虑最高运行速度超过 200km/h 的系统，因此这里的列车最高运行速度上限按≤200km/h考虑），制动平均减速度为：

1. 常用制动：列车最高运行速度≤120km/h时≥1.0m/s²，列车最高运行速度>120km/h时≥0.8m/s²。速度变化速率／平均减速度。

2. 紧急制动：列车最高运行速度≤120km/h时≥1.2m/s²，列车最高运行速度>120km/h时≥1.0m/s²（现行国家标准《地铁车辆通用技术条件》GB/T 7928—2003第6.13条，《城市轨道交通市域快线120km/h～160km/h车辆通用技术条件》GB/T 37532—2019第6.2.3条）。

在项目执行过程中，还可通过现行国家标准《地铁设计规范》GB 50157—2013第4.6.3条，《地铁车辆通用技术条件》GB/T 7928—2003第10.1条、第10.3条，《城市轨道交通市域快线120km/h～160km/h车辆通用技术条件》GB/T 37532—2019第13.5条、第13.6条，《城市轨道交通直线电机车辆通用技术条件》GB/T 32383—2020第10.1条、第10.3条，《城市轻轨交通铰接车辆通用技术条件》GB/T 23431—2009第10.1条、第10.3条；现行行业标准《跨座式单轨交通车辆通用技术条件》CJ/T 287—2008第10.1条、第10.3条，《低地板有轨电车车辆通用技术条件》CJ/T 417—2022第12.1条的规定支撑本条内容的实施。

4.3.2 当电气制动出现故障丧失制动能力时，摩擦制动系统应自动投入使用，并应具有所需的制动力；列车应具备停放制动功能，并应保证列车在超员载荷工况下停在最大坡道时不发生溜车。

【编制目的】

本条文规定了在电气制动（以下简称电制动）失效时，摩擦制动应能及时进行补充，即使所有电制动均失效的情况下，摩擦制动也能满足列车总的制动需求，保证列车的行车安全。同时规定了停放制动的能力要求，保证列车在库内长时间停放安全，及在正线空气制动故障时AW3载荷列车在线路最大坡道上等待救援时的停放安全。

【术语定义】

【术语定义】

超员载荷：按照现行国家标准《城市轨道交通工程项目建设标准》（建标 104—2008 条文说明第三十七条）的规定计算的超员状态下的总质量，为座席位和站席位的载荷总和。考虑车辆的主体结构最大载荷能力、并考虑对线路工程结构的荷载影响和结构设计的安全考虑，站席按 9 人 /m^2 计算（现行国家标准《地铁设计规范》GB 50157—2013 条文说明第 4.1.5 条）。

超员载荷工况：是指车内处于超员载客情况下的工况。

停放制动：防止静置状态下的列车发生溜逸的制动方式。

【条文释义】

车辆运行过程中的减速或停车所需制动力由电制动和摩擦制动混合实现。电制动电能可回收利用、环保，但是受电网吸收能力、设备选型等限制，无法满足列车整个运营过程的制动需求。摩擦制动可以作为列车运行安全的最后保障，但受其摩擦副的热容量限制，列车整个运营过程中不适合采用全摩擦制动方式。基于以上电制动与摩擦制动的特性，列车需要配备电制动与摩擦制动，电制动用来承担主要的制动力，摩擦制动用来保证列车的最终安全。因此，当电制动故障时，摩擦制动需要及时投入使用，并能提供列车所需的制动力。

为了减少制动摩擦副的磨耗，一般在列车级范围内实现制动力的混合，优先使用电制动，电制动力不足时摩擦制动补充以满足总的制动力需求，基本原则如下：

1. 当整列车的实际电制动力之和可以满足全列车的制动力需求时，全部制动力由电制动承担，不需要补充摩擦制动。

2. 当实际电制动力不能满足全列车的制动力需求时，全列车需要补充的制动力由摩擦制动进行补充，并受黏着极限限制。

3. 补充的摩擦制动力 = 列车所需总的制动力－实际电制动力之和。

当列车长时间停放在库内或正线运营发生故障等待救援时，

为了防止静置状态下的列车发生溜逸，制动系统需要具备停放制动功能。停放制动需要保证列车在超员载荷工况下停在最大坡道时不发生溜车。

【实施要点】

执行过程中，可通过现行国家标准《地铁设计规范》GB 50157—2013 第 4.6.3 条、第 4.6.6 条，《地铁车辆通用技术条件》GB/T 7928—2003 第 10.1 条、第 10.3 条和第 10.6 条，《城市轨道交通直线电机车辆通用技术条件》GB/T 32383—2020 第 10.1 条、第 10.3 条的规定支撑本条内容的实施。列车应具备电制动和摩擦制动方式。摩擦制动应具有独立的制动能力。

列车制动系统主要功能包括常用制动、紧急制动、快速制动、停放制动等。常用制动和快速制动有电制动和摩擦制动的参与，紧急制动采用纯摩擦制动实现。常用制动用于调节列车运行速度或使列车在预定地点停车，快速制动和紧急制动用于紧急情况下使列车迅速减速停车，停放制动则用于防止静置状态下的列车发生溜逸。

常用制动和快速制动采用相同的控制方式，由制动控制单元根据制动指令进行控制；紧急制动独立于常用制动和快速制动控制，由独立的紧急安全环路进行控制；停放制动不受制动控制单元控制，通常通过硬线信号来控制停放制动电磁阀施加。

列车正常运行时，制动系统根据司机控制器、ATO 等给出的制动指令进行常用制动的施加和缓解控制，常用制动采用空电混合制动，优先采用电制动，当电制动力不足或电制动故障时，则补充或施加摩擦制动。

4.3.3 与道路交通混合运行的列车（车辆）应具备独立于轮轨黏着制动功能之外的制动系统，以及用于黏着制动系统的撒砂装置。

【编制目的】

本条文是有轨电车车辆规定的安全要求。对于没有专有路权的城市轨道交通系统，由于其运行特点，对制动系统提出的需要保证能实施迅捷的高减速度的要求，从而避免因制动不及而造成与道路混合运行的车辆或行人相碰撞等危险后果。确保此类交通系统运行的安全性。

【条文释义】

在与道路交通系统共享路权的轨道交通系统中，因列车运行时存在与道路交通经常性的红绿灯限制或在路口与道路行驶车辆的交互，时常需要快速减速甚至突然的紧急避让与停车，这就要求列车具有大制动力以得到高减速度，但由于列车的轮轨黏着受列车车重、线路条件等限制，在某些情况下仅靠利用轮轨黏着制动力无法满足列车紧急制动的要求，因而需要增加独立于轮轨黏着制动功能之外的制动系统，即需要在电制动和摩擦制动的基础上增加非黏着制动方式作为紧急制动的辅助制动方式。

由于地面线路的轮轨黏着条件受天气、环境等因素影响较大，尤其当有结霜、下雨、下雪天及轨面不洁等情况下，轮轨的黏着条件会变差，从而限制了列车的轮轨制动能力的发挥，为保证列车的运行安全，需要设置撒砂装置用以增加轨面摩擦系数，改善轮轨黏着条件，提高轮轨黏着制动能力。

【实施要点】

执行过程中，可通过现行行业标准《低地板有轨电车车辆通用技术条件》CJ/T 417—2022 第 12.4 条、第 12.9 条的规定支撑本条内容的实施。

作为较常使用的非黏着制动方式，磁轨制动（全称为电磁轨道制动）由于能不受黏着限制得到较大的制动力，因此常被城市有轨电车用作紧急制动的一种补充制动。

它是通过将安装于车辆转向架上的电磁铁吸附在轨道上并使其在轨道上摩擦滑行产生的制动。磁轨制动的制动力不受轮轨黏着条件的限制。磁轨制动时，电磁铁与钢轨间的摩擦表面远远大于滚动摩擦表面，其摩擦力数倍于滚动摩擦力，其制动效率也远大于踏面制动和盘形制动。

有轨电车在施加紧急制动和安全制动时，为提高黏着系数，由撒砂装置将砂箱储存的砂子通过撒砂管喷洒到转向架车轮前方的轨面上，以实现增黏效果。

4.3.4 当客室侧门未全部关闭时，列车应不能正常启动，但应允许通过隔离功能使列车可以在规定的限速模式下运行。

【编制目的】

本条文规定了列车客室侧门未全部关闭时列车不能启动，目的是消除因客室门未关带来对乘客的危险因素。若有车门出现故障，通过车门的隔离锁将故障门锁定隔离后车辆可以限速模式或者以其他运行方式启动列车（注：此时，故障车门是在锁闭状态，该故障车门已经不受列车的集控开关门控制）。

【条文释义】

在列车启动控制中，为确保在列车的状态完全正常的情况下启动，将全列车的客室侧门全关闭作为可启动运行的前置条件之一，客室车门与牵引系统之间设置电气联锁，当车门未全关闭时列车的启动控制电路不能构成，列车不能启动，是为了防止列车在车门开启状态下启动发生乘客从车门跌落事故。

当车门发生故障时，允许通过隔离开关将故障车门在列车客室侧门全关闭连锁中进行隔离处理，同时车门隔离状态在司机室显示屏显示，列车置于限速运行模式或者以其他运行方式启动列车运行。

【实施要点】

客室侧门应设置可靠的机械锁闭机构、故障隔离装置、紧急解锁等安全设施以保证车门满足正常使用及特殊状态下的应急处理。

在客室车门控制系统中应设置电气安全联锁，确保车速大于5km/h（取决于信号速度传感器或制动速度传感器的检测精度）以上时不能开启车门，在列车牵引系统应设置安全联锁，确保车门未全关闭时不能启动列车。

司机室应设置乘降门开闭状态显示，便于司机观察。

执行过程中，还可通过现行国家标准《地铁设计规范》GB

50157—2013 第 4.7.4 条,《地铁车辆通用技术条件》GB/T 7928—2003 第 8.3.2 条,《城市轨道交通市域快线 120km/h～160km/h 车辆通用技术条件》GB/T 37532—2019 第 8.4.3 条,《城市轨道交通直线电机车辆通用技术条件》GB/T 32383—2020 第 16.9 条,《城市轻轨交通铰接车辆通用技术条件》GB/T 23431—2009 第 8.3.2 条;现行行业标准《跨座式单轨交通车辆通用技术条件》CJ/T 287—2008 第 8.3.2 条,《低地板有轨电车车辆通用技术条件》CJ/T 417—2022 第 9.4 条的规定支撑本条内容的实施。

【背景与案例】

城轨交通车辆均设置列车启动电气联锁,将包括客室侧门全关闭等一系列与安全相关的状态作为列车启动的前提条件,实际起到了有效阻止此种安全事故发生的效果。

对故障车门进行隔离包括车门因故障无法开门和无法关门的情况,均需要对车门进行隔离。车门无法开门的故障发生后,对车门进行可靠锁闭,并对其隔离后可使列车继续正常启动运行;而当车门出现无法关闭的故障,则对车门进行隔离后,可启动列车限速运行离开正线,以保证全线的正常运营。

4.3.5 列车应具备下列故障运行及救援的能力:

1 在超员载荷工况下,当列车丧失 1/4 动力时,应能够维持运行到终点站;

2 在超员载荷工况下,当列车丧失 1/2 动力时,应具有在正线最大坡道上启动和运行到最近车站的能力;

3 一列空载列车应具有在正线最大坡道上推送(拖拽)一列相同编组无动力的超员载荷工况的列车启动并运行至最近车站的能力。

【编制目的】

本条文规定了列车在发生故障时及相互救援时三种可能条件下的运行能力,目的是使列车在发生部分动力丧失的故障时能自行、空载列车能救援无动力列车离开故障地点而不致造成系统混乱。

【条文释义】

当列车部分动力丧失情况下的自行能力和列车对无动力列车的救援能力，是列车的一种短时高能力发挥要求。目的是当运用中的某列车出现部分动力丧失或动力完全丧失的故障情况下，能尽快将故障列车移出运营正线，以保证或快速恢复正线的正常运营。这也是列车实际运行中可能发生的故障工况。

规定列车要具有超员载客工况下的故障运行和救援能力也是根据实际存在的客流情况，并考虑列车救援时既可采用推送也可采用拖拽的方式进行救援来制定的。

【实施要点】

在城轨交通系统的规划设计与建设中，线路坡道与轨道黏着条件是对列车故障工况启动运行和救援的两个重要限制因素。如果运营线路坡度较大，则应选用动拖比比较大的列车编组或增大牵引电机功率。列车牵引系统的选择应根据项目实际，进行系统能力需求计算，包括列车牵引/制动特性计算及进行全线模拟运行计算，以确定各工况下系统的能力满足需求。在此基础上，需要核算列车在线路最大坡道上的故障工况或救援工况的启动与运行是否满足要求。

1. 列车丧失部分动力维持运行到终点站。

城轨交通包含众多各有特点的系统，具体可参见现行行业标准《城市公共交通分类标准》CJJ/T 114—2007，不同的城轨交通系统具有不同的运输特点和运输能力。本条文中列车丧失 1/4 动力能维持正常运行到终点站的动力丧失比是以城轨地铁列车最常见的 4 动 2 拖 6 辆编组列车为基础制定的。实际执行过程中，则可按丧失一个基本动力单元的动力作为该类故障工况的运行条件，见表 2，即列车的动力丧失比不大于 1/4，具体可在供需双方的车辆采购（供货）合同中约定。

根据不同的线路条件和运营需求，所选择的车辆型式和列车编组方式各有不同，无论采用哪种车型与编组，在同一编组中均为同一种车型，故障工况下的能力表现相同，因此表 2 中不对车型差异进行比较，只对列车可能出现的不同程度动力丧失的情况进行展示。

以典型的每节车 2 个转向架的车辆为例，最常见的编组与动拖比配置情况及列车基本动力丧失比（以一个动力单元丧失除以全列所有动力单元数作为列车基本动力丧失比）见表 2。

列车编组与基本动力丧失比　　　　　　表 2

编组（辆）[a]	4	4	6	6	8	8
列车动拖比	2M2T	3M1T	4M2T	3M3T	6M2T	4M4T
基本动力单元	1/2M[b]	1/2M[b]	1M	1/2M[b]	1M	1/2M[b]
列车基本动力丧失比	1/4	1/6	1/4	1/6	1/6	1/8 或 1/4[c]

注：a　表列常见编组，其他编组或特殊编组形式，按基本动力单元为单位进行类推。

　　b　1/2M 即指一个动力转向架（半个动车）作为一个动力单元，此时一般牵引系统为架控。

　　c　此种情况说明同时有两个动力单元故障，若需考虑此种情况维持正常运行到终点，则在车辆和线路设计时应核算系统能力（全线模拟运行）且线路最大坡道的选择应与之相适应。

2. 列车丧失 1/2 动力启动并运行到最近车站。

无论列车为何种编组形式，当出现丧失一半动力的情形，则应具备在全线任何位置均能启动并运行到其最近的车站的能力。最具挑战性的就是在运行线路中的最大坡道上坡处发生此种故障，因而对系统的牵引能力必须进行复核，确保系统在此工况具有足够的能力启动列车。并应校核在超员载荷下所需启动牵引力是否超出轮轨黏着的限制力。

3. 列车的救援。

列车的救援要求一列空车在依靠其自身动车质量所形成的黏着条件下发挥其允许的最大牵引能力，推送（拖拽）一列相同编组的超员载荷无动力列车在正线最大坡道上启动并行驶到最近的车站。在列车牵引能力满足的情况下，此工况必须对列车的启动及运行所需牵引力是否超出轮轨黏着的限制力进行计算，并充分利用有效的轮轨黏着力。

实际执行过程中，还可通过现行国家标准《地铁设计规范》GB 50157—2013 第 4.1.19 条，《地铁车辆通用技术条件》GB/T 7928—2003 第 6.19 条，《城市轨道交通市域快线 120km/h～160km/h 车辆通用技术条件》GB/T 37532—2019 第 6.2.7 条、第 6.2.8 条，《城市轨道交通直线电机车辆通用技术条件》GB/T 32383—2020 第 6.19 条；现行行业标准《跨座式单轨交通车辆通用技术条件》CJ/T 287—2008 第 6.17 条，《低地板有轨电车车辆通用技术条件》CJ/T 417—2012 第 13.1.6 条的规定支撑本条内容的实施。

4.3.6 当牵引指令与制动指令同时有效时，列车应施加制动或紧急制动。

【编制目的】

本条文规定了列车操作指令当牵引指令与制动指令同时有效时，执行命令的优先顺序。列车应施加制动或紧急制动，其目的是防止故障发生时，从安全角度考虑，列车能够停车。

【条文释义】

本条文规定牵引指令与制动指令同时有效时，列车应施加制动或紧急制动，这是一种非正常状态下的约定，实际上，列车的牵引指令和制动指令不应该同时有效，如果一旦同时有效，说明列车控制逻辑电路出现故障，基于故障导向安全的基本原则，在这种情况下要求列车施加制动或紧急制动。

【实施要点】

在具体设计时，列车控制逻辑是要考虑牵引指令和制动指令不同时出现的，但不排除有些故障原因导致了牵引指令和制动指令同时有效，此时控制失效，因此要求列车施加制动或紧急制动是从执行系统的角度考虑的。在网络正常且网络优先情况下，当 TCMS 检测到牵引指令和制动指令同时有效时，TCMS 给出制动指令和制动级位；当牵引和制动系统检测到牵引指令和制动指令同时有效时，不再根据指令的大小，牵引系统撤销牵引力，制动系统直接根据网络传输的制动级位或硬线接收到的制动级位施加制动。若项目有特殊要求时，可将牵引和制动指令同时有效的故障状态信号接入列车的紧急制动环路。这也是一种安全防护。

【背景与案例】

城市轨道交通车辆在设计时，牵引指令和制动指令的发出源头有 ATO 自动驾驶设备和司机控制器（人工驾驶），传输方式有列车线和网络两种方式，从安全角度考虑，在网络正常情况下，网络优先；网络故障，紧急牵引模式下，牵引指令和制动指令优先采用列车线的方式，一般牵引指令是高电平有效，制动指令是低电平有效。在设计时，不允许出现两种指令同时有效的情况，从逻辑上是不会有两个指令同时出现的情况，但是当某种故障发生导致设计失效时，仍有可能发生两个指令同时有效，例如，在施加制动时，牵引指令是无效（低电平）的，但是如果发生牵引指令列车线与某个电源短路，导致牵引指令意外变成高电平，此时牵引制动系统收到的指令是牵引指令也同时有效，在这种情况下，为了保证列车的安全，会要求列车施加制动，此时列车线已经失去作用，在网络正常且网络优先情况下，当 TCMS 检测到牵引指令和制动指令同时有效时，TCMS 给出制动指令和制动级位；当牵引和制动系统检测到牵引指令和制动指令同时有效时，不再根据指令的大小，牵引系统撤销牵引力，制动系统根据网络传输的制动级位或硬线接收到的制动级位施加制动，从而使列车减速或停车以保证安全。

4.3.7 有人驾驶列车应设置独立的紧急制动按钮，并应在牵引制动主手柄上设置警惕按钮。

【编制目的】

本条文规定了城市轨道交通有人驾驶的列车的安全措施，目的是在车辆发生紧急情况下，司机可以采取措施来施加紧急制动。同时，为了防止司机疲劳驾驶、突发身体不适或者由于其他原因造成的分神无法专注于驾驶，要求在牵引制动主手柄上设置警惕按钮。

【条文释义】

本条文规定城市轨道交通有人驾驶的列车需要设置独立的紧急制动按钮，同时需要在牵引制动主手柄上设置警惕按钮。

【实施要点】

执行过程中，可通过现行国家标准《地铁车辆通用技术条件》GB/T 7928—2003 第 13.1 条，《城市轨道交通市域快线 120km/h～160km/h 车辆通用技术条件》GB/T 37532—2019 第 10.3 条、第 17.1 条，《城市轨道交通直线电机车辆通用技术条件》GB/T 32383—2020 第 16.1 条，《城市轻轨交通铰接车辆通用技术条件》GB/T 23431—2009 第 13.1 条等的规定支撑本条内容的实施。

【背景与案例】

目前国内城市轨道交通车辆在司机台上均设置了紧急制动按钮，其型式为蘑菇头式按压施加紧急制动，恢复方式目前有两种，一种是再次按压恢复，另一种是旋转恢复，紧急制动按钮的功能是当紧急制动按钮被激活后，列车会直接施加紧急制动直至列车停止。

警惕按钮一般是被集成在司机控制器内部，即牵引制动控制手柄上，目前警惕按钮操作的方式有多种，例如，直接按压牵引制动手柄，或者在手柄头部设有按动开关。警惕按钮功能的逻辑设置也有所不同，如下列出三种常见的做法：① 当列车处于非停止状态时，要求司机一直按压警惕按钮，如果松开 3s，即发出警报，提示司机需要操作警惕按钮，如果 3s 后司机还没有任何操作，再过 3s，列车直接施加制动直至停车，如果列车具备 ATO 驾驶功能，ATO 可旁路司机警惕按钮功能。② 当列车处于牵引状态时，要求司机按压警惕按钮 3s 松开 3s，循环操作，同样超过 3s 没有变化，即发出警报，提示司机需要操作警惕按钮，如果 3s 后司机还没有任何操作，再过 3s，列车直接施加制动直至停车，同样，如果列车具备 ATO 驾驶功能，ATO 可旁路司机警惕按钮功能。第二种要求主要是为了防止司机通过其他手段屏蔽警惕按钮。③ 当列车处于牵引状态时，要求司机一直按压警惕按钮，如果松开3s后司机还没有任何操作，列车直接施加紧急制动直至停车，如果列车具备ATO驾驶功能，ATO可旁路司机警惕按钮功能。

警惕按钮的操作逻辑可由供需双方协商确定，最终目的是保证司机专心驾驶，防止突发事件造成危害。

4.3.8 当列车一个辅助逆变器丧失供电能力时，剩余辅助逆变器的容量应满足列车除空调制冷之外的各种负载供电要求。

【编制目的】

本条文规定了列车辅助供电系统应具备的冗余能力，目的是当列车辅助供电系统出现一个逆变器故障时，能维持列车涉及安全及运行的基本供电。

【条文释义】

当列车辅助供电系统中的一台辅助逆变器因故障退出服务时，剩余的辅助逆变器应能自动承担起全列车的辅助负载供电需求，此工况下列车各辅助负载除空调系统按夏季制冷减半（冬季供暖减半）的工况运行外，满足其他所有辅助用电负荷在各种工况下正常运行的用电需求。

【实施要点】

在确定辅助逆变器的计算容量时，根据列车的编组及系统的配置方案进行各种工况下的辅助供电负载需求计算，同时校核在一台辅助逆变器故障退出服务情况下，设定客室空调在夏季制冷减半运行（变频空调通过调频实现，定频空调通过压缩机减半实现）或冬季制热减半的情况下，列车中剩余辅助逆变器对全列供电的能力需求，最终确定辅助逆变器的容量。

通常，当列车中配置3台及以上数量的辅助逆变器系统，且采用并网供电方式时，选择合理的单台辅助逆变器的容量后，较易满足一台辅助逆变器退出服务后的全列辅助供电的需求，因为此时剩余辅助逆变器数量不少于2，剩余辅助供电能力大于

50%。最不利的情况即为列车配置 2 台辅助逆变器系统供电的情况，因此需要对此种情况的辅助逆变器容量进行仔细计算与校核，以确定既满足用电需求、又经济的辅助逆变器容量。

执行过程中，还可通过现行国家标准《城市轨道交通直线电机车辆通用技术条件》GB/T 32383—2020 第 13.1.2 条；现行行业标准《跨座式单轨交通车辆通用技术条件》CJ/T 287—2008 第 6.18 条，《低地板有轨电车车辆通用技术条件》CJ/T 417—2012 第 13.2.5 条的规定支撑本条内容的实施。

4.4 车载设备和设施

4.4.1 车辆应设置蓄电池，其容量应满足紧急状态下车门控制、应急照明、外部照明、车载安全设备、广播、通信、信号、应急通风等系统的供电要求。用于地下运行的车辆，蓄电池容量应保证供电时间不少于 45min；用于地面或高架线路运行的车辆，蓄电池容量应保证供电时间不少于 30min。用于全自动运行的车辆应同时满足具有休眠唤醒功能模块的供电要求。

【编制目的】

本条文规定了车辆设置蓄电池的技术要求。明确了蓄电池在应急状态下必须保证的供电范围及供电时间，是为适应应急救援必需的基本供电及时间要求。

【条文释义】

在供电网断电或列车辅助供电系统无法供电等紧急情况下，为维持列车应急救援所必需的负载能正常工作，车辆需设置蓄电池以实现此需求。用于地面或高架线路时，列车的通风条件相对地下较好、照明需求相对地下较少，且疏散空间相对地下更大更便于快速疏散，因而对蓄电池的供电时间规定相对较短些。用于地下线路时，列车处于紧急状态下的上述需求更多、时间更长，因而对蓄电池的供电时间规定较长些。对于全自动运行车辆，车辆应具有远程唤醒功能，因此即使车辆休眠，车载 ATC 休眠唤醒单元仍需工作，此时由蓄电池供电。

【实施要点】

用于地下运行的车辆，蓄电池应急供电时间不少于45min；用于地面或高架线路运行的车辆，蓄电池应急供电时间不少于30min。

用于全自动运行的车辆应同时满足具有休眠唤醒功能模块的供电要求。某些项目中尚需在上述供电能力的基础上，还应具备在维持应急供电45min（地面30min）后再操作列车开关一次门的电能等要求（现行国家标准《地铁设计规范》GB 50157—2013第4.5.9条、《城市轨道交通市域快线 120km/h～160km/h 车辆通用技术条件》GB/T 37532—2019 第11.4 条），若有此类要求则在蓄电池容量计算与确定时均需一并加以考虑。

采用设有独立动力蓄电池的地铁列车、采用储能系统供电的有轨电车，其紧急情况下的负载供电可以由动力蓄电池或其他储能系统提供，不仅限于 DC110V 或 DC24V 辅助供电蓄电池。

执行过程中，还可通过现行国家标准《地铁设计规范》GB 50157—2013 第4.5.9 条，《地铁车辆通用技术条件》GB/T 7928—2003 第 11.13 条，《城市轨道交通市域快线 120km/h～160km/h 车辆通用技术条件》GB/T 37532—2019 第 11.4 条，《城市轨道交通直线电机车辆通用技术条件》GB/T 32383—2020 第 13.4.2 条，《城市轻轨交通铰接车辆通用技术条件》GB/T 23431—2009 第 11.13 条；现行行业标准《跨座式单轨交通车辆通用技术条件》CJ/T 287—2008 第 11.12 条，《低地板有轨电车车辆通用技术条件》CJ/T 417—2022 第 13.2.3 条的规定支撑本条内容的实施。

4.4.2 车辆内所有电气设备应有可靠的保护接地措施。

【编制目的】

本条文规定了车辆内电气设备的保护接地要求，电气设备的外露可导电部分应采取有效的保护接地。是保障人身安全的基本措施。

【术语定义】

保护接地： 为了电气安全，将系统、装置或设备的一点或多点接地（现行国家标准《电气安全术语》GB/T 4776—2017 第

2.3.2.3 条和《电工术语 电气装置》GB/T 2900.71—2008 第 826-13-09）。

外露可导电部分： 设备上能触及的可导电部分，它在正常状态下不带电，但是在基本绝缘损坏时会带电（现行国家标准《电气安全术语》GB/T 4776—2017 第 2.1.14 条，《系统接地的型式及安全技术要求》GB 14050—2008 第 3.2 条和《低压电气装置 第 5-54 部分：电气设备的选择和安装 接地配置和保护导体》GB/T 16895.3—2017 第 541.3.1 条有相同的规定，来自《电工术语 电气装置》GB/T 2900.71—2008 第 826-12-10）。

【条文释义】

根据现行国家标准《系统接地的型式及安全技术要求》GB 14050—2008 第 5.1.1 条 b）款的规定，电气装置中的外露可导电部分，都应通过保护导体或保护中性导体与接地极相连接，以保证故障回路的形成。

根据现行国家标准《低压电气装置 第 5-54 部分：电气设备的选择和安装 接地配置和保护导体》GB/T 16895.3—2017 第 543.3.1 条的规定，保护接地导体之间或保护接地导体与其他设备之间的每处连接（例如，螺栓连接，夹板连接器），应具有持久的电气连续性和足够的机械强度和保护。连接保护接地导体的螺栓不应用作任何其他目的；连接不应采用锡焊。

铁道行业标准《铁道车辆金属部件的接地保护》TB/T 2977—2016 第 5.2.1 条规定了铁路行业的要求，车辆电气设备的额定电压超过（DC50V 或 AC24V）时，金属部件应可靠接地。通常情况下设备外壳等是不带电的，当故障发生（如主机电源故障或其他故障）造成电源的供电火线与外壳等导电金属部件短路时，这些金属部件或外壳就形成了带电体，如果没有可靠地接地，那么这带电体和地之间就有很高的电位差，如果人体不小心触及这些带电体，那么就会通过人身形成通路，产生生命危险。因此，必须将金属外壳和地之间作可靠连接，使机壳和地等电位。对于城轨车辆内的电气设备，车体即为"地"。

【实施要点】

执行过程中，可通过现行国家标准《系统接地的型式及安全技术要求》GB 14050—2008，《低压电气装置 第5-54部分：电气设备的选择和安装 接地配置和保护导体》GB/T 16895.3—2017，《轨道交通 机车车辆布线规则》GB/T 34571—2017 及铁道行业标准《铁道车辆金属部件的接地保护》TB/T 2977—2016，《铁道客车配线布线规则》TB/T 1759—2016 的规定支撑本条内容的实施。

【背景与案例】

以某 4M2T 的 6 编组地铁项目牵引变流器的接地线选择为例。

1. 接地线类型的选择：地铁车辆设备的接地线通常选择无绝缘保护层的扁平编织线，导线不用颜色标记，在设备的接地点设有接地标识。

2. 接地线截面积的选择：4M2T 的 6 编组地铁配置 4 台牵引变流器，每台变流器设置 2 根接地线。若牵引变流器供电导线截面积为 $120mm^2$，则保护接地线的最小截面积为 $60mm^2$，结合电缆的型号，接地线截面积可以选择 $70mm^2$。

3. 接地线长度：按照接地线在保证活动裕量的情况下尽可能短，在车体上尽量靠近设备的位置设置接地点，根据设备接地点和车体接地点的位置确定接地线的长度，长度不宜大于 350mm，不应大于 500mm。

4. 接地连接：牵引变流器箱体上采用接地螺套的方式设置接地点，车体上采用接地块的方式设置接地点，并焊接在车体上，接地螺套的接地块的接触面做防锈、防腐处理，编织线两端设置接线端子，接线端子与接地螺套和接地块面接触，采用铜质或不锈钢材质的螺栓进行紧固。

4.4.3 客室及司机室应根据需要设置通风、空调和供暖设施，并应符合下列规定：

1 当仅设有机械通风装置时，客室内人均供风量不应少于 $20m^3/h$（按定员载荷计）；

2 当采用空调系统时，客室内人均新风量不应少于 $10m^3/h$

（按定员载荷计），司机室人均新风量不应少于 $30m^3/h$；

3 列车各个车厢应设紧急通风装置；

4 供暖系统应确保消防安全，采用电加热器时应有超温保护功能，电加热器应采取避免对乘客造成伤害的措施；

5 对于有人驾驶的列车，冬季运行时司机室温度不应低于 $14℃$。

【编制目的】

本条文规定了车辆通风、空调和供暖系统的基本要求，目的是为司机及乘客提供舒适安全的乘车环境。

【术语定义】

新风： 从车辆外部获取的空气。

紧急通风： 主电源故障后的通风。

电加热器： 利用电能来升高或者保持车内温度的装置。

【实施要点】

1. 当仅设有机械通风装置时，客室内人均供风量不应少于 $20m^3/h$（按定员载荷计）。

现有的城市轨道交通车辆基本都配备空调，当不配备空调时，需要设置机械通风装置，机械通风装置可将车外新鲜空气输送至客室，机械通风装置通风量的大小根据现行国家标准《地铁车辆通用技术条件》GB/T 7928—2003 第 12.5 条所规定的定员载荷下人均供风量不少于 $20m^3/h$ 来计算选型。

2. 当采用空调系统时，客室内人均新风量不应少于 $10m^3/h$（按定员载荷计），司机室人均新风量不应少于 $30m^3/h$。

执行过程中，现行国家标准《地铁车辆通用技术条件》GB/T 7928—2003 和现行行业标准《城市轨道交通车辆空调、采暖及通风装置技术条件》CJ/T 354—2010 中的相关规定支撑本条内容的实施。

3. 列车各个车厢应设紧急通风装置。

从乘客多少、疏散是否及时和疏散时间长短三个方面考虑设置何种紧急通风装置。对于乘客多、不能及时疏散或疏散时间较长的车辆，建议设置机械式紧急通风装置，可以保证车厢内新鲜空气的供给量以及供给的持续时间。对于乘客少或疏散便捷的车辆，建议设置自然式紧急通风装置。

4. 供暖系统应确保消防安全，采用电加热器时应有超温保护功能，电加热器应采取避免对乘客造成伤害的措施。

执行过程中，当电加热器装于空调机组内部时可参考铁道行业标准《铁道车辆空调 空调机组》TB/T 1804—2017 中第5.3.17 来支撑本条内容的实施，当电加热器装于车内时可参考铁道行业标准《铁道客车及动车组电取暖器》TB/T 2704—2016 第5.1.8 条、第5.1.10 条和第5.3.4 条来支撑本条内容的实施。

5. 对于有人驾驶的列车，冬季运行时司机室温度不应低于14℃。

执行过程中，还可通过现行国家标准《地铁车辆通用技术条件》GB/T 7928—2003 第12.7 条，《城市轨道交通市域快线120km/h～160km/h 车辆通用技术条件》GB/T 37532—2019 第14.9 条，现行行业标准《城市轨道交通车辆空调、采暖及通风装置技术条件》CJ/T 354—2010 第5.2 条的规定支撑本条内容的实施。

【背景与案例】

1. 以某地铁车辆空调新风量设计参数为例（表3）：

车辆载荷 表3

载荷	单车（单位：人）			列车（单位：人）
	A 车	B 车	C 车	6 辆编组
座席	48	51	54	306
定员	296	319	317	1864
超员	420	448	452	2640

每节车客室设置2台客室空调机组，新风量按定员按载荷较多的 B 车 319 人计算，每台空调机组新风量设置为 1600m³/h，

整车新风量 3200m³/h，人均新风量为 10.03m³/h。司机室设置一台司机室空调机组，司机室定员按 1 人计算，司机室空调新风量设置为 30m³/h。

2. 目前地铁车辆几乎均设有紧急通风装置，有的设置在车厢内，有的设置在空调机组内部。在主电源故障后，由蓄电池为通风机供电。

某数字轨道胶轮电车及有轨电车项目，因其在公路上运行，乘客疏散快捷，故采用了活动窗作为紧急通风装置。在主电源故障后，可以打开活动窗，使车内与车外空气流通。

3. 目前城市轨道交通车辆供暖系统所采用的电加热器均设有超温保护装置。超温保护的设置，没有发生相关烫伤及安全事故。

4. 某地铁车辆项目冬季司机室设计温度为 14℃，经过供暖负荷计算，所需总供暖量为 3kW。为满足司机室供暖需求，并留有一定加热余量及司机室的舒适性，在司机室空调机组内配置 1 台 3kW 供暖量的空气预热器，司控台下方设置 1 台 800W 供暖量的足部加热器，总供暖量为 3.8kW。

4.4.4 车辆应至少设置一处供轮椅停放的位置，并应设扶手和轮椅固定装置；在车辆及车站站台的相应位置应有明显的指示标志。

【编制目的】

本条文规定了车辆应设置轮椅区、轮椅区对应的车辆及站台需设置相关设施。是保障乘坐轮椅乘客的人身安全的基本措施。

【条文释义】

根据现行国家标准《无障碍设计规范》GB 50763—2012 第 3.8 条"无障碍设施的扶手设计要求"，扶手也是无障碍设计之一；考虑不同乘坐轮椅乘客的身体情况，应同时设置扶手和轮椅固定装置，来保障乘坐轮椅乘客的安全。

车辆客室内应至少设置一处轮椅区，该区域设扶手、轮椅固定装置，该条中的"车辆"指运营系统中的车辆亦即列车，所以每列固定编组的列车客室内至少有一处轮椅区。

【编制依据】

《无障碍环境建设条例》（国务院令第 622 号）

第十五条 民用航空器、客运列车、客运船舶、公共汽车、城市轨道交通车辆等公共交通工具应当逐步达到无障碍设施的要求。有关主管部门应当制定公共交通工具的无障碍技术标准并确定达标期限。

【实施要点】

轮椅区的大小应满足轮椅停放空间需求，扶手的高度应方便轮椅乘坐人把握。执行过程中，可通过现行国家标准《无障碍设计规范》GB 50763—2012 第 3.8 条的规定支撑本条内容的实施。

【背景与案例】

轮椅区的设置体现了对乘坐轮椅的乘车人员的人性化关爱，基本上所有城轨列车中均有设置。在车站和站台上也有相应的配套设施和明显的标志，车辆与站台相配合，组成系列服务设施。

4.4.5 车辆应具备下列广播通信设施和功能：

1 广播报站、应急广播服务及广播电视服务；

2 司机与车站控制室、控制中心的通话设备；

3 乘客与司机直接联系的通话设备；

4 在全自动运行模式中，乘客与控制中心联系的通信系统；

5 紧急通信优先功能。

【编制目的】

本条文规定了车辆应设置的广播通信设施和应具备的功能，目的是确保车辆与控制中心的通信以及为乘客提供报站信息和应急信息服务。

【术语定义】

应急广播： 在紧急情况下，司机/OCC 对客室进行紧急广播。

紧急通信： 在紧急情况下，乘客与司机/OCC（全自动运行模式）、司机与司机进行紧急对讲。

【条文释义】

本条文规定了车辆关于广播及通信设施的设置及要求，明确广播系统应具备广播报站、应急广播及广播电视服务等基本功能，明确了通信系统应具备司机与车站控制室、控制中心的通话要求，应具备乘客与司机直接联系的通信功能，同时在全自动运行模式中，还要具备司机与控制中心联系的通信功能。并规定了紧急通信的优先权。

【实施要点】

执行过程中，可通过现行国家标准《地铁车辆通用技术条件》GB/T 7928—2003 第 15 条，《城市轨道交通市域快线 120km/h～160km/h 车辆通用技术条件》GB/T 37532—2019 第 15 条，《城市轨道交通直线电机车辆通用技术条件》GB/T 32383—2020 第 15 条，《城市轻轨交通铰接车辆通用技术条件》GB/T 23431—2009 第 15 条等的规定支撑本条内容的实施。

【背景与案例】

目前在城市轨道交通车辆上，车辆基本都配置乘客信息系统。乘客信息系统包含列车广播系统、乘客信息显示系统和列车视频监控系统三个子系统，其中列车广播系统具备本条要求的所有广播服务和通信功能。乘客信息显示系统一般用于报站显示，播放新闻、广告、娱乐、服务信息，在紧急情况下，该系统的显示屏可与列车广播系统联动显示一些紧急信息，为乘客提供更好的信息服务。列车视频监控系统一般是从安防角度进行设计的，在司机室及车厢内设有摄录像设备，监视司机室及车厢内的实时情况。在紧急情况下，乘客触发紧急对讲装置时，车厢内的摄像机可与乘客报警进行联动，监控触摸屏可全屏显示对应摄像机的视频画面，报警信息也实时上传地面控制中心，便于司机或地面控制中心了解现场信息。目前这三套子系统已经基本成为标准配置，随着技术的进步，这三套子系统也已进行整合，信息的传递更加流畅，实现的联动功能也更丰富。

4.5 安全与应急

4.5.1 车辆应设有应急照明。当正常供电中断启用应急照明时，其照度应满足客室内距地板面 1m 高度处不低于 30lx。

【编制目的】

本条文规定了应急照明的功能及照度的要求。目的是在发生紧急情况下，为乘客基本活动安全撤离提供必要的照明。

【条文释义】

应急照明有分散供电和集中供电两种方案。分散供电时，每个门区设置一个应急照明灯，应急照明模式下，仅该灯保持点亮；集中供电时，应急照明是通过降低整个客室内灯具的亮度实现的。两种应急照明方案都应满足照度要求。

【实施要点】

执行过程中，可通过现行国家标准《地铁车辆通用技术条件》GB/T 7928—2003 第 8.3.7 条，《城市轨道交通市域快线 120km～160km/h 车辆通用技术条件》GB/T 37532—2019 第 8.3.7 条，《城市轨道交通直线电机车辆通用技术条件》GB/T 32383—2020 第 8.3.5 条，《城市轻轨交通铰接车辆通用技术条件》GB/T 23431—2009 第 8.3.6 条等的规定支撑本条内容的实施。

【背景与案例】

随着技术的发展，城市轨道交通车辆内部照明从荧光灯管发展到目前的 LED 照明，在采用荧光灯管的时候，为了保证车辆照明的可靠性，一般将车辆照明电路分成三路控制，一路和二路为正常照明电路，照明的供电是 AC220V，荧光灯是沿着列车纵向方向交叉布置，第三路是应急照明电路，采用 DC110V 电源供电，这样在出现异常情况下，车辆辅助供电系统无法提供交流电源时，应急照明可以通过车载蓄电池提供的 DC110V 电源提供照明。近几年，荧光灯逐渐被 LED 灯取代，电源的供电制式也由 AC220V 直接换成了 DC110V，因此，无论是正常照明还是应急照明，照明供电都可以采用 DC110V 供电，但为了确保在辅助逆变系统输出异常情况下，蓄电池能够满足规定时间内的应急供电需求，需要降低一部分照明负载，因为可以通过降低 LED 灯的功率来降低客室照度，因此，在保证应急照明度的前提下，目前多数项目采用降低灯具供电功率的方式来降低客室的整体照度，即通过降低正常照明灯具亮度来实现应急照明功能。

4.5.2 车辆应设置报警系统，客室内应设置乘客紧急报警装置；应设置乘客与控制中心、控制室或乘务人员的通信联络装置，值守人员与乘客通话应具有最高优先权。

【编制目的】

本条文规定了列车报警系统设置的技术要求。目的是方便乘客在紧急情况下的应急报警与通信，便于控制中心、司乘人员与乘客能够进行信息沟通，特别是为了保证能够通过乘客第一时间了解到现场的紧急情况，将值守人员与乘客通话设定为具有最高优先权。

【术语定义】

乘客紧急报警装置： 集成紧急报警按钮、指示灯、扬声器、麦克风等部件，用于紧急情况下乘客与司机进行通话的设备。

【条文释义】

本条文综合了现行国家标准《地铁设计规范》GB 50157—2013第4.7.2条（强制性条文）、原国家标准《城市轨道交通技术规范》GB 50490—2009 第 4.1.8（2）条（款）的要求。明确规定在客室内设置乘客紧急报警装置，应能够实现乘客与控制中心、控制室或乘务人员的通信联络。多个紧急报警同时请求通话时，系统应具备排序等待功能，并规定值守人员与乘客的紧急通话具有最高优先权。

【实施要点】

执行过程中，可通过现行国家标准《地铁设计规范》GB 50157—2013 第4.7.2条，《地铁车辆通用技术条件》GB/T 7928—2003 第15条，《城市轨道交通市域快线 120km/h～160km/h 车辆通用技术条件》GB/T 37532—2019 第15.5 条，《城市轨道交通直线电机车辆通用技术条件》GB/T 32383—2020 第 15.1 条、第 15.2 条、第 15.5 条，《城市轻轨交通铰接车辆通用技术条件》GB/T 23431—2009 第 15.1 条、第 15.3 条等的规定支撑本条内容的实施。

【背景与案例】

轨道交通列车作为公众出行的主要交通工具，列车长度长，人员密集，且目前在运营的轨道交通线路中仅有部分旅客车厢内设置站务人员执勤，如果在客室内发生紧急情况，司机或地面控制中心无法第一时间获取现场信息，严重影响应急事件的处置，因此在城市轨道交通车辆中都设置了乘客紧急对讲装置，成为最基本的安全配置。

随着技术的发展，在客室增加了摄像机实时记录客室内的情况，摄像机与乘客紧急对讲装置也增加了联动，当有乘客紧急对讲装置被激活后，该区域的视频信息将自动发送给司乘人员，且通话内容将被记录。目前所有新建线路的车辆全部具备了紧急对讲和客室视频记录功能，且具备自动联动功能。

4.5.3 列车应具备下列安全装置和功能：

1 灭火器具和自动火灾报警装置；

2 自动防护（ATP）以及保证行车安全的通信联络装置；

3 设置于司机操纵台的紧急停车操纵装置；

4 司机室内的乘降门开闭状态显示和车载信号显示；

5 监视客室及司机室状态的视频监视装置；

6 司机室前端可远近光变换的前照灯，列车尾端外壁红色防护灯；

7 鸣笛装置。

【编制目的】

本条文规定了列车应具备的安全装置和功能，目的是保证车辆安全运行。

【术语定义】

火灾报警装置：在火灾自动报警系统中，用以接收、显示和传递火灾报警信号，并能发出控制信号和具有其他辅助功能的控制指示设备。

视频监视装置： 在视频监控系统中，用以采集、显示、查看及存储视频信号的设备。

【条文释义】

参考了现行国家标准《火灾自动报警系统设计规范》GB 50116—2013 的规定制定第 5.2.2 条第 1 款内容，要求火灾自动报警装置首先具有烟雾报警功能。从防火安全角度考虑，车辆应具备自动探测火灾的发生，以及当火灾发生后，具备一定的灭火措施，由此要求车辆具备自动火灾报警系统和灭火器具。

从行车安全角度考虑，首先保证车辆之间的行车间隔，防止发生车辆碰撞，由此要求车辆必须设有自动防护（ATP）以及保证行车安全的通信联络装置。

为了保证紧急情况下，司机能够快速实施停车操作，要求司机操作台上设置紧急停车操纵装置。

在司机室内应有乘降门开闭状态（客室门是否全关、全开）显示，并有车载信号显示及时显示信号系统的工况及故障提示。

视频监视装置能随时掌握并记录客室及司机室的状态，为及时了解现场状况并为事后分析事件过程提供实时资料。

司机室前端设可远近光变换的前照灯，为在不同区段运行的列车提供适合观察前方线路状况的照明，列车尾端外壁红色防护灯是为后续列车提供安全提醒的防护措施。实际上因列车是可以换端运行的因此在列车的司机室前端均设有前照灯和防护灯，只是在列车运行时进行控制，前进方向为头端亮前照灯，尾端亮防护灯。

鸣笛装置是一种安全提示装备。从保护人员安全和车辆运营安全的角度，并根据现行国家标准《地铁车辆通用技术条件》GB/T 7928—2003 第 13.5 节的规定制定《规范》第 4.5.3 条第 7 款。

【实施要点】

执行过程中，可通过现行国家标准《地铁设计规范》GB 50157—2013 第 4.7.6 条、第 4.7.3 条，《地铁车辆通用技术条件》

GB/T 7928—2003 第 13 条,《城市轨道交通市域快线 120km/h～160km/h 车辆通用技术条件》GB/T 37532—2019 第 13 条,《城市轨道交通直线电机车辆通用技术条件》GB/T 32383—2020 第 16 条,《城市轻轨交通铰接车辆通用技术条件》GB/T 23431—2009 第 13 条等的规定支撑本条内容的实施。

【背景与案例】

灭火器设置:目前国内城市轨道交通地铁列车已经基本做到统一,每个客室设有 2 个灭火器,每个司机室设有 1 个灭火器,轻轨列车多数是在整列客室内部设置 2 个灭火器,司机室设置 1 个灭火器。

烟火报警:随着安全意识的提高和技术的进步,最近几年新采购的轨道交通车辆均要求安装烟火报警装置,目前烟火报警装置的方案主要有两种,一种是管路式的,另一种是探头式的。管路式的方案由于需要在车厢内布置大量管路,且分布的监测点实际效果不明显,已经逐渐被淘汰,而探头式烟火监测方案布置灵活方便,且随着技术的发展,探测精度也逐渐提高,完全可以满足车辆烟火监测需求,因此得到了大面积推广,目前多数车辆采用这种方案,且探头数量及位置基本上是布置在电气柜内部和回风口位置。此外,为了弥补电器箱体内部火灾监测的盲区,已开发了感温电缆,可以作为烟感探头的一个补充方案。

自动防护和无线通信、紧急停车操纵装置、关键信号状态显示、视频监控、灯光和鸣笛等功能,目前在轨道交通车辆上已经非常完善,特别是应用于地铁的自动防护系统,从最初的固定闭塞方式,经历了准移动闭塞、移动闭塞,到目前的 FAO,已经演化到了现在的第四代产品,列车自动防护系统技术已经非常成熟,目前行业内正在研发第五代产品。

4.5.4 车辆应具备下列应急设施或功能:

1 地下运行的固定编组列车,各车辆之间应贯通;

2 单轨列车的客室车门应配备缓降装置,列车应能实施纵向救援和横向救援;

3 全自动运行的列车应配备人工操控列车的相关设备。

【编制目的】

本条文规定了车辆应具备的应急设施或功能要求。

【条文释义】

地下运行的固定编组列车，考虑某辆车内出现事件时，因无法像地上线路那样车辆外面有足够的横向空间而人员还能通过车下实现从某辆车到另一辆车，所以，各车辆之间应贯通，人员可以通过车间的贯通实现本车与列车的任何一辆车之间的通行。

单轨列车的客室车门应配备缓降装置，因为单轨线路通常为高架，一旦列车因故停在线路，需要备用缓降装置将人员从列车内部转移到下方的路面或救援设备上。

单轨列车应具备纵向救援和横向救援，纵向救援如救援列车通过与被救援列车的端部连通，可以在两列车间搭建救援通道，考虑有时不具备纵向救援情况（如缺少救援列车、轨道断裂、本列车端部损坏或逃生装置无法打开等），需具备横向救援，例如，在车辆侧部，建立车辆内部与地面或救援设备之间的安全通路（如客室车门缓降装置、安全梯或安全渡板等）。

全自动运行的列车应配备人工操控列车的相关设备，以备列车故障无法实现全自动运行时被授权的工作人员可以手动操控列车。

【实施要点】

地下运行的固定编组列车，各车辆之间应贯通且人员可以通行，通常采用贯通道直接联通，执行过程中，可通过现行国家标准《地铁设计规范》GB 50157—2013 第 4.2.10 条、现行建设标准《城市轨道交通工程项目建设标准》建标 104—2008 第三十六条的第四小条的规定支撑本条内容的实施。

单轨列车的客室车门应配备缓降装置，缓降装置一端固定到车辆上，乘员可以通过缓降装置到达线路下方的地面或救援设备，执行过程中，可通过现行行业标准《跨座式单轨交通车辆通用技术条件》CJ/T 287—2008 第 13.5 条的规定支撑本条内容的实施。

单轨列车应具备纵向救援和横向救援，可通过救援车进行故障车联挂救援，也可实现列车侧面客室门的横向疏散救援，执行过程中，可通过现行行业标准《跨座式单轨交通车辆通用技术条件》CJ/T 287—2008 第 13.7 条的规定支撑本条内容的实施。

【背景与案例】

地下运行的固定编组列车，当某辆车内出现事件时，车辆间可以通过来实现接近或逃离某辆车，2003 年前通常采用可打开的端门和渡板，2003 年之后普遍采用贯通道。

2000 年我国引进单轨列车时，列车已经具备纵向救援和横向救援，客室车门配备缓降装置，车辆间贯通，列车端部设逃生门和渡板，列车故障时可实现安全救援。

全自动运行的列车自 2008 年开始由国内车辆厂设计时，就配备人工操控列车的相关设备（通常放在独立司机室或开敞司机室的封闭司机台内）。

5 土 建 工 程

5.1 一般规定

5.1.1 土建工程应提供满足轨道交通预期通行能力、承载能力、安全控制、乘降疏导和应急疏散、车辆与机电设备系统安全运行和维护、抗灾减灾、人防等方面基本要求的建（构）筑物和设施。

【编制目的】

本条文提出了轨道交通土建工程应具备的基本功能要求，目的是保证土建工程能满足轨道交通工程的安全运行、正常使用和防灾减灾要求。

【条文释义】

轨道交通预期通行能力、承载能力、安全控制、乘降疏导和应急疏散、车辆与机电设备系统安全运行和维护、抗灾减灾是保证轨道交通安全运行和正常使用的基本要求。

【编制依据】

《中华人民共和国建筑法》

《中华人民共和国消防法》

第九条　建设工程的消防设计、施工必须符合国家工程建设消防技术标准。建设、设计、施工、工程监理等单位依法对建设工程的消防设计、施工质量负责。

《中华人民共和国防震减灾法》

第十七条　新建、扩建、改建建设工程，应当达到抗震设防要求。

重大建设工程和可能发生严重次生灾害的建设工程，应当按照国务院有关规定必须进行地震安全性评价，并根据地震安全性评价的结果，确定抗震设防要求，进行抗震设防。建设工程的地震安全性评价单位应当按照国家有关标准进行地震安全性评价，并对地震安全性评价报告的质量负责。

前款规定以外的建设工程，应当按照地震烈度区划图或者地震动参数区划图所确定的抗震设防要求进行抗震设防；对学校、医院等人员密集场所的建设工程，应当按照高于当地房屋建筑的抗震设防要求进行设计和施工，采取有效措施，增强抗震设防能力。

第三十六条　有关建设工程的强制性标准，应当与抗震设防要求相衔接。

《中华人民共和国人民防空法》

第十四条　城市的地下交通干线以及其他地下工程的建设，应当兼顾人民防空需要。

《中华人民共和国安全生产法》

第三十一条　生产经营单位新建、改建、扩建工程项目（以下统称建设项目）的安全设施，必须与主体工程同时设计、同时施工、同时投入生产和使用。安全设施投资应当纳入建设项目概算。

《建设工程质量管理条例》

第四十条　在正常使用条件下，建设工程的最低保修期限为：

（一）基础设施工程、房屋建筑的地基基础工程和主体结构工程，为设计文件规定的该工程的合理使用年限；

（二）屋面防水工程、有防水要求的卫生间、房间和外墙面的防渗漏，为5年；

（三）供热与供冷系统，为2个采暖期、供冷期；

（四）电气管线、给排水管道、设备安装和装修工程，为2年。

其他项目的保修期限由发包方与承包方约定。

建设工程的保修期，自竣工验收合格之日起计算。

【实施要点】

轨道交通土建工程的建设规模应按远期设计年限或客流控制期的预测客流量和列车通过能力、资源共享原则确定，线路辅助线的设置应确保正常和非正常运营及防灾、疏散和救援的需要。

轨道交通土建工程是保障列车安全运营和结构体系稳定的主要受力结构。轨行区土建工程应符合建筑限界要求，保证列车（车辆）在各种运行状态下，不发生列车（车辆）与轨行区内任何土建结构和设备设施之间的触碰。在设计工作年限内，土建工程应能够承受在正常施工和正常使用期间设计预期可能出现的各种外力作用；应保障结构和结构构件的预定正常使用状态要求；应保障足够的设计预期耐久性要求。当发生地震等偶然事件时，结构应保持整体稳固性，不应出现与未超过预期起因不相称的破坏后果。当发生火灾时，结构应能在设计预期规定时间内保持承载力和整体稳定性。

根据国内外有关资料统计，城市轨道交通可能发生的灾害事故有火灾、水淹、地震、冰雪、风灾、雷击、停电、停车事故等灾害。城市轨道交通是乘客众多且密集的城市公共交通工具，地下线路处于空间狭窄且基本封闭的隧道中，救灾和逃生均很困难；高架线路列车运行在高架桥上，线路两侧临空，一旦发生突发灾害事件，可能带来严重后果。因此，轨道交通土建工程应具有有效的防灾、减灾措施，并配备相关设施。

轨道交通是以交通功能为主兼顾人民防空的工程，应当在满足交通功能需求的前提下参照人民防空规范进行设计，相关人防设计标准和规模须经人民防空主管部门审批。

执行过程中，可通过执行现行国家标准《地铁设计规范》GB 50157—2013、《地铁设计防火标准》GB 51298—2018、《轨道交通工程人民防空设计规范》RFJ 02—2009及其他技术标准的规定支撑本条内容的实施。

【背景与案例】

某车辆基地位于低洼地带，遭遇极端暴雨时，涝水冲毁停车场挡水围墙、灌入地铁隧道，造成重大人员伤亡和损失。经调查，主要原因为停车场处于低洼地带，导致自然排水条件差，停车场挡水围墙不满足轨道交通的防淹标准。

5.1.2 城市轨道交通应根据线路沿线的工程地质、水文地质、气候条件、地形环境以及荷载特性、施工工艺等情况，通过技术经济综合评价，选择安全可靠、经济合理的结构形式和施工方法。

【编制目的】

本条文规定轨道交通土建结构形式和施工方法的选型原则，满足轨道交通土建工程施工和使用阶段的安全性和经济性要求。

【条文释义】

轨道交通施工方法和结构形式的选择，不仅受沿线工程地质和水文地质条件、气候条件、地形环境和城市规划等因素的制约，而且对车站的建筑布局和使用功能、城市空间的开发利用、线路的平面和纵断面、工程的实施难度、工期、造价及施工期间的城市居民生活、经济活动和周围环境等都会产生直接影响。因此，对结构施工方法和结构形式的选择，必须贯彻安全可靠和因地制宜的原则，通过综合比较，选择经济效益、社会效益和环境效益较好的方案。

【编制依据】

《中华人民共和国标准化法》《中华人民共和国建筑法》《中华人民共和国环境保护法》《中华人民共和国安全生产法》《建设工程质量管理条例》

【实施要点】

轨道交通不同城市和不同线路沿线工程环境条件千差万别，结构功能要求也各不相同。当轨道交通线路通过城市中心地区时，还会遇到与既有的建（构）筑物处于接近或超接近的状态，个别情况还需要下穿建（构）筑物或既有轨道交通结构物等。

轨道交通工程设计，在经济合理的条件下，应力求把轨道交通施工中及建成后对城市居民生活、邻近建筑物、邻近构筑物、地下管线、地下水和总体环境的影响减至最小。因此，必须从工程的设计阶段就对影响轨道交通建设和运营的工程地质和水文地质条件，以及可能造成的环境影响进行调查、预测，选择合适的施工方法和辅助施工措施，采用合理的结构形式和施工工艺，提出满足环境保护要求的具体措施，以满足轨道交通土建工程施工和使用阶段的安全性和经济性要求。

【背景与案例】

轨道交通土建工程有高架结构、地面结构和地下结构。

轨道交通高架区间结构形式应构造简洁、美观，一般地段宜采用等跨简支梁式桥跨结构，力求标准化、模数化、系列化，并推广采用预制架设、预制节段拼装等工厂化施工方法。

高架车站从结构形式上分为"建桥合一"和"建桥分离"型两种。高架车站的结构型式应满足车站的功能和使用要求，以及列车安全运行与乘客舒适度的要求，并结合站位所处的周边环境、城市规划、工程地质和水文地质条件进行综合比选，确保结构安全可靠、经济合理、受力明确，并具有良好的整体性和延性，同时便于施工和养护。

地面结构一般采用路基工程或结构工程，地面工程的结构形式和施工工法需满足结构安全性和使用要求，路基工程应根据不同的轨道结构形式确定施工后沉降控制标准并处理好与桥梁结构和隧道工程的过渡段沉降变形控制。

轨道交通地下结构的施工方法主要有明挖法和暗挖法，也可采用沉管法。明挖法一般分为顺作法、逆作法和盖挖顺作或逆作法，暗挖法主要有矿山法、盾构法和顶管法。地下结构的结构形式与施工方法有一定的依从关系，必须因地制宜，综合工程地质、水文地质、环境条件、埋深、安全、交通条件、投资和工期等因素进行技术经济比较，选择安全可靠、经济效益、社会效益和环境效益较好的施工方法，由此确定结构形式。

5.1.3 主体结构工程以及结构损坏会对运营安全有严重影响的结构工程设计工作年限不应小于100年，其他结构工程的设计工作年限不应小于50年。

【编制目的】

本条文规定了轨道交通永久结构的设计工作年限，目的是保证城市轨道交通正常使用时的安全性、可靠性、可用性、可维护性。

【术语定义】

设计工作年限：设计规定的结构或结构构件不需进行大修即可按规定目的使用的年限。

【条文释义】

结构设计工作年限是结构设计的重要参数，不仅影响可变作用的量值大小，也影响着结构材料的选择。

轨道交通是承运大量乘客、建设及运维成本高的大型城市交通工程，一旦主体结构工程发生损毁事故，会造成重大经济损失甚至人员伤亡，以及长时间停运严重影响城市交通，为保证安全和实现工程生命周期内价值最大化，故作此规定。

轨道交通主体结构主要指直接和间接承担结构自重和外部荷载，保证轨道交通结构强度、刚度和稳定性的结构构件，包括设计中部分考虑其承载作用的围护结构和辅助措施。除主体结构外，如车站内部的钢筋混凝土楼板、站台板等直接承受轨道交通设备和人群荷载，以及地铁运营控制中心等一些地面的重要建筑物，当损坏或大修会危及安全或严重影响正常运营时，其设计工作年限也应采用 100 年。其他结构主要指在轨道交通结构内部、位于次要部位且更换或大修不影响使用功能和正常运营的结构构件，其设计工作年限不得低于 50 年。临时结构应按强制性国家工程规范《工程结构通用规范》GB 55001—2021、《建筑与市政地基基础通用规范》GB 55003—2021，根据其使用性质和结构特点确定其设计工作年限，并在设计文件中明确标明。

【编制依据】

《中华人民共和国建筑法》

《中华人民共和国安全生产法》

《建设工程质量管理条例》

《建设工程勘察设计管理条例》

【实施要点】

根据《建设工程勘察设计管理条例》第二十六条，施工图设计文件应注明建设工程的设计工作年限。

执行过程中，可通过执行强制性国家工程规范《工程结构通用规范》GB 55001—2021、《建筑与市政地基基础通用规范》GB 55003—2021，现行国家标准《建筑结构可靠性设计统一标准》GB 50068—2018、《地铁设计规范》GB 50157—2013、《混凝土结构设计规范》GB 50010—2010 及其他技术标准的规定支撑本条内容的实施。

【背景与案例】

北京地铁 1 号线是我国建设的第一条城市地铁线路，于 1965 年 7 月 1 日开始建设，1969 年 10 月 1 日开始试运营，至今已运行超过 53 年，仍在正常服役中。

5.1.4 当高架结构与城市道路、公路、铁路立交或跨越河流时，桥下净空应满足行车、排洪、通航的要求。

【编制目的】

本条文规定轨道交通高架结构与城市道路、公路、铁路立交或跨越河流时，桥下净空的要求，目的是满足高架结构跨越的城市道路、公路、铁路的安全运行以及河流的泄洪或通航要求。

【条文释义】

轨道交通高架结构与城市道路、公路、铁路立交或跨越河流是轨道交通工程建设过程中的重要节点，而城市道路、公路、铁路和河道均具有重要的交通运输功能，河流还具有水利灌溉、防洪蓄水等功能，轨道交通高架结构跨越时，桥下净空应保证穿越节点交通、水利设施的功能要求。

【编制依据】

《公路安全保护条例》（中华人民共和国国务院令第 593 号）

《铁路安全管理条例》（中华人民共和国国务院令第 639 号）

166

《中华人民共和国河道管理条例》(中华人民共和国国务院令第3号)

【实施要点】

轨道交通高架结构与城市道路、公路、铁路立交或跨越河流时，一般需要征询对方权属或管理单位的意见，允许采用跨越时，施工和运营期均应满足行车、排洪和通行净空要求，并应采取一定的安全防护措施。

执行过程中，可通过执行城市道路、公路、铁路及河道、航道等行业技术标准的规定支撑本条内容的实施，也可参考下列要点：

1. 当高架结构与城市道路、公路、铁路立交时，桥下净空应满足铁路、道路限界要求，并应预留结构可能产生的沉降量；

2. 跨越排洪或通航河流时，其桥下净空应按1/100洪水频率标准或航道等级进行设计，技术复杂、修复困难的大桥、特大桥应按1/300洪水频率标准进行检算，并满足现行国家标准《城市防洪工程设计规范》GB/T 50805—2012、《内河通航标准》GB 50139—2014的有关规定。

5.1.5 当轨道交通出入口、风亭、冷却塔等设施与周边建（构）筑物结合建设时，应具备保障轨道交通正常运行和维护的条件。

【编制目的】

本条文规定了与周边建（构）筑物结合建设的轨道交通出入口、风亭、冷却塔的设置要求。

【条文释义】

出入口是轨道交通乘客进出车站和疏散救援的重要通道，风亭、冷却塔等设施是保障地铁系统正常运营和消防安全的关键设施，必须保证具有能正常运行和维护的条件。

轨道交通出入口、风亭、冷却塔等设施与周边建（构）筑物结合建设越来越多，当结合建设的建（构）筑物产权或土地使用权不属于轨道交通项目时，应规定其保证设施正常运营和维护的条件和责任主体，确保设施能正常运营和维护。

【编制依据】

《国务院办公厅关于保障城市轨道交通安全运行的意见》（国办发〔2018〕13 号）

《城市轨道交通工程安全质量管理暂行办法》（建质〔2010〕5 号）

【实施要点】

近年来，车站周边地下、地上空间综合利用是轨道交通建设集约和节约利用土地的新趋势。结合轨道交通站点建设统一考虑周边交通接驳及地上、地下商业和其他设施配套建设，成为车站设计考虑的重要因素。

执行过程中，可通过执行现行国家标准《地铁设计规范》GB 50157—2013、《地铁设计防火标准》GB 51298—2018 和其他技术标准的规定支撑本条内容的实施，也可参考下列要点：

1. 车站出入口与地面建筑结合设置，当作为安全出口时应独立直通地面。

2. 风亭与地面建筑结合设置时，该建筑应满足结建技术要求，风亭口部与建筑物口部之间的距离应满足防火及环保要求。

3. 冷却塔与地面建筑结合设置，在满足功能需求的情况下，其造型、色彩、位置应符合城市规划、景观及环保要求。冷却塔周边应有足够的安装空间，预留布管和独立的检修通道。

5.2 线 路 工 程

5.2.1 城市轨道交通线路工程应根据功能定位、预测客流量和线路性质确定运量等级和速度目标。

【编制目的】

本条文规定了线路的基本性能要求。规定了线路工程的两大要素以及确定要素的相关因素，目的是保证线路工程建设的科学性和合理性。

【条文释义】

要依据线路的功能定位和客流特征，明确线路性质和地位，确定运量等级和速度目标。运量等级及速度目标是决定线路工程规模的关键因素，也是确定运营方案的前提条件，为选择系统制式、车辆选型及编组、运能设计提供基础参数。城市轨道交通网络为城市综合交通体系的一部分，每一条线路在线网中具有相应的功能定位，新建线路需对预测客流进行深度分析，从而确定运量等级和速度目标值。

【实施要点】

执行过程中，可通过现行国家标准《地铁设计规范》GB 50157—2013 第 6.1.2 条第 1 款、现行建设标准《城市轨道交通工程项目建设标准》建标 104—2008 第十四条等的规定支撑本条内容的实施。

5.2.2 线路工程选线应规避不良工程地质和水文地质地段。当无法规避时应采取能确保工程安全的措施，并应符合施工安全、环境保护及资源保护等方面的要求。

【编制目的】

本条文阐述了轨道交通选线应重视工程实施和线路运营的安全原则。

【条文释义】

轨道交通工程应重视工程实施安全，同时应重视线路运营安全。因此，线路工程选线时应规避不良工程地质和水文地质地段，其主要目的是降低工程实施风险、节约工程造价，同时确保线路长期运营条件下线路和环境的安全。当无法规避时，应采取能确保工程安全的措施。在敷设方式选择上应同时重视沿线的土地利用规划、自然条件、环境保护等因素。

【实施要点】

执行过程中，可通过现行国家标准《地铁设计规范》GB 50157—2013 第 6.1.2 条第 6 款的规定支撑本条内容的实施。按不同规划设计阶段要求对线路沿线不良工程地质和水文地质进行全面的排查，必要时开展相关专题研究，包括建设场地安全条件、古建筑及古树、古暗河等，并通过勘探等手段确定地质情况。

5.2.3 地下工程线路区间段详细勘察采取岩土试样及原位测试勘探孔的数量不应少于勘探点总数的 2/3。

【编制目的】

本条文规定了城市轨道交通工程详细勘察的岩土试样和原位测试的勘探孔数量要求。

【条文释义】

城市轨道交通工程安全风险较高。其线路区间为线状工程，且周边环境复杂，采取岩土取样及原位测试勘探孔数量少于 2/3 时难以全面准确反映地层物理力学和指标性质的变化情况，故规定下限勘探孔的数量。

【实施要点】

本条文主要是土建工程安全实施的控制要求，对工程实施阶段的详勘应严格按照要求执行。

5.2.4 全封闭运行的城市轨道交通线路与道路相交时，应采用立体交叉方式；部分封闭运行的城市轨道交通线路，当确需与道路采取平面交叉时，应进行行车组织和通过能力核算，并应采取安全防护措施。

【编制目的】

本条文规定了城市轨道交通线路与相交城市道路相交时的处理要求。

【条文释义】

全封闭线路包括地下隧道、高架桥梁和有隔离护栏的地面专用道。为保证列车能按照设计行车速度安全运行、保障轨道交通设计运输能力及降低对道路交通的影响，与道路相交时，应采用立体交叉方式；部分封闭运行的线路，非封闭地段线路与城市道路相交时，经过轨道交通行车和道路通行能力计算和协调，可设置平面交叉。

城市轨道交通列车通过交叉口应遵守道路交通信号；平面交叉口在满足道路功能条件下，可通过道路信号和城市轨道交通信号联锁，实现城市轨道交通"列车优先通过"，提高城市轨道交通的列车通过能力。

【实施要点】

执行过程中，可通过现行国家标准《地铁设计规范》GB 50157—2013 第 6.1.2 条第 1 款、《轻轨交通设计标准》GB/T 51263—2017 第 11.6.1 条，现行建设标准《城市轨道交通工程项目建设标准》建标 104—2008 第二十三条第八款，铁道行业标准《市域（郊）铁路设计规范》TB 10624—2020 第 8.4.1 条等规定支撑本条内容的实施。

5.2.5 全封闭运行的城市轨道交通，正线之间、正线与支线之间的接轨点应选择在车站，在进站方向应设置平行进路；当车辆基地的出入线与正线的接轨点不选择在车站时，应经过行车组织和通过能力核算，并应采取相应的安全防护措施。

【编制目的】

本条文规定了全封闭运行城市轨道交通的正线之间、正线与支线之间的接轨条件要求。

【条文释义】

城市轨道交通的正线之间、正线与支线之间的接轨点应选择在车站，主要考虑道岔便于维护；进站方向应设置平行进路，是为了保证接轨车站对正线与支线具备同时进站的接车能力，避免两条线同进一条站线的进路，减少出现列车晚点时区间停车的概率。

不强制要求车辆基地的出入线与正线的接轨点选择在车站，主要因为出现车辆基地选址距离车站较远时，区间接轨可以减少出入线长度。但是，选择在区间接轨时，应经过工程技术经济比较、行车组织和通过能力核算，并设置相应的安全防护措施。

【实施要点】

利用既有线改造时，接轨点条件可适当放宽，接轨点位置根据线路平、纵断面设置条件灵活选择，但需经技术经济论证后确定。执行过程中，可通过现行国家标准《地铁设计规范》GB 50157—2013 第 6.1.2 条第 3 款、现行建设标准《城市轨道交通工程项目建设标准》建标 104—2008 第二十三条第九款、《市域（郊）铁路设计规范》TB 10624—2020 第 8.1.4 条第 1 款等规定支撑本条内容的实施。

5.2.6 正线线路的平面曲线和纵向坡度设置应满足列车运行安全要求，应与列车的性能参数相匹配，与线路的设计运行速度相适应，并应满足运营和救援的要求。

【编制目的】

本条文从运营安全角度规定了城市轨道交通线路设计标准的确定原则。

【条文释义】

从列车运行安全的角度规定了城市轨道交通线路平面曲线和纵向坡度的技术标准应与车辆的性能、参数及线路的设计运行速度相互适应，以保证正常运营的行车安全和应急救援需要。

【实施要点】

正线线路的平面曲线和纵向坡度设置应满足列车运行安全要求，如长大陡坡与平面小半径曲线重叠段、长大陡坡段等特殊困难地段，应进行正常运行、故障运行和救援能力全面分析评价。执行过程中，可通过现行国家标准《地铁设计规范》GB 50157—2013 第 6.3.4 条，现行建设标准《城市轨道交通工程项目建设标准》建标 104—2008 第二十四条第二款，铁道行业标准《市域（郊）铁路设计规范》TB 10624—2020 第 8.2.14 条等的规定支撑本条内容的实施。

5.2.7 线路的配线设置应满足运营及救援的要求。

【编制目的】

本条文规定了线路的配线设置要求。

【术语定义】

配线： 地铁线路中除正线外，在运行过程中为列车提供收发车、折返、联络、安全保障、临时停车等功能服务，通过道岔与正线或相互联络的轨道线路。包括折返线、渡线、联络线、临时停车线、出入线、安全线等。

【条文释义】

线路的配线有两条正线间的联络线、车辆基地的出入线、车站的折返线、故障列车的停放线，以及各类渡线、安全线等配线的设置，不仅要满足正常的运营需要，也要满足应急救援的需要。

【实施要点】

执行过程中，可通过现行国家标准《地铁设计规范》GB 50157—2013第6.4.2条第1款，第6.4.3条第1、4、5、6款，《轻轨交通设计标准》GB/T 51263—2017第3.4.1条、第3.4.2条、第3.4.3条、第3.4.4条、第3.4.5条、第3.4.6条，铁道行业标准《市域（郊）铁路设计规范》TB 10624—2020第5.4.2条、第5.4.3条、第5.4.4条，现行行业标准《市域快速轨道交通设计标准》CJJ/T 314—2022第4.0.11条，《地铁快线设计标准》CJJ/T 298—2019第4.1.16条等规定支撑本条内容的实施。

5.2.8 当采用全自动驾驶运行模式时，车辆基地无人驾驶区域、出入线、正线和折返线等均应实现全自动驾驶运行；停车线和联络线等应根据运行条件优先选用全自动驾驶运行。

【编制目的】

本条文规定了采用全自动驾驶运行模式时车辆基地内全自动驾驶功能的区域范围。

【条文释义】

当采用全自动驾驶运行模式时，全自动驾驶功能的区域范围包括车辆基地无人驾驶区域、出入线、正线和折返线等，线路工程设计时以上区域应满足实现全自动驾驶运行的条件；停车线和联络线等不强求满足实现全自动驾驶运行条件，可根据工程技术经济比较和运行条件优先选用全自动驾驶运行。

【实施要点】

当采用全自动驾驶运行模式时，线路工程需满足正常运行状态下列车从出入段场全运行线路和全运营时段实现全自动驾驶运行的条件。对非正常工况故障列车停放线和涉及不同线路的联络线的不做强制规定，可以满足非全自动运行场景和不同线路不同信号制式转线作业需要。

5.3 轨道与路基工程

5.3.1 轨道结构应具有足够的强度、稳定性、耐久性和适当的弹性，应能保证列车运行平稳、安全，并应结合其他措施满足减振、降噪的要求。

【编制目的】

本条文规定了城市轨道交通系统轨道结构的基本要求，目的是保证轨道结构方案的科学性。

【术语定义】

轨道结构：路基面或结构面以上的线路部分，一般由钢轨、扣件、轨枕、道床等部分组成。

【条文释义】

轨道结构是承载列车并引导列车安全、平稳运行的重要系统，并承担了一定的减振降噪功能。强度指在列车、温度、基础变形等荷载条件下轨道结构具有足够的承载能力；稳定性指无缝线路地段轨道结构的稳定；耐久性指轨道结构在使用条件下抵抗各种破坏因素的作用，长期保持强度和外观完整性的能力；适当的弹性指轨道结构在列车荷载作用下表征出一定的弹性，有利于改善列车运行的舒适度，降低振动和二次辐射噪声向沿线周边的传递。轨道结构还应依据环评方面的相关要求，采取相应的减振降噪措施。

【实施要点】

应按现行国家标准《地铁设计规范》GB 50157—2013 的要求，结合工程特点，经技术经济比较后确定钢轨、扣件、道岔、轨枕、道床、无缝线路等轨道结构方案及相关指标。此外在沿线的敏感点地段，根据环评要求确定实施减振降噪措施的位置及方案。

5.3.2 钢轮钢轨系统钢轨的断面、轨底坡、硬度应与车轮踏面相匹配，安全性满足列车正常运行要求，并应对运行列车具有足够的支撑刚度和良好的导向作用。

【编制目的】

本条文规定了钢轨选型及轨底坡的基本要求，目的是保证轮轨接触的良好匹配，支撑及引导车辆运行，确保列车安全、平稳运行。

【术语定义】

轨底坡：为实现与车轮踏面斜度的匹配，钢轨应向轨道中心倾斜，从而在轨底与轨道平面之间形成横向坡度。

【条文释义】

钢轨的断面、硬度与钢轨型号有关，轨底坡在施工时进行严格控制。钢轨断面、轨底坡、硬度与车轮踏面的良好匹配，有利于减小轮轨磨耗和噪声，确保车辆安全、平稳运行，延长钢轨和车轮的使用寿命。

【实施要点】

我国铁路及城市轨道交通建设经过长年运行的经验积累和科学研究，钢轨断面和车轮规格已实现标准化设计和生产，设计主要是按现行国家标准《地铁设计规范》GB 50157—2013 的要求，结合工程条件、技术经济型、车辆的要求，确定钢轨的断面类型、硬度、轨底坡。

城市轨道交通中主要用到的钢轨断面有 60kg/m 钢轨、50kg/m 钢轨两大类。断面类型的选择需要综合考虑年通过总质量、行车速度、轴重等因素，通过经济技术比选确定。

我国城市轨道交通工程的轨底坡采用 1：40 或 1：30。其中1：40 轨底坡的应用居多，部分城市采用了 1：30 轨底坡，效果与 1：40 相比没有明显差异。有特殊需求的工程，可结合车辆要求确定。

轮轨硬度的匹配性与钢轨磨耗、车轮踏面磨耗、钢轨疲劳伤损、表面擦伤和剥离掉块等密切相关。城市轨道交通的小半径曲线相对较多，侧磨超限是目前小半径曲线地段换轨的主要原因，可通过采用淬火钢轨的方式提升钢轨硬度，延缓钢轨侧磨，延长钢轨的使用寿命。

5.3.3 钢轨钢轮系统正线段曲线超高应根据列车运行速度设置，最大超高应满足列车静止状态下的横向稳定要求，未被平衡的横向加速度不应超过 0.4m/s²。车站内曲线超高不应超过 15mm，未被平衡的横向加速度不应超过 0.3m/s²。

【编制目的】

本条文规定了曲线上设置超高的原则要求，目的是保证车辆通过曲线时的安全性和舒适性，车站地段曲线超高的要求还兼顾了限界要求。

【术语定义】

超高： 为平衡列车行驶在平面曲线上所产生的离心力，使曲线地段外股钢轨顶面高于内股钢轨顶面。

【条文释义】

对于欠超高及过超高而言，其取值与乘客的舒适性密切相关，使列车通过曲线时，会形成未平衡离心加速度。一般认为欠超高和过超高对乘客的舒适度影响是等同的，但出于降低曲线磨耗考虑，一般欠超高略大些。

根据相关试验数据，未被平衡的离心加速度与旅客乘车舒适度（广义是指旅客在生理和心理上感知的舒适程度）之间存在关系，当曲线地段（不含岔区）的未被平衡的横向加速度不超过 0.4m/s² 时，乘客基本感觉不出来车辆在曲线上运行，此时的未被平衡的超高为 61mm。

车站（指有效站台范围内）曲线超高按不应超过 15mm 要求，除考虑列车进站速度和乘客舒适度以外，还应从限界角度考虑应控制列车在设置超高轨道上停车时的倾斜度不宜过大，以控制车厢地面与站台面的高差及横向间隙。有效站台范围内允许未被平衡的横向加速度不应超过 0.3m/s²，相当于未被平高的超高为 45mm。

【实施要点】

根据列车通过曲线时的平衡离心力，并考虑内外股钢轨所受垂直压力相等的条件计算曲线超高。根据最高行车速度、车辆性能、乘客舒适度等确定最大超高。在设计速度在 100km/h 及以内的地铁线路中，曲线超高按不大于 120mm 选用；速度超过 100km/h 的地铁线路，曲线超高宜按不大于 150mm 选用。为满足舒适度要求，未被平衡的离心加速度取为 0.4m/s²，相当于未被平衡的超高为 61mm。

车站有效站台范围内曲线超高不超过 15mm。

道岔区内侧股方向上的曲线超高，根据多年道岔设计及使用经验的积累及科学研究，未被平衡的离心加速度一般情况下取 0.5m/s²，最大可取为 0.65m/s²。

5.3.4 轨道尽端应设置车挡。设在钢轮钢轨系统正线、配线及试车线、牵出线的车挡应能承受列车以 25km/h 速度撞击时的冲击荷载。

【编制目的】

本条文规定了车挡设备设置位置及额定撞击速度的要求，目的是保证列车撞击车挡时的安全性。

【术语定义】

车挡： 安装在城市轨道交通线路末端的安全防护设备，能够对进入线路终端的列车进行强迫制动，在额定工况下迫使列车安全停住。

【条文释义】

车挡是消耗列车动能，迫使列车停住，保障人身和车辆安全的轨道设备。出于安全考虑，并结合车挡结构本身能达到的性能水平，正线、配线及试车线、牵出线及特殊危险区域的额定撞击速度应达到 25km/h。

【实施要点】

出于安全考虑，安装在正线、配线、试车线、牵出线的车挡额定撞击速度提高到 25km/h。对于其他类别线路尽端的各种车挡，未做统一的强制性规定。

5.3.5 轨道道岔结构应安全可靠，道岔型号选择应与列车通过时的运行速度相适应。

【编制目的】

本条文规定了道岔选型的原则要求，目的是确保道岔设备的安全可靠，且道岔型号应满足运营的需求。

【术语定义】

道岔：车辆从一股轨道转入或越过另一股道的线路连接设备。

【条文释义】

道岔是轨道的薄弱环节，是控制行车速度的关键设备。道岔号数为道岔辙叉角的余切值。道岔号数的选择应根据列车通过速度及运营组织要求确定。地铁工程中常用的道岔号数为 7 号、9 号、12 号，市域快轨工程可能会用到更大号码的道岔，有轨电车工程一般采用 6 号、3 号等小号码道岔。

【实施要点】

道岔号数应结合线路、行车等相关专业需求综合确定。道岔结构设计应安全可靠，满足相关的强度及位移控制要求。对于减振降噪要求较高或直向通过速度较快的道岔区可采用可动心轨道岔，提升车辆过岔时的平顺性和舒适性，降低车辆过岔时的振动和噪声。

5.3.6 无砟轨道结构的混凝土强度等级，隧道内和 U 形结构地段不应低于 C35，高架线和地面线地段不应低于 C40。

【编制目的】

本条文规定了无砟轨道道床混凝土的强度等级要求，目的是保证道床结构的安全性及耐久性。

【条文释义】

混凝土强度等级与混凝土致密性成正比关系，混凝土强度越高，致密性越好、抗腐蚀能力越强、耐久性越好，因此考虑使用环境的差异，提出了不同使用环境下的混凝土强度最低等级要求。

【实施要点】

根据轨道结构的设计使用工作混凝土轨枕及预制轨道板的混

凝土强度等级不应低于 C50。

5.3.7 采用直流牵引供电并以走行轨组成回流网的城市轨道交通系统，轨道应符合下列规定：

1 应采取有效措施减少回流网的纵向电阻；

2 回流走行轨与周围结构之间应有良好的绝缘水平；

3 回流走行轨应按牵引供电区间设置分断点，应以绝缘式轨隙连接方式使回流走行轨在分断点处彼此隔离。

【编制目的】

本条文规定了针对采用直流牵引供电并以走行轨组成回流网的轨道系统，对于杂散电流防护方面的相关要求，目的是提高对杂散电流的防护水平。

【条文释义】

城市轨道交通牵引系统采用直流牵引系统，钢轨很难做到对地完全绝缘，所以在直流牵引供电系统中，牵引电流并非全部由钢轨流回至牵引变电所，而是有一部分电流由钢轨流入大地、沿线金属管线或结构的钢筋中。杂散电流的扩散会造成轨道交通附近金属管道的电腐蚀，因此减少杂散电流的扩散非常重要。

城市轨道交通杂散电流防护主要考虑以防为主、防排结合的设计理念。采用走行轨回流的工程项目，应满足走行轨对结构、走行轨对地的绝缘电阻技术要求，应采取减小钢轨纵向电阻值、加强轨道绝缘的技术措施。

【实施要点】

减少回流走行轨纵向电阻的技术措施包括钢轨焊接或采用低电阻的电气轨隙连接方式等。要保持回流走行轨与周围结构之间应有良好的绝缘水平，重点是控制扣件的常态电阻值。回流走行轨分断点处彼此隔离采用的绝缘方式为设置钢轨绝缘接头，若要按无缝线路设计，则绝缘接头应采用胶接绝缘接头。无砟轨道道床中应按杂散电流防护设计要求配置钢筋网并纵向联接。

5.3.8 采取减振工程措施时，不应削弱轨道结构的强度、稳定性及平顺性。

【编制目的】

本条文规定了轨道结构采用减振降噪措施时的设计要求，目的是确保车辆运行的安全性、舒适性。

【条文释义】

轨道直接承受列车荷载，其强度、稳定性、平顺性是列车安全、平稳运行的前提。减振降噪措施不仅要满足相应的减振降噪效果要求，且车辆安全性、舒适性及是否会产生病害等也需综合考虑。

【实施要点】

应依据工程项目的环评要求，确定实施减振降噪措施的位置及方案。采取轨道减振降噪措施的地段，除减振降噪效果满足环评要求外，还应满足列车安全、平稳运行的需求。此外，因采用减振降噪措施的地段轨道整体刚度较普通道床地段小，应注意避免轨道病害的发生，如钢轨的异常磨耗、车内噪声增大等问题，钢轨磨耗的出现会导致轨道平顺性降低，养护维修工作量增大。对不同减振等级的轨道结构应做好过渡段处理，确保轨道结构整体刚度的平顺过渡。

5.3.9 高架线路跨越铁路、河流、重要路口地段及竖曲线与缓和曲线重叠地段应采取防脱轨措施。

【编制目的】

竖曲线与缓和曲线重叠地段时，线路线型为空间复合曲线，受力复杂，脱轨风险高，故应采取防脱轨措施。同时，本条文规定了对重点地段采取防脱措施的要求，目的是在高架线路列车运行过程中发生脱轨事故后，降低产生重大次生灾害的风险。

【条文释义】

特殊情况下，列车行驶时存在因车轮减载、悬浮而脱轨的风险。当脱轨事故位于高架线时，将产生更加严重的后果。因此规定在竖缓重叠的高风险地段及易对环境产生重大次生灾害的地段采用防脱轨措施。城市轨道交通采用的主要措施是安装防脱护轨。

【实施要点】

高架线重点地段需设置护轨，具体设置的地段应根据现行国家标准《地铁设计规范》GB 50157—2013 的相关要求执行。

5.3.10 路基工程应具有足够的承载力、稳定性和耐久性，并应满足防洪、防涝的要求。

【编制目的】

本条文规定了路基工程的基本要求，路基工程是城市轨道交通工程的重要组成部分，目的是为其上部的轨道结构提供牢固稳定的基础，确保列车安全、舒适运行。

【术语定义】

路基工程： 经开挖或填筑而形成的直接支承轨道结构的土工结构物。

【条文释义】

路基工程一旦破坏，维修难度高，对于运营的影响大，因此要求路基工程应有足够的承载力、稳定性和耐久性，并应满足防洪、防涝的要求。

【实施要点】

为满足滨海、沿河路基的防洪要求，路基的路肩设计高程除满足设计水位所需高度以外，同时还要考虑抵御波浪对路堤侵袭所需的高度；为满足地下水位高或常年有地面积水地段的路基防涝要求，路堤过低容易引起翻浆冒泥等病害，设计时路基的路肩高程应高出最高地下水位或最高地面积水水位一定高度，或采取其他措施有效地控制水位的高度。路基段的排水沟及排水管渠的排水能力，应按当地 50 年一遇的暴雨强度计算，设计降雨历时应按计算确定。

5.3.11 路基工程工后沉降量应符合下列规定：

1 有砟轨道线路不应大于200mm，路桥过渡段不应大于100mm，沉降速率不应大于50mm/年；

2 无砟轨道线路，不应超过扣件允许的调高量，且路桥或路隧交界处不应大于10mm，过渡段沉降造成的路基和桥梁或隧道的折角不应大于 1/1000。

【编制目的】

本条文规定了有砟轨道、无砟轨道及过渡段的工后沉降标准，以保证轨道在路基段及不同结构物之间过渡时的平顺性，确保列车运行的安全性、平稳性。不同结构物之间的差异沉降将产生轨道不平顺，导致轮轨作用加剧，影响轨道结构的稳定性及列车安全、舒适运行，因此对过渡段的工后沉降控制较一般地段更为严格。沉降速率过快（即在短时间内沉降过大），会造成维修困难而危及行车安全，同时，维修量加大会影响线路的通过能力，故应对沉降速率予以控制。

【术语定义】

工后沉降：铺轨工程完成以后，基础设施产生的沉降量。过渡段是路基与桥台、横向结构物、隧道及路堤与路堑等衔接处，需作特殊处理的地段。

【条文释义】

工后沉降是影响轨道平顺性的主要原因之一，有砟轨道工后沉降通过补砟作业比较容易调整，沉降控制标准相对较低。无砟轨道路基工后沉降变形一般需要通过扣件调整实现，其工后沉降标准的确定主要考虑了目前轨道扣件对于沉降变形的调整能力，扣件调整能力决定了对无砟轨道工后沉降控制标准的要求相对较高。

【实施要点】

为使列车安全、舒适运行，并尽可能减少运营期间的维修工作量，必须使路基工后沉降量控制在允许范围内，根据不同的轨道结构型式选择不同的地基处理措施或其他有效的措施控制工后沉降。过渡段的设置主要有倒梯形与正梯形两种方式，可结合施工条件选择，有条件时应尽量采用倒梯形过渡方式。

沉降理论计算值与实测值往往有一定差异，为了确保工程安全，根据相关规范要求进行沉降变形观测及评估工作，根据实际沉降观测资料指导施工，选择最佳铺轨时机。

5.4 车站建筑

5.4.1 车站应满足预测客流要求，应保证乘降安全、疏导迅速，车站布置应紧凑、便于管理，并应具有良好的通风、照明、卫生、防灾等设施。

【编制目的】

本条文规定了车站的基本功能及乘客使用安全需要所具备的基本条件。

【条文释义】

车站设计和建设的基本依据是预测客流量，据此进行车站布局、为乘客提供安全的候车、乘车和疏散环境。

【实施要点】

预测客流根据设计年限应分为初期、近期、远期。初期、近期、远期分别为建成通车后第 3 年、第 10 年、第 25 年。车站规模应满足远期列车编组长度、客流集散、消防疏散等要求。对地下车站而言，更应注意满足运营和安全疏散的通风、照明、卫生、防灾等设施要求。

车站作为人员乘降场所，需配置与客流相适应的设施和设备。除了必须满足最小侧站台宽度 2.5m 外，为了安全、可靠、快速疏散乘客，还需按现行国家标准《地铁设计防火标准》GB 51298—2018 提出的"一列进站列车所载乘客及站台上候车乘客能在 4min 内全部撤离站台，并应能在 6min 内全部疏散至站厅公共区或其他安全区域"来匹配站台至站厅公共区的疏散楼梯、扶梯的设置位置、数量和宽度。

执行过程中，可通过现行国家标准《地铁设计规范》GB 50157—2013 和《地铁设计防火标准》GB 51298—2018 的相关规定来支撑本条内容的实施。

5.4.2 线路之间的换乘方式应综合考虑建设条件、换乘客流、便捷性等因素。

【编制目的】

本条文规定了确定换乘方式必须要考虑的几大因素。

【条文释义】

根据客流预测流量，应保障车站换乘的便捷性和换乘能力，并避免过长的换乘行走距离。同期建设或预留换乘条件的换乘车站应综合考虑建设条件、换乘客流、便捷性等因素，尽可能缩短换乘通道的长度。

【实施要点】

线路之间的换乘关系需根据规划路网的走向及敷设方式确定，具体执行过程中，应结合建设时序和建设条件采用不同的换乘形式，换乘设施的通行能力应满足预测客流需要，换乘方式应以换乘便捷为原则。一般而言，车站应实现付费区换乘，换乘方式包括站台换乘、站厅换乘、站厅与站台之间换乘，以及通道换乘等方式，其中以站台换乘方式较为便捷。

【背景与案例】

两条线同期实施时，可实现站台之间换乘，换乘梯宽度应满足换乘客流需求。当实现不了站台换乘时，可采用站厅换乘，其开口和通道宽度应满足换乘客流要求。

当两条线的建设期相差甚远、无法预留换乘条件时，可采用通道换乘形式。一般采取站厅付费区通道换乘，有条件时应同时考虑非付费区通道换乘，通道宽度应分别满足付费区和非付费区的换乘客流。

线网规划中两线平行走行两站或以上时，可实施同站台换乘，这是换乘中的最佳形式，能最多实现8个方向的换乘，但是两线车站需同步建设且车站规模较大。

5.4.3 除有轨电车系统外，车站站台和乘降区的宽度应符合下列规定：

1 岛式站台车站乘降区宽度应不小于2.5m，站台宽度不应小于8m；

2 侧式站台车站，平行于线路方向设置楼扶梯时站台乘降区宽度不应小于 2.5m，垂直于侧站台设置楼扶梯时乘降区宽度不应小于 3.5m。

【编制目的】

为了保证地铁（轻轨）车站站台乘降区的安全宽度，本条文作出了最小宽度的规定。

【条文释义】

车站站台和乘降区的宽度除了满足客流乘降要求外，还应满足应急疏散的要求。站台计算长度范围内设有立柱时，应另外附加柱宽。有轨电车系统运输能力低、客流量小、车站设置简单，不受此条限制。

【实施要点】

为了保证乘降区的乘客安全性，站台乘降区最小宽度不应小于 2.5m，站台总宽度不应小于 8m，即包括侧站台宽度、满足疏散要求的楼扶梯及立柱宽度。当垂直于侧站台设置楼扶梯时，此时站台乘降区最小宽度不小于 3.5m（图 2）。

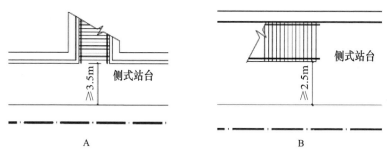

图 2　侧式站台宽度示意图

5.4.4　当采用有轨电车系统时，岛式站台的宽度不应小于 5m，侧式站台的宽度不应小于 3m。

【编制目的】

本条文规定了有轨电车站台的最小宽度。

【条文释义】

当采用有轨电车系统时，由于每列车载客量小，又为低地板，故岛式站台宽度不应小于 5m，侧式站台宽度不小于 3m。

【实施要点】

根据交通组织、线路条件、道路用地宽度等综合判定站台的型式。

5.4.5 车站楼梯和通道的宽度应符合下列规定：

1 天桥和通道宽度不应小于 2.4m；

2 单向公共区人行楼扶梯宽度不应小于 1.8；

3 双向公共区人行楼扶梯宽度不应小于 2.4；

4 消防专用楼梯宽度不应小于 1.2m，站台至轨行区的工作梯（兼疏散梯）宽度不应小于 1.1m，区间风井疏散梯宽度不应小于 1.8m。

【编制目的】

根据车站基本安全性能要求，规定了楼梯和通道的最小宽度。

【条文释义】

本条文所述宽度系指土建宽度，设计中必须考虑楼梯扶手、栏杆等设施及其安装所需空间，确保公共区楼梯、通道、消防专用梯的最小宽度满足有效通行宽度。

【实施要点】

天桥、通道、单向人行梯、双向人行梯以及区间风井内疏散楼梯有效通行宽度应按每股人流宽度的整倍数来确定。

双向人行梯、区间风井内疏散楼梯的宽度不小于 1.8m，扣除栏杆宽度后，应能满足 3 股人流通行宽度；天桥、通道、双向人行梯的宽度不小于 2.4m，扣除栏杆宽度后，应能满足 4 股人流的通行宽度要求。楼梯及通道宽度除满足上述最小宽度外，还应满足预测客流要求，并兼顾天桥长度和通道长度，如果通道过长则宽度宜适度放大。

站台与轨行区之间的工作梯（兼疏散梯）的宽度不应小于 1.1m，主要考虑控制车站规模，同时也兼顾与地下区间纵向疏散平台宽度不小于 0.6m 相呼应。

执行过程中，可通过现行国家标准《地铁设计规范》GB

50157—2013 第 9.3.15 条规定来支撑本条内容的实施。

5.4.6 车站付费区与非付费区之间的隔离栅栏上应设开向疏散方向的栅栏门，检票口和栅栏门的总通过能力应保证站台疏散至站厅的乘客不滞留在付费区。

【编制目的】

本条文目的是保障事故疏散时避免人员积聚、确保人流畅通。

【条文释义】

当站台发生火灾时，站厅付费区应能接纳源于站台的疏散人流且保障人流不会滞留在付费区内。站台事故时，要求进、出站自动检票口和非付费区与付费区之间围栏上的栅栏门全部打开，以便人员能够从付费区快速疏散到非付费区、并通往安全地点。

【实施要点】

执行过程中，可通过现行国家标准《地铁设计规范》GB 50157—2013 第 9.3.12 条、《地铁设计防火标准》GB 51298—2018 第 5.1.3 条来支撑本条实施。

【背景与案例】

站厅公共区为满足使用功能，一般用栅栏隔离成付费区和非付费区。火灾工况为使从站台疏散至站厅的乘客不滞留在付费区，通道栅栏门（多处）和检票机应全部打开，使乘客及时疏散到非付费区。栅栏门的设置位置应与疏散流线相配合，应满足站厅公共区任一点至出入通道口的走行距离不大于 50m，其通过能力应满足计算要求。

5.4.7 城市轨道交通车站检票口应至少设置一处无障碍专用检票通道，通道净宽不应小于 900mm。

【编制目的】

本条文为无障碍基本功能要求。

【条文释义】

本条文要求车站须至少有一处检票口具备通行无障碍设施

的条件，即其净宽不得小于900mm，以优先供老、弱、病、残、孕乘客使用。

【实施要点】

目前无障碍电梯不仅供老、弱、病、残、孕使用，同时还供携带行李的乘客使用。乘客路径从地面无障碍电梯降（升）到站厅公共区，通过车站设置的无障碍专用检票通道，再由站厅公共区无障碍电梯降（升）到站台，搭乘地铁列车。专用通道净宽度不应小于900mm，此尺寸根据轮椅宽度确定。如遇换乘车站、地下一层侧式车站等特殊情况时，可适当增加数量。

无障碍电梯从地面到站厅公共区最终到达站台层，轮椅所途经路段均应设置盲道。实施时，可通过现行国家标准《建筑与市政工程无障碍通用规范》GB 55019—2021的规定支撑本条内容的实施。

5.4.8 当车站不设置屏蔽门时，站台边缘应设置醒目的安全带或安全线标志；当车站设置站台屏蔽门时，自站台边缘走向内1m范围内的地面装饰层下应采取绝缘措施。

【编制目的】

本条文规定站台不设置站台屏蔽门与设置站台屏蔽门时的基本安全措施。

【术语定义】

站台屏蔽门： 设置在站台边缘，将乘客候车区与列车运行区相互隔离，并与列车门相对应或多级控制开启与关闭滑动门的连续屏障，有全高、半高、密闭和非密闭之分，简称屏蔽门。

【条文释义】

为了保障乘客安全，车站不设屏蔽门时，须在站台边缘设置醒目的安全带；车站设置屏蔽门时，须在站台边缘内向1m范围内设置绝缘措施。

【实施要点】

当站台不设屏蔽门时，从站台边缘起向内取不小于0.4m的安全带，同时另设醒目的安全线（一般取0.8m），以防进站列车及活塞风影响乘客安全；当站台设有屏蔽门时，则从站台边缘起内侧 1m 范围内在站台装饰面下采取绝缘措施，以保障乘客的安全。执行过程中，可通过现行国家标准《地铁设计规范》GB 50157—2013 第 9.3.11 条的规定来支撑本条内容的实施。

【背景与案例】

目前国内大部分地下车站考虑节能因素均装了站台屏蔽门，高架车站的站台考虑安全因素一般也设置屏蔽门（全高非密闭式屏蔽门或半高屏蔽门），基本上取消了安全带，从站台边缘向内 1m 在装饰面下采取绝缘措施。

5.4.9 跨座式单轨系统车站站台应设站台屏蔽门，高架车站底部应封闭。

【编制目的】

本条文规定了跨座式单轨系统站台和高架结构轨行区的底部安全措施。

【条文释义】

跨座式单轨交通具有特殊的构造形式，站台面距轨道梁底面高差较大，且轨道梁无需底板即可设置。为了保障乘客和检修人员安全，站台须设屏蔽门。同时，高架车站结构轨行区底部应封闭，以防止人员、物品等从站台坠落。

【实施要点】

执行过程中，可通过现行国家标准《跨座式单轨交通设计标准》GB 50458—2022 的规定来支撑本条内容的实施。

5.4.10 地下车站风亭（井）的设置应能防止气流短路，并应符合环境保护要求。

【编制目的】

本条文旨在规定风亭设置的基本原则。

【条文释义】

地铁（轻轨）的地下车站，一般车站每端各设有 3～4 个风亭（井），且须间隔一定距离、防止气流短路。同时，风亭（井）与邻近地面建筑的距离还应满足现行国家标准有关规定。

一般地下车站每端设有 3～4 个风亭（井），当采用组合风亭时，各风口可采用侧向进、排风口，风口之间的水平净距或垂直净距不小于 5m。当采用敞口低风井时，应满足进风井与排风井、活塞风井净距不小于 10m，活塞风井与活塞风井、活塞风井与排风井之间净距不应小于 5m。同时应重视排风井或活塞风井与车站出入口之间的净距不应小于 10m，以避免气流短路。

执行过程中，可通过现行国家标准《地铁设计防火标准》GB 51298—2018 第 3.1.3 条～第 3.1.5 条和《地铁设计规范》GB 50157—2013 第 9.6.1 条～第 9.6.5 条的规定来支撑本条内容的实施。

5.4.11 车站内应设置导向、事故疏散等标志标识，区间隧道应设疏散标志。

【编制目的】

本条文规定车站内和区间隧道标志标识设置的最低要求。

【条文释义】

为了在火灾工况下引导乘客有序疏散，车站内必须设置导向、事故疏散等标志标识，地下区间隧道更应设置疏散标志。

【实施要点】

执行过程中，可通过现行国家标准《地铁设计规范》GB 50157—2013 和《跨座式单轨交通设计标准》GB 50458—2022 及《地铁设计防火标准》GB 51298—2018 的规定来支撑本条内容的实施。

【背景与案例】

车站需按现行国家标准《地铁设计规范》GB 50157—2013 实施导向、事故疏散等标志，即离地 1m 设疏散指示灯。目前很多城市在地铁车站地面加设了疏散指示标志，以加强对乘客的疏导。当事故发生时，由于人员过于密集、离地 1m 和地面加设的疏散指示均有可能被遮挡，影响事故时乘客有序疏散，因此应按现行国家标准《地铁设计防火标准》GB 51298—2018 中第 5.6.1 条～

第 5.6.8 条设置相关标志标识。

5.4.12 车站内应设无障碍设施。

【编制目的】

本条文规定了无障碍设施的强制性。

【条文释义】

高架、地面、地下车站内必须设置无障碍设施。无障碍设施包括无障碍电梯、无障碍厕所、供轮椅通行的检票口等以及无障碍通行流线上，均需设盲道，同时与城市道路盲道相接。

【实施要点】

执行过程中，可通过现行国家标准《建筑与市政工程无障碍通用规范》GB 55019—2021 的规定来支撑本条实施。

【背景与案例】

在不同形式的轨道交通和城市交通工程中，车站站厅和站台公共区布置有无障碍电梯、供轮椅通行的检票口、专用卫生间和盲道等无障碍设施。

5.5 结 构 工 程

5.5.1 结构净空尺寸应满足建筑限界、使用功能及施工工艺等要求，并应考虑施工误差、结构变形和后期沉降的影响。

【编制目的】

本条文规定了结构净空尺寸的确定原则，目的是满足城市轨道交通工程建设、安全运行和正常运维要求。

【条文释义】

结构的净空尺寸，在满足城市轨道交通建筑限界和其他使用功能及施工工艺等要求的前提下，应考虑施工误差、结构变形和后期沉降等的影响，并预留必要的余量。

【实施要点】

确定结构的净空尺寸时，在满足建筑限界、其他使用功能及施工工艺的前提下，应根据工程的具体情况，综合考虑结构周边规划条件、地质条件、结构埋深、结构类型、结构跨度、施工工法以及结构可能承受的荷载情况等各种因素，通过必要的理论计算分析，并参照类似工程的实践经验确定。

5.5.2 结构工程的材料应根据结构类型、受力条件、使用要求和所处环境等选用，并应满足结构对材料的安全性、耐久性、可靠性、经济性和可维护性的要求。

【编制目的】

本条文规定了结构工程选用材料的要求，目的是满足结构的安全性、耐久性、可靠性、经济性及可维护性。

【条文释义】

结构工程的材料应根据结构类型、受力条件、使用要求和所处环境情况，并结合其安全性、耐久性、可靠性、经济性和可维护性的要求选用。主要受力构件可采用钢筋混凝土结构，必要时也可采用纤维混凝土结构、钢—混结构和金属结构。

【实施要点】

不同结构工程的材料应综合考虑多种因素、满足不同使用性能和环境条件要求进行确定。例如，直接与地层接触的地下结构可采用钢筋混凝土结构，有利于提高耐久性；暗挖车站或承载较大车站的中柱可采用钢管混凝土结构，确保安全可靠的情况下减小了柱截面尺寸、便于车站空间布局与使用；高架车站屋盖可采用钢结构，满足各种性能要求的情况下结构轻盈、便于造型处理满足城市景观要求；大跨桥梁结构可以采用钢—混结构或金属结构。

5.5.3 当地下区间下穿河流、湖泊等水域时，应按规划航道的要求和预测冲淤深度控制区间隧道埋深，并应在下穿水域的两端设置防淹门或采取其他防水淹措施。

【编制目的】

本条文规定了地下区间下穿河流、湖泊等水域的基本要求，目的是确保地下区间结构和运营设施安全；隧道意外损坏时应尽量减少因水域大量水涌入隧道可能对线路或线网造成的危害、避免造成大范围的人身伤亡和财产损失。

【条文释义】

本条文是对隧道下穿河道、航道水域和防水防淹重要的安全要求和安全措施。当地下区间下穿河流、湖泊等水域时，按规划航道的要求和预测冲淤深度控制区间隧道埋深，合理确定区间隧道顶部覆盖层厚度，确保区间隧道安全并满足抗浮要求；地下区间一旦出现结构损坏，为防止下穿的河流、湖泊等水域的水涌入地下区间对水域两端其他区段造成更大灾害事故，故需在地下区间下穿水域的两端适当位置设置防淹门或采取其他防淹措施，减少对本线甚至线网的影响范围。

【实施要点】

首先，确保下穿水域在设计年限预测冲淤深度条件下和水域航道通行安全条件下隧道结构抗浮安全，因此，需要对河道冲刷深度进一步分析计算、对航道通行安全和规划航道及清淤疏浚深度进行分析，明确隧道结构最不利覆土厚度进行结构设计，保障结构抗浮安全。

其次，城市轨道交通工程万一发生水淹，可以采取紧急隔断措施，要保障水淹影响的范围应是可控的，水淹损失也应是可以预见并且可接受的，以保障人员及重要设备的安全，对本线以及线网不造成重大灾害事故。因此，应根据地下区间下穿水域的宽度、深度、水量、流速以及闸门设置情况、区间隧道埋深与覆土情况、地质条件、设防水位、结构型式与施工工法、坡度、相邻车站设置情况、人防方案以及线路运营要求等方面进行安全、技术、经济综合比选确定地下区间下穿水域两端防淹门设置方案或采取其他防淹措施。

5.5.4 当高架结构墩柱有可能受机动车、船舶等撞击时，应设防止墩柱受撞击的保护措施。

【编制目的】

本条文规定的目的是防止高架墩柱承受撞击不确定性荷载的作用，确保结构安全和正常使用，并减小相互影响。

【条文释义】

本条文是高架结构墩柱防止撞击的安全要求和安全措施，高架结构跨越市政道路、公路、江、河、湖、海湾时，墩柱存在受到车辆、船舶、筏、漂流物等外力损害的可能性，应对可能外力损害的桥梁墩柱设置一定的辅助措施进行有效保护。

【实施要点】

高架结构跨越市政道路、公路、江、河、湖、海湾时，需对墩柱采取防撞保护措施，一般需征询对方权属或者管理单位意见，当其提出特殊要求时，应研究应对措施。根据工程实际情况，在满足相关规范和使用要求的前提下，由双方协商确定墩柱防撞保护方案，例如，设置防冲栏板、防冲支架、防撞墙、防撞垫等防撞设施。

5.5.5 进行过工程场地地震安全性评价的工程，抗震设防烈度应根据安全性评价结果确定。

【编制目的】

本条文规定了城市轨道交通工程抗震设防烈度的确定原则，目的是合理确定工程可承受的地震作用和抗震措施。

【条文释义】

根据《地震安全性评价管理条例》（2019 年修正本，根据 2019 年 3 月 2 日中华人民共和国国务院令第 709 号公布的《国务院关于修改和废止部分行政法规的决定》修正），"认为对本行政区域有重大价值或者有重大影响的其他建设工程"必须进行地震安全性评价，按照地震安全性评价结果确定抗震设防烈度；其他情况可按现行国家标准《中国地震动参数区划图》GB 18306—2015 规定确定抗震设防烈度。

【实施要点】

城市轨道交通工程设计前，应首先根据其重要性确定本工程是否需进行场地地震安全性评价。若需要开展地震安全性评价项目，其抗震设防烈度及相关设计参数应根据场地地震安全性评价结果确定，并满足现行国家标准《建筑与市政工程抗震通用规范》GB 55002—2021 相关要求。在执行中可参考现行国家标准《城市轨道交通结构抗震设计规范》GB 50909—2014 中的相应条款来支持本条的实施。

5.5.6 结构工程应按照相关部门批准的地质灾害评价结论采取相应的措施，确保结构安全。

【编制目的】

本条文规定了针对地质灾害采取应对措施的依据，目的是确保措施合理和结构安全。

【条文释义】

城市轨道交通工程属于线性工程，一般无法完全避让山体崩塌、滑坡、泥石流、地面塌陷、地裂缝、地面沉降等地质灾害，其对结构方案、施工方案、工程造价、建设工期等会产生重大影响，甚至危及结构安全，同时地质灾害可能随时空的变化而变化，伴随在城市轨道交通工程建设和运营的全过程。因此，应对沿线可能发生的地质灾害进行专项评价，结构工程针对线路无法避让的地质灾害按批准的评价结论采取相应的措施，确保结构安全。

【实施要点】

城市轨道交通工程经过地质灾害易发区时，应当在可行性研究阶段进行地质灾害危险性评价，提出有效防治地质灾害措施与建议，并作出建设场地适宜性评价结论。对经评估认为可能引发地质灾害或者可能遭受地质灾害危害的建设工程，应当配套建设地质灾害治理工程。地质灾害治理工程的设计、施工和验收应当与主体工程的设计、施工、验收同时进行。

5.5.7 地下结构的防水措施应根据气候条件、工程地质和水文地质状况、结构特点、施工方法、使用要求等因素确定，应保证结构安全性、耐久性和正常使用要求。

【编制目的】

本条文规定了地下结构的防水措施应考虑的主要影响因素，目的是确保防水措施的合理性，进而保证结构的安全性、耐久性和正常使用要求。

【条文释义】

地下结构防水要充分考虑如何适应工程所处地域的复杂性问题，不同的施工方法，特殊的使用要求，应有与之相对应的、合理的防水措施，这样才能保证地下结构安全性、耐久性和正常使用要求。

【实施要点】

地下结构防水措施一般包括抗渗混凝土结构、附加防水层及其他加强措施等，防水措施主要需根据地下结构使用功能和使用环境确定其防水等级。抗渗混凝土结构一般需考虑结构埋深、地质条件、地下水的腐蚀性等因素确定相关参数。附加防水层及其他加强措施应考虑气候条件、施工方法、施工工艺水平等情况综合确定，如南方气候潮湿，地下结构不宜选用对基层干燥度要求高的防水材料。

5.5.8 地下车站主体、出入口和机电设备集中区段的结构防水等级应为一级；区间隧道、联络通道、风井等附属结构的防水等级不应低于二级。高架结构桥面应设柔性防水层，并应设置顺畅的排水系统。

【编制目的】

本条文规定了城市轨道交通工程地下结构的防水等级和高架结构桥面防排水要求，目的是对工程进行合理设防。

【条文释义】

地下结构防水等级应满足工程使用功能要求，一个工程各部位用途不同，其防水等级可以有所差别。车站公共区、出入口、换乘通道、外挂进出站厅等人员长期停留场所以及车站设备区、车站风道、区间风道、区间变电所等机电设备集中区段的地下结构防水等级应为一级；有少量湿渍基本不影响设备正常运转和工程安全运营的区间隧道、联络通道、车站风井、区间风井等区域地下结构防水等级不应低于二级，且应避免低防水等级地下结构渗漏影响高防水等级地下结构使用功能的情况。

【实施要点】

地下结构防水等级主要根据各部位使用功能和使用环境确定，并应满足现行国家标准《建筑与市政工程防水通用规范》GB 55030—2022 相关要求，高架结构防水应遵循"以防为主，防排结合"的原则，桥面应设柔性防水层，并应设置顺畅的排水系统。具体执行中可参考《城市轨道交通给水排水系统技术标准》GB/T 51293—2018 中的相应条款支持本条实施。

5.5.9 对有战时防护功能要求的地下结构，应在规定的设防部位按批准的人防抗力等级进行结构验算，并应设置相应的防护设施，满足平战转换要求；当与既有线路连通或上跨、下穿既有线路时，尚应保证不降低各自的防护能力。

【编制目的】

本条文规定了具有战时防护功能的城市轨道交通工程地下结构设防原则和要求，目的是确保地下结构可满足批准的战时防护功能要求。

【条文释义】

城市轨道交通工程是以交通功能为主兼顾人民防空的工程，规定设防部位的地下结构应在满足交通需求的前提下按批准的人防抗力等级参照人民防空规范进行设计。充分利用城市轨道交通工程埋深较深、结构强度较高等有利条件，使兼顾人民防空设计增加的费用得到有效控制，并通过平战转换措施，在规定的时限内使其达到战时使用要求。

【实施要点】

首先，城市轨道交通地下工程防护单元划分与各防护单元地下结构人防抗力等级应由当地人防主管部门根据属地人防建设规划、工程区域位置等情况批准确定；其次，不同设防部位地下结构应根据批准的人防抗力等级按现行《轨道交通工程人民防空设计规范》RFJ 02—2009 要求进行结构验算，并设置相应人防门等防护设施，满足平战转换要求；最后，当与既有线路连通或上跨、下穿既有线路时，有可能会对原批准的地下结构防护单元范围、防护能力产生影响，因此，应通过控制不同防护部位地下结构之间的距离、设置人防段分隔、采取结构补强等措施确保不降低各自的防护能力。

5.6 车辆基地与其他设施

5.6.1 车辆基地用地应满足设计远期运营需求。

【编制目的】

本条文规定了城市轨道交通建设规划和城市规划审查审批阶段的车辆基地用地的规模要求，目的是确保批复的车辆基地用地规模满足远期运营的需求。

【术语定义】

车辆基地：城市轨道交通系统的车辆停修和后勤保障基地，通常包括车辆段（停车场）、综合维修中心、物资总库、培训中心等部分，以及相关的生活设施。

【条文释义】

按照《规范》第2.1.5条，城市轨道交通设计年限应以建成通车为基准年，之后应分为初期3年、近期10年、远期25年。车辆基地根据功能设置不同，一般分为车辆段和停车场。其中，车辆段承担车辆停放、运用管理、整备保养、检查工作，并承担车辆定修或架修检修工作；停车场承担车辆停放、运用管理、整备保养、检查工作。

【实施要点】

执行过程中，可通过现行建设标准《城市轨道交通工程项目建设标准》建标104—2008第六十八条、第七十一条及现行国家标准《地铁设计规范》GB 50157—2013第27.1.3条支撑本条内容的实施，也可参考下列要点。

车辆基地占地规模大，建成区选址比较困难。做好车辆基地用地的规划与控制对稳定线网方案发挥着重要的作用，合理控制车辆基地用地规模是贯彻节约、集约用地的重要措施。车辆段用地应按照设计远期年限的需求确定规模，满足线路远期设计能力的配属列车数量停放、运用管理、整备保养和检修需求，并结合综合维修中心、物资总库、培训中心、生活配套等设施设置需求确定。

车辆段的运用整备和检修设施，初期建设规模应按近期规模设计、按远期规模预留，对远期改扩建困难的检修车库可按远期规模一次建成。车辆段远期停车能力，不应考虑沿线车站夜间的停车线列位。综合维修中心应根据线网规划统一布局，资源共享，设在车辆基地。物资总库宜设在车辆基地内，其规模应根据运营线路中的设备和材料种类、数量确定。培训中心应以城市轨道交通线网规划为依据统一布局，原则上集中设置一处。生产设施应根据生产需要配备各专业生产设施，包括站场轨道、道路、桥涵、房屋建筑、供电、给水排水及消防、电力工程、暖通、通信、信号及防灾等各系统的设备设施。

车辆基地占地面积指标宜按照《城市轨道交通工程项目建设标准》建标 104—2008 第七十一条执行。同一条线路上须同时设置多个车辆基地时，应根据线路设置、客流分布及车辆运用规划合理设置各车辆基地的用地规模。

5.6.2 车辆基地选址应靠近正线，且具备良好的出入条件。

【编制目的】

本条文规定了车辆基地选址要求，目的是确保车辆基地选址便于车辆设备的运用、维护和抢修需要。

【条文释义】

车辆基地是车辆停放、运用管理、整备保养、检查维修的场所，同时可设置承担本线或多线土建设施和机电设备维修保养、检修的工务、建筑、供电、通信、信号、机电、自动化等专业车间的综合维修中心，其选址应设置在靠近线路正线，以便各专业进行正线专业设备的保养、维护和紧急情况下的抢修，以及正线车辆故障掉线情况下备用车及时上线，同时可降低车辆空驶运行能耗。

【实施要点】

执行过程中，可通过现行建设标准《城市轨道交通工程项目建设标准》建标104—2008第六十七条，现行国家标准《城市轨道交通线网规划标准》GB/T 50546—2018中第8.0.4条、《地铁设计规范》GB 50157—2013中第27.1.4条支撑本条内容的实施，也可参考下列要点。

车辆基地选址是城市轨道交通线网规划阶段的重点工作内容，车辆基地用地性质应与城市总体规划协调一致，避开工程地质及水文地质不良地段。选址应靠近运营正线，具有良好的接轨条件，有利于出入段线布置，出入线长度不宜超过1.5km，便于城市轨道交通工程各类设备的运用、维护和抢修。当选址困难时，经充分技术经济分析和论证后，出入线长度可适当延长。选址周边应有利于与城市道路连接，有利于与城市电力、通信及各种管道的引入，并有良好排水条件。有条件时应设连接国家铁路的专用线。

5.6.3 每条轨道交通线路应至少设置一处车辆段。

【编制目的】

本条文规定了一条线路设置车辆段的数量，是对建设规模的基本要求。

【条文释义】

车辆段根据其作业范围分为定修段和架、大修段，每条轨道交通线路应至少设置一处定修段，架、大修段根据线网规划及联络线建设情况可网络化共享配置。

【实施要点】

此处的轨道交通线路不包括市域（郊）铁路。执行过程中，可通过现行建设标准《城市轨道交通工程项目建设标准》建标104—2008第六十七条及现行国家标准《城市轨道交通线网规划标准》GB/T 50546—2018第8.0.5条、第8.0.6条支撑本条内容的实施，也可参考下列要点。

车辆基地的布局，应根据线网规划统筹安排，充分考虑资源共享，明确各车辆基地在全线网中的地位和分工。一条城市轨道交通线路应设一处车辆段，旅行速度在 45km/h 以下的线路当车辆段至线路另一端起终点的距离超过 20km、旅行速度在 45km/h 及以上的线路当车辆段至线路另一端起终点的距离超过 30km 时，宜增设停车场；对于超长线路宜设置一处车辆段和多处停车场，每处车辆段或停车场的停车规模不宜超过 60 列。

当线路与线网其他线路具备联络线、可过轨运输至其他线路车辆段时，线路应至少设置一个定修段，承担车辆的停放、日常检修和定修工作，架、大修段可网络化共享配置。

线网中相同车型（A 型、B 型）的车辆架、大修应统筹规划、集中设置，通过配置必要的联络线实现多线共用一个维修基地。有条件的城市可集中设置大修厂，当大修厂集中设置时，建设的车辆段可不具备大修功能。

5.6.4 车辆基地应满足行车、维修和应急抢修需要，应满足对车辆进行公共卫生消毒的需要。

【编制目的】

本条文规定了车辆基地的功能要求，目的是确保建成的车辆基地功能满足行车、运营和维护需要。

【条文释义】

车辆基地是车辆停放、运用管理、整备保养、检查维修的场所，可设置承担本线或多线土建设施和机电设备维修保养、检修的工务、建筑、供电、通信、信号、机电、自动化等专业车间的综合维修中心。除满足行车和维修需要外，应满足对线路各专业运营设备的抢修需要以及对车辆脱轨、倾覆等事故的应急抢险工作。在传染病发生或流行期，车辆基地应能根据防疫要求对基地内设备设施进行消毒。

【实施要点】

执行过程中，可通过现行建设标准《城市轨道交通工程项目建设标准》建标 104—2008 第七十五条支撑本条内容的实施，也可参考下列要点。

为实现车辆基地的功能，应配置满足行车需要的土建、线路、车辆、通信、信号、机电和供电设备；根据列车运用整备和检修作业的需要设停车、列检库、月修库、定修库、厂架修库和调机及工程车库等，并配备相应的设备和设施。车辆基地生产设施应根据生产的需要配备各专业生产设施，包括站场轨道、道路、桥涵、房屋建筑、供电、给水排水及消防、电力工程、暖通、通信、信号及防灾等各系统的设备和设施。同时，车辆基地应根据生产、生活的管理要求，设置综合办公楼和生活用房等配套设施。

车辆基地还应配备满足对线路各专业运营设备的抢修需要以及对车辆脱轨、倾覆等事故的应急抢险工作，应配备复轨器、破拆设备、通信工具、防护设备、抢险车等相关抢险设备。抢险设备可按照车辆基地单独设置，也可根据线网规划，进行抢险设备资源共享。

在传染病发生或流行期，各城市轨道运营单位要在运营期间和运营结束后对车辆客室环境进行消杀，以保证车辆满足运营要求，同时应定期对车辆基地内的相关设备设施进行消杀，因此车辆基地内应具备与需求相匹配的消杀设备设施。

【背景与案例】

北京地铁制定关于地铁列车及车辆段清洁消毒标准规定，对地铁列车进行一日五消毒，包括回库后全面消杀、表面清洁消毒、检修后消毒、出库前全面消杀和车外皮消毒，清洁位置包括车厢地面、内壁、风口、吊环、座椅、车门、液晶显示屏、司机室等。对车辆基地的运用库、列检库、办公楼、卫生间、乘务员公寓、浴室、电梯等设备设施进行一日三消毒。

5.6.5 车辆基地应有完善的运输及消防道路，并应有不少于2个与外界道路相连通的出入口；总平面布置、房屋建筑和材料、设备的选用等应满足工艺和消防要求。

【编制目的】

本条文提出了车辆基地道路布置、出入口设置、总平面布置、房屋建筑及材料和设备选用等的要求，目的是保证车辆基地建设可满足安全生产需要，并符合消防要求。

【术语定义】

工艺：一般指生产的方法、过程及条件。本条中指车辆基地承担的车辆运用检修、基础设施及机电设备维修、物资仓储与发放、教育培训等工作的任务范围、修程修制、作业流程，以及为完成工作所需具备的线路、房屋建筑、设备、设施等条件。

【条文释义】

为了满足安全生产需要，车辆基地需具备完善的运输和消防道路。车辆基地由于重要性高，且规模较大，设置两处与外界道路相连通的出入口是为了当一个出入口由于道路维修等原因不能通行时，消防车和生产运输车辆可通过另一个出入口进出，以确保消防扑救和正常生产条件；同时也可以在发生火灾时为消防车提供从不同方向进入现场的条件，并方便生产运输车辆和人员灵活选择进出车辆基地的路径。

合理的车辆基地总平面布置是保证车辆基地有效实现其功能，并节省用地和工程投资的重要条件。工艺设计作为车辆基地设计的核心内容，是确定车辆基地功能、规模和总平面布置、房屋布置、设备设施配置等的基础，也是运营部门组织生产的重要依据，因此总平面布置、房屋建筑和材料、设备的选用等除应符合消防要求外，尚应满足工艺要求。

【实施要点】

执行过程中，可通过现行国家标准《建筑设计防火规范（2018年版）》GB 50016—2014 第7.1.3条、第7.1.8条和第7.1.9条、《地铁设计防火标准》GB 51298—2018 第3.3.3条、《地铁设计规范》GB 50157—2013 第27.1.9条的规定支撑本条内容的实施。

实际工程建设时，车辆基地的总平面布置、道路及出入口布置可参考下列要点：

1. 车辆基地总平面布置应根据工艺设计确定的功能、设计规模、作业流程、生产条件等要求进行线路、房屋建筑和道路布置，以保证车辆基地的使用功能、作业效率和生产安全，满足城市轨道交通工程运营需要。

2. 车辆基地总平面布置应符合封闭管理的要求，出入口道路宜直接接通市政道路。当不具备接市政道路条件，需要通过其他道路连接时，途经道路的宽度和净高需符合消防车道的规定，并满足车辆基地运输车辆通行要求。

3. 车辆基地内的运用库、检修库等大型生产厂房应布置环形消防车道，并至少应有两处与其他车道连通。其他消防车道可设置为尽头式车道，并设回车场。

4. 车辆基地内的道路不应与出入线和试车线平交，与其他线路平交时应设置道口闸。条件困难时，供紧急疏散用的道路在采取道口闸（门）与行车设备设置安全连锁等保护措施的条件下，可与出入线和试车线平交。

5.6.6 车辆基地应具备良好的排水系统，基地布局应满足防洪、防淹要求，其场坪高程应按能应对 100 年一遇洪水设防设计，并应满足城镇内涝防治要求。

【编制目的】

本条文提出了车辆基地排水、防洪、防淹和内涝防治要求，以及场坪标高设计标准，目的是保证车辆基地在设计洪水和暴雨标准下的防洪、防淹安全，并满足及时排出内涝水的要求。

【术语定义】

场坪高程：车辆基地场坪高程（也称作场坪标高）一般指线路路肩设计高程，对于有路基面横向坡度的线路咽喉区指路基面的最低点高程，即排水沟顶点高程或最外侧路肩边缘高程；对于架空或地下布置等无路基车辆基地，以及跨座式单轨、中低速磁悬浮等梁式轨道系统的车辆基地，场坪高程指线路区域或厂前区室外地面高程。

【条文释义】

车辆基地占地面积较大，良好的排水系统可及时排出场地内的雨水，防止发生内涝。

车辆基地根据其所处区域的地形和周边环境，可能会受到邻近的江河湖海洪（潮）水，以及城市涝水威胁，故车辆基地的选址、总平面和竖向布置等应充分考虑防洪、防淹要求，保证车辆基地的正常运营功能，避免和减少人员伤亡和财产损失。

其中车辆基地合理的场坪高程是防止外部洪（涝）水倒灌车辆基地的最有效和最可靠措施，故应达到设防标准要求。

【实施要点】

执行过程中，可通过现行国家标准《地铁设计规范》GB 50157—2013 第 27.10.2 条和第 27.10.3 条、《工业企业总平面设计规范》GB 50187—2012 第 7.2.1 条和 7.2.2 条、《跨座式单轨交通设计标准》GB/T 50458—2022 第 21.10.2 条，现行行业标准《城市有轨电车工程设计标准》CJJ/T 295—2019 第 14.3.2 条的规定支撑本条内容的实施。

实际工程建设时，车辆基地选址、总平面及竖向布置、场坪设计高程等可参考下列要点：

1. 选址宜具有良好的自然排水条件，应避免设在低洼地区和行、蓄、滞洪区等区域，以降低洪涝灾害风险，并减少填方工程，节省投资。条件困难时，经项目防洪涝安全性论证，并采取相应措施确保安全的前提下，可设置在以上区域。

2. 邻近江河湖海的车辆基地场坪高程确定时应同时考虑防洪（防潮）和防涝要求，并还应考虑洪（潮）水和城市涝水遭遇情况，按设计标准下的最高水位，以及波浪爬高和安全高确定，安全高宜取 0.5m。车辆基地位于设有防洪（潮）堤的圩内区域时，当防洪（潮）堤的标准满足车辆基地防洪标准要求时，车辆基地场坪高程可不受江河湖海的洪（潮）水位限制。

3. 对于地铁、轻轨和跨座式单轨工程，洪（潮）水位应按100 年重现期确定；涝水位（或径流深）应按 100 年暴雨重现期确定，条件困难时，经项目防洪涝安全性论证，并采取相应措施确保安全的前提下，涝水位（或径流深）可按车辆基地所在城市重要建筑防涝标准的暴雨重现期确定。

4. 靠近正线及城市道路布置的有轨电车车辆基地，当市政道路路面标高低于 100 年重现期的洪（潮）水位时，车辆基地的场坪高程可按照当地防内涝标准的最高水位加安全高 0.5m 设计，且应高于周边道路最低处路面标高不少于 0.5m。

5. 车辆基地站场路基面雨水排水系统的主要排水沟（管）及出口设计流量应按不低于 25 年暴雨重现期确定，厂前区等其他区域的雨水排水系统设计流量可根据当地标准确定。下沉式布置（或地下式布置）的车辆基地，其下沉区域（或地下布置的敞口区域）的雨水排水系统设计流量应根据汇水面积，按 100 年暴雨重现期设计。

6. 线路采用高架、下沉及地下等布置形式的车辆基地，其线路层场坪高程不受本条文规定限制。当部分建筑布置在地面层时，布置牵引降压混合变电所、跟随所、DCC、消防控制室、安防控制室等重要建筑的场坪高程应符合本条文规定。

7. 线路采用下沉式或地下布置的车辆基地，下沉区四周应设挡水墙，通往下沉（或地下）层的道路应在出入口处设反坡，挡水墙及出入口道路的顶面高程应符合本条文规定。当出入口道路反坡设置困难时，经防洪涝安全性论证，在采取设置防淹挡板等应急抢险措施的前提下，可适当降低出入口的道路标高。

【背景与案例】

车辆基地是保证城市轨道交通安全运营的重要基地，一旦发生洪涝灾害，车辆基地进水被淹，不仅可能造成重大资产损失，影响正线运营，而且如果洪（涝）水通过出入线隧道进入正线，还会引发正线运营安全事故。同时车辆基地场坪高程受到出入线最大坡度的限制，并需要综合考虑土石方及支挡工程、道路接驳等因素，较为复杂。合理确定车辆基地场坪高程对于保证车辆基地的安全和节省工程投资十分重要。

近年来由于世界性气候变化，极端天气时有发生，城市轨道交通车站、区间和车辆基地灌水被淹的情况也并不罕见，因此要充分重视车辆基地的排水设计。

6 机电设备系统

6.1 供电系统

6.1.1 牵引供电系统、应急照明、通信、信号、线网清分系统、线路中央计算机系统、自动售检票系统、火灾自动报警系统、综合监控系统、出入口控制系统、站台屏蔽门系统、消防用电设备及与防排烟、事故通风、消防疏散、主排水泵、雨水泵、防淹门、公共安全防范有关的用电设备均应为一级负荷。

【编制目的】

本条文明确了城市轨道交通系统机电设备中需要一级负荷的系统或设备。

【术语定义】

一级负荷：按照《供配电系统设计规范》GB 50052—2009，符合下列情况之一时，应视为一级负荷：① 中断供电将造成人身伤害时；② 中断供电将在经济上造成重大损失时；③ 中断供电将影响重要用电单位的正常工作。

【编制依据】

《城市轨道交通运营管理规定》

第三条　城市轨道交通运营管理应当遵循以人民为中心、安全可靠、便捷高效、经济舒适的原则。

【实施要点】

一级负荷应由双重电源供电，当一个电源发生故障时，另一个电源不应同时受到损坏，对特别重要的负荷，宜设置第三路备用电源。

6.1.2 供电系统应具有完备的继电保护和自动装置。

【编制目的】

本条文规定了供电系统继电保护和自动装置设置的基本要求。

【术语定义】

继电保护：采集一系列的输入测量量，并根据这些测量量检测供电系统中设备故障和异常运行状态，通过继电器和逻辑元件使故障切除、终止异常运行状态或发出信号或指示的技术。

自动装置：自行运作的人工系统，其动作或通过给定的决策规则按步进方式进行控制，或通过规定的关系进行连续控制，且其输出变量由输入和状态变量建立。

【条文释义】

本条文在国家标准《城市轨道交通技术规范》GB 50490—2009第8.1.2条的基础上修订，其原文如下："供电系统应具有完备的继电保护和自动装置。"

继电保护和自动装置是保障城市轨道交通供电系统安全、可靠、稳定运行不可或缺的重要设备。

【编制依据】

《中华人民共和国安全生产法》《中华人民共和国电力法》《城市轨道交通工程项目建设标准》《城市轨道交通运营管理规定》《电力供应与使用条例》《电网调度管理条例》《电力监管条例》

【实施要点】

继电保护和自动装置的配置应结合供电系统网络结构、系统中性点接地方式、变电所主接线和运行方式、交直流系统特点及设备保护要求统筹考虑，合理安排，各级保护应相互协调配合。设备和线路应装设反应短路故障和异常运行的继电保护和自动装置。继电保护和自动装置应能及时反应设备和线路的故障和异常运行状态，并应尽快切除故障和恢复供电，满足可靠性、选择性、灵敏性和速动性的要求。继电保护和自动装置的设置应符合《电力装置的继电保护和自动装置设计规范》GB/T 50062—2008、《继电保护和安全自动装置技术规程》GB/T 14285—2023等标准的相关规定。

6.1.3 供电系统注入公共电网系统的谐波含量值不应超过允许范围。

【编制目的】

本条文规定了城市轨道交通工程供电系统注入公共电网系统谐波含量值的相关要求，目的是避免城市轨道交通工程中牵引系统及非线性用电设备所产生的谐波超过国家标准带来的不利影响。

【术语定义】

公共电网：城市轨道交通所在城市的公共电力供电系统，由当地供电部门管理和运维，负责整座城市所有用电负荷的供电，也是城市轨道交通各种用电负荷的电源来源。

谐波：公共电网中某些设备的非线性特性或负荷的非线性快速时变，即所加的电压与电流不成线性关系而造成的波形畸变。

【条文释义】

城市轨道交通工程中的牵引系统及非线性用电设备不可避免地产生谐波，谐波电流注入公共电网，将使公共电网的电压波形产生畸变，污染公共电网的运营环境，威胁公共电网中各种电气设备的安全经济运行。控制城市轨道交通系统产生的谐波含量，使得各次谐波电流均能满足国家标准的相关要求，从而保障城市轨道交通对公共电网系统带来的危害和影响降至能接受的范围。

【编制依据】

《中华人民共和国安全生产法》《中华人民共和国电力法》《城市轨道交通工程项目建设标准》《城市轨道交通运营管理规定》《电力供应与使用条例》《电网调度管理条例》《电力监管条例》

【实施要点】

执行过程中，可按照现行国家标准《电能质量 公用电网谐波》GB/T 14549—1993 的相关规定实施，对城市轨道交通工程供电系统进行谐波评估，保证城市轨道交通工程供电系统注入公共电网系统的各次谐波电流均满足现行国家标准《电能质量 公用电网谐波》GB/T 14549—1993 的要求。如有必要，可在主变电所、车站变电所设置滤波装置。但对采用交流供电制式的牵引变电所，其注入公共电网系统的谐波限值宜与国家铁路局的相关规定一致。

6.1.4 供电系统应具有电力远程监控功能。

【编制目的】

本条文规定了城市轨道交通供电系统应具备远程电力监控这一基本要求。

【术语定义】

电力远程监控： 即电力远动，指利用通信技术进行信息传输，实现对远方运行的电力设备设施进行监视和控制的技术，具有对必需的过程信息的采集、处理、传输和显示等功能。

【编制依据】

《中华人民共和国安全生产法》《中华人民共和国电力法》《城市轨道交通工程项目建设标准》《城市轨道交通运营管理规定》《电力供应与使用条例》《电网调度管理条例》《电力监管条例》《建设工程质量管理条例》

【实施要点】

电力远程监控系统由调度主站、子站、复示终端和通信通道组成。

电力调度主站主要实现供电系统数据采集及监控、故障处理、事故抢修和调度运行管理等基本功能，可配置风险分析、优化控制等扩展功能，为城市轨道交通调度运行控制与管理服务。

子站由变电所综合自动化系统、RTU装置组成。一般应具有但不限于以下功能：数据的汇集、处理与转发、远程通信、通信异常监视与上报、远程维护、自诊断、数据处理、信息存储及人机交互、信息采集、控制、故障检测、事件记录、时间同步、远程维护、自诊断、数据存储等。

复示终端安装在供电车间，一般仅具有电力监控系统的遥测、遥视功能。

通信通道是连接主站、子站和复示终端之间实现信息传输的通信网络。电力监控通信系统可利用通信专网（有线或无线通信），主站与子站之间的通信通道为骨干层通信网络，主站或子站至复示终端的通信通道为接入层通信网络。

根据工程项目特点及实际需求，电力调度系统可集成到综合监控系统或运行控制系统中，但电力调度系统的功能和要求不能降低。

电力调度系统随大数据、人工智能技术发展可逐步实现调度智能化。

6.1.5 在变电所的两路进线电源中，每路进线电源的容量应满足高峰小时变电所全部一、二级负荷的供电要求。

【编制目的】

本条文规定了城市轨道交通工程中的变电所的进线电源容量设计要求，以确保供电可靠性和供电安全。

【术语定义】

高峰小时：城市轨道交通每天的运营中，由于城市地区通勤或通学等出行引起的客流量明显高于其他时间的某个时段，一般分早、晚高峰小时。

【条文释义】

在城市轨道交通工程中，定义为一、二级负荷的用电负荷如果供电中断将影响城市轨道交通的正常运行和安全运营，因此保证其供电电源的可靠性及连续性是非常必要的。

现行国家标准《供配电系统设计规范》GB 50052—2009 对一级负荷供电提出了两个电源不应同时损坏的原则规定，而城市轨道交通工程通过向城市电网要求专线电源、内部形成完备的双回路中压供电网络及备自投的运行方式等措施，达到上述原则规定。

因此城市轨道交通工程各类变电所仅考虑一路进线电源发生故障或进行停电检修维护的工况，在该故障工况下，各类变电所的另外一路进线电源和对应线缆的容量就应能保证各运营时期该变电所供电范围内所有一、二级负荷的正常供电。

【编制依据】

《中华人民共和国安全生产法》《中华人民共和国电力法》《城市轨道交通工程项目建设标准》《城市轨道交通运营管理规定》《电力供应与使用条例》

【实施要点】

在城市轨道交通工程的建设过程中，各类变电所变压器容量和相应电缆截面的选择、变电所接线形式和运行方式、中压供电网络运行方式等能够满足当任意一座变电所的一路进线电源故障或停电检修维护时，另外一路进线电源和对应线缆的容量均能满足在运营高峰小时该变电所供电范围内全部一、二级负荷的供电需求，对资源共享的主所、开闭所进线及预留发展的中压供电环网尚应考虑预留负荷的容量要求，避免不必要的扩能改造。

一般来说，如果要求变电所一回进线电源解列时，另一回进线电源可承担其供电范围内的一、二、三级负荷，将会使得变电所的单回进线电源容量增加，载流截面相应增大。如建设运营单位要求一回进行电源解列时、不切除三级负荷，也可结合其需求，经技术经济比选，确定合理的技术方案。

6.1.6 地面变电所应避开易燃、易爆、有腐蚀性气体等影响电气设备安全运行的场所。

【编制目的】

本条文规定了地面变电所的选址基本要求。

【术语定义】

易燃：在规定的试验条件下，材料发生持续有焰燃烧的能力。

易爆：在大气条件下，材料以气体、蒸气、粉尘、薄雾、纤维或飞絮的形式与空气形成的混合物引燃后，能够保持燃烧自行传播的能力。

腐蚀性：是指通过化学作用使生物组织接触时造成严重损伤或使金属等材料的性能发生变化，导致功能受到损伤的能力。

【条文释义】

本条在现行国家标准《城市轨道交通技术规范》GB 50490—2009 第 8.1.8 条的基础上修订，其原文如下："地面变电所应避开易燃、易爆、有腐蚀性气体等影响电气设备安全运行的场所。"易燃、易爆将对地面变电所的安全运行带来危害，腐蚀性气体会对电气线路和电气设备产生腐蚀，影响电气设备性能，因此必须在变电所选址规划、设计和建设阶段予以避免。

【编制依据】

《电力设施保护条例》

第八条　发电设施、变电设施的保护范围：

（一）发电厂、变电站、换流站、开关站等厂、站内的设施；

（二）发电厂、变电站外各种专用的管道（沟）、储灰场、水井、泵站、冷却水塔、油库、堤坝、铁路、道路、桥梁、码头、燃料装卸设施、避雷装置、消防设施及其有关辅助设施；

（三）水力发电厂使用的水库、大坝、取水口、引水隧洞（含支洞口）、引水渠道、调压井（塔）、露天高压管道、厂房、尾水渠、厂房与大坝间的通信设施及其有关辅助设施。

【实施要点】

在规划、设计与建设阶段，地面变电所选址应注意与周围环境的相互影响，应避免设置在有污染源或有腐蚀性、剧烈振动、易燃、易爆等危险源的场所，如加油站、油库、化工厂、LNG 管道等。当完全避开有困难时，应通过总体规划，根据污染源和危险源种类，使变电所处在这些污染源主导风向的上风侧，并应对污染源的影响进行评估，采取相应措施，必要时宜取得有关协议。独立设置的变电所内的建（构）筑物与所外的建（构）筑物之间的防火间距、变电所内的建（构）筑物及设备的防火间距应符合现行国家标准《建筑设计防火规范（2018 年版）》GB 50016—2014、《汽车加油加气加氢站技术标准》GB 50156—2021，现行行业标准《35kV～110kV 户内变电站设计规程》DL/T 5495—2015 等有关规定，并注意防火间距按变电所地上建筑的外墙与相邻地上建筑外墙的最近距离计算，如外墙有凸出的燃烧构件应从其凸出部分外缘算起。变电所、控制室的设计应符合现行国家标准《爆炸危险环境电力装置设计规范》GB 50058—2014的有关规定。

在运营阶段，为保障城市轨道交通安全运营，有关单位应严格执行交通运输部《城市轨道交通运营管理规定》、国家能源局《电力设施保护条例》的有关规定，注意辨识地面变电所周围环境可能存在的污染源与危险源，并做好相应保障工作。

6.1.7 当变电所配电装置的长度大于 6m 时，其柜（屏）后通道应设 2 个出口；低压电气装置后面通道的出口之间距离不应大于 15m。

【编制目的】

本条文规定了在满足紧急疏散条件下的变配电所布置要求，明确了设备和房屋设计的具体尺寸。

【术语定义】

配电装置：由开关电器、母线及与其相关联的控制、测量、保护和调节设备的组合，以实现特定目的的电气设备，起着接受和分配电能的作用。

低压配电装置：交流、工频 1000V 及以下的配电装置。

【条文释义】

本条文依据现行国家标准《建筑电气与智能化通用规范》GB 55024—2022 第 3.2.1 条第 2 款的规定制定，其原文如下："当成排布置的电气装置长度大于 6m 时，电气装置后面的通道应至少设置两个出口；当低压电气装置后面通道的两个出口之间距离大于 15m 时，尚应增加出口。"此外，现行国家标准《低压配电设计规范》GB 50054—2011、《20kV 及以下变电所设计规范》GB 50053—2013 均有类似规定。

配电装置出口的设置主要是保证柜（屏）后维护人员的安全。为兼顾巡视、检修和疏散需要，城市轨道交通配电装置采用离墙布置，而柜（屏）后通道一般较窄（1m 左右），不利于维护人员紧急疏散。当配电装置在发生电弧性短路故障时，可能对维护人员造成伤害，规定出口设置要求，可确保维护人员快速撤离。两个出口可以通向配电装置室内，也可以利用设置在柜（屏）后的疏散门通向室外或疏散走道。

我国采用限制安全疏散距离的办法来保证疏散行动时间。安全疏散距离包括两个部分，一是房间内最远点到房间疏散门的距离；二是从房间疏散门到安全出口（疏散楼梯间或外部出口）的距离；具体规定详见现行国家标准《建筑设计防火规范（2018年版）》GB 50016—2014、《地铁设计规范》GB 50157—2013等相关标准。成排布置的配电装置柜（屏）后通道出口布置间距要求是保证最远点到房间疏散门的距离不大于15m的基础。

【实施要点】

设计时应核查成排布置的配电装置长度，保证柜（屏）后通道的出口设置间距满足规范要求，并注意与房建专业的配合，确保室内外疏散通道完整、畅通，尤其地下变电所的房屋和设备布置时。

6.1.8 在地下使用的电气设备及材料，应选用低损耗、低噪声、防潮、无自爆、低烟、无卤、阻燃或耐火的定型产品。

【编制目的】

本条文规定了应用于地下环境中电气设备及材料选用的基本原则。

【术语定义】

低烟： 燃烧时产生的烟雾浓度不会使能见度（透光率）下降到影响逃生的特性。

无卤： 燃烧时释出气体的卤素（氟、氯、溴、碘）含量均小于或等于1.0mg/g的特性。

阻燃： 在规定条件下被燃烧，在撤去火源后火焰在试样上的蔓延仅在限定范围内，具有阻止或延缓火焰发生或蔓延能力的特性。

耐火： 在规定火源和时间下被燃烧时能持续地在指定条件下

运行的特性。

【条文释义】

为贯彻国家绿色发展和建设资源节约型、环境友好型社会的方针政策，执行国家对城市轨道交通建设的产业政策、装备政策、清洁生产、环境保护、节约资源、循环经济和安全健康等法律法规，充分考虑地下空间使用环境特点及设备和人员安全要求，本条在现行国家标准《城市轨道交通技术规范》GB 50490—2009第8.1.10条的基础上修订，其原文如下："在地下使用的电气设备及材料，应选用低损耗、低噪声、防潮、无自爆、低烟、无卤、阻燃或耐火的定型产品。"

节约资源是我国的基本国策，为落实"双碳"目标，电气设备及材料应选择低损耗节能型产品，并遵循经济合理的原则。

为保障地铁运营人员的劳动安全和职业卫生，应减少工作场所的噪声污染。变电所的噪声源主要是变压器、电抗器、SVG和风机。

潮湿是地下环境的重要特点之一，对设备、材料均会带来很大的危害，不仅会降低绝缘材料的介电强度和绝缘电阻，还会引起锈蚀、霉变甚至腐烂，引发电气故障和材料机械强度的降低，给城市轨道交通安全、可靠运行埋下隐患，且潮湿环境不利于杂散电流腐蚀防护。选用防潮型产品，可以延长设备及材料使用寿命、降低维护维修成本、提高供电系统的可靠性。

无自爆是从公共安全角度出发，选用的设备应具有无自爆性能或配置防爆措施，其中变压器尤为关键。35kV及以下设备选用须符合现行国家标准《建筑电气与智能化通用规范》GB 55024—2022第3.2.2条第2款规定：民用建筑内设置的变电所不应设置带可燃性油的变压器和电气设备。对于地下变电所，66kV及以上变压器的选用须符合现行行业标准《35kV～220kV城市地下变电站设计规程》DL/T 5216—2017第4.3.3条规定：地下变电站宜采用低损耗、低噪声电力变压器；有特殊要求时，66kV及以上变压器可选择无油型设备。

由于地下环境一旦发生火灾，从火势的发展和蔓延、热释放、烟的产生（能见度）、燃烧流的毒性产物、燃烧流潜在腐蚀性产物等方面评估火灾危险性均比地面环境大得多，人员疏散和扑救工作也比地面环境难得多。为最大程度保障人身安全、避免造成更大损失，合理选用设备及材料能够起到防灾减灾作用。低烟、无卤材料能够减少火灾发生时有害烟气对人身的伤害，并为疏散逃生提供有利条件；阻燃材料能够减少火灾扩大的可能性；耐火材料能够保证火灾发生时不允许中断供电的负荷持续运行需要。

【编制依据】

《中华人民共和国节约能源法》

第三十条　国务院管理节能工作的部门会同国务院有关部门制定电力、钢铁、有色金属、建材、石油加工、化工、煤炭等主要耗能行业的节能技术政策，推动企业节能技术改造。

《中华人民共和国环境保护法》

第三十六条　国家鼓励和引导公民、法人和其他组织使用有利于保护环境的产品和再生产品，减少废弃物的产生。

国家机关和使用财政资金的其他组织应当优先采购和使用节能、节水、节材等有利于保护环境的产品、设备和设施。

《中华人民共和国消防法》

第二十六条　建筑构件、建筑材料和室内装修、装饰材料的防火性能必须符合国家标准；没有国家标准的，必须符合行业标准。

人员密集场所室内装修、装饰，应当按照消防技术标准的要求，使用不燃、难燃材料。

《建设项目环境保护管理条例》

第四条　工业建设项目应当采用能耗物耗小、污染物产生量少的清洁生产工艺，合理利用自然资源，防止环境污染和生态破坏。

【实施要点】

选择配电变压器时，其能效指标应符合现行国家标准《城市轨道交通机电设备节能要求》GB/T 35553—2017 的相关规定，同时参照现行行业标准《配电变压器能效技术经济评价导则》DL/T 985—2022，综合考虑配电变压器价格、损耗、负载特点、电价等技术经济指标对变压器经济性的影响，可全面、正确地选择更为节能、经济、合理的配电变压器。

35kV 及以下变压器可选用干式变压器，干式变压器通常有环氧树脂浇注绝缘干式变压器和浸渍绝缘干式变压器，适用于建筑物内的户内变电所或消防要求较高的户内变电所。目前城市轨道交通中 35kV 及以下变压器基本均采用的环氧树脂绝缘干式变压器，具有难燃、阻燃特点，不会引发爆炸，防灾性能突出。

66kV 及以上变压器可选用气体绝缘变压器或采用排油注氮装置的油浸式变压器，具体选用需经技术经济比较，对大型油浸变压器还需要采取相应的消防措施如水喷雾或气体灭火装置等并征得地方消防部门同意。气体绝缘变压器又称充气式变压器，是以 SF6 或混合气体等不燃气体作为绝缘及冷却介质的变压器，具有不爆不燃特点，适用于消防等级及安全性能要求高的环境及场所，如隧道、广场、人口密集的商业中心等场所。目前国内深圳、苏州、哈尔滨、无锡等部分城市地铁的主变电所与广场或其他公共设施结合的工程中气体绝缘变压器已有应用。排油注氮装置是专门用于防护油浸变压器的一种固定灭火防爆装置，是一种"预防为主，防消结合"的主动消防设施，能阻止变压器事故进一步扩大，具有环保、经济、简便的特点，弥补了当前水喷雾灭火系统及其他灭火系统不能预防火灾的不足。油浸变压器排油注氮装置在我国电力行业已有超过 30 年的使用经验。

选择长期工作回路电缆截面时，在满足载流量、线路电压降、短路热稳定等技术条件下，电缆截面积宜参照现行行业标准《电缆载流量计算 第32部分：运行条件相关 电力电缆截面的经济优化选择》JB/T 10181.32—2014 按照经济电流选择，将初始成本和预期使用寿命内的运行成本之和降至最低，同时，适当加大电缆截面积，以降低线损，减少能量损失和运营成本，改善运行环境，节能和经济意义重大，同时对地下、封闭环境使用电缆等材料需要结合使用条件及要求选择低烟、无卤、阻燃或者耐火的产品，并具有防潮、防鼠、防白蚁等功能。噪声控制首先应从声源上进行控制，选用低噪声设备、合理布置设备对噪声控制起到很重要的作用，噪声较大的房间应尽量布置在噪声敏感区域的远端侧，控制室或经常住人房间远离噪声源和分区布置都是很经济有效的手段。变电所噪声控制的一般性原则、内容、流程和方法的规定要求可参考现行行业标准《变电站噪声控制技术导则》DL/T 1518—2016。

6.1.9 接触网应符合下列规定：

1 接触网应能在规定的列车行车速度内向列车可靠馈电；

2 接触网应满足限界要求，其带电裸导体应与钢筋混凝土结构、轨旁设备和车体保持安全距离；

3 接触网的电分段应满足牵引供电和检修作业要求；

4 正线接触网应实行双边供电；

5 车辆基地接触网应有主备2路电源，架空接触网应设置限界门；

6 接触轨应设置防护罩；

7 接触网应设置保护装置，露天线路架空接触网应设置避雷器，其间距应根据地域、气候等条件计算确定；

8 接触网架空地线应与牵引变电所接地装置连接；

9 固定支持架空接触网的金属结构体的接地应与接触网架空地线连接，且不应影响信号和杂散电流防护。

【编制目的】

本条文规定了接触网系统的基本要求。

【术语定义】

接触网：为运行列车提供电源的馈电系统，包括架空接触网和接触轨。

轨旁设备：设置于轨行区的设备。

双边供电：一个接触网供电分区可以从两个牵引变电所获取

电能。

限界门：设置于有架空接触网通过的平交道口两侧，避免有超过接触网导高的车辆通过破坏接触网。

防护罩：为保证高压带电的接触轨运行安全可靠，在其表面设置的半覆盖的保护装置。

【条文释义】

1. 为保证向列车可靠馈电，接触网形式或架空接触网悬挂形式的选择，其允许的行车速度不应小于线路的最高设计速度，例如，目前国内已建成线路中，采用接触轨的最高设计速度是120km/h，采用架空刚性接触网的最高设计速度是160km/h。

2. 本规定为安全性要求。根据不同的线路情况，接触网带电部分电压值可能为 DC750V、DC1500V 或 AC27.5kV，当不满足安全距离要求时，可能造成接触网带电部分对混凝土结构体、轨旁设备或车体放电，影响列车运行或造成人身伤害，同时为保证列车运行安全，接触网的设计除与受电弓接触的定位支持装置外不得侵入设备限界。

3. 为实现供电分区，确保接触网的正常运行，便于检修和缩小事故范围，电分段的设置是必要的。

4. 双边供电有利于提高牵引网电压水平，有利于减少牵引网能耗，有利于杂散电流腐蚀的防护。除车辆基地和端头站以外，正线正常运行方式均应采用双边供电方式。

5. 车辆基地内接触网应有一路来自车辆基地内牵引变电所的主电源和一路来自正线牵引变电所的备用电源。车辆基地设置限界门是为了防止其他车辆在接触网下行驶时，刮碰或损坏接触网，并导致安全事故。

6. 接触轨架设于轨旁，当检修人员进入轨行区或乘客疏散时，若接触轨未停电则存在很大的触电风险，设置防护罩是降低触电风险的必要手段。

7. 接触网设置保护装置是用于防止操作过电压和大气过电压对接触网系统绝缘子的破坏。

8. 为保证接触网短路回路完整性，有利于杂散电流防护，接触网架空地线应在牵引变电所接地装置统一接地。

9. 固定支持架空接触网的金属结构体与接触网架空地线连接，而架空地线又在牵引变电所内与变电所接地装置连接构成接触网系统的接地保护回路，同时为确保轨道电路和杂散电流回路的完整性，在直流区段不与轨道和排流网直接连接。

【编制依据】

《中华人民共和国标准化法》《中华人民共和国安全生产法》《城市轨道交通工程项目建设标准》《城市轨道交通运营管理规定》《建设工程质量管理条例》

【实施要点】

1. 架空柔性接触网适用于所有现有的速度类型的线路，架空刚性接触网目前技术条件下适用于速度≤160km/h 的线路，接触轨适用于速度≤120km/h 的线路，在进行供电制式和接触网选型时应充分考虑其速度适用性，若有超过既有线应用案例的需求时，应进行充分的经济技术比较和论证。

2. 接触网的限界、电气净距设计应考虑静态和动态要求，隧道内还应考虑空气动力学的影响，对高于 1000m 的高海拔地区的电气净距尚应按现行国家标准《绝缘配合 第一部分：定义、原则和规则》GB 311.1—2012 的规定进行修正。

3. 正线接触网电分段的设置应与供电牵引所布点方案相匹配，同时正线应酌情考虑当某段区间突发故障组织临时交路运行时，供电分区与临时运行交路的匹配性，以便在组织临时交路运行时可以对故障区间进行抢修作业。车辆基地内接触网供电分区的划分宜按照停车列检库、检修库、试车线等不同功能的区域进行划分，在多股道的运用库宜按照不大于 8 股道进行供电分区划分，以满足运营对不同功能的区域进行检修作业的需求和检修作业范围控制的需求。

4. 牵引网结构上由双边供电切换成大双边供电模式一般由隔离开关停电倒闸完成，目前国内部分线路亦有使用断路器实现不停电倒闸作业，可缩短故障切换时间。

5. 限界门的设置应对平交道口连接的所有车辆通行线路有效。

6. 对非封闭线路及人员可能进入的接触轨防护罩设计应尽可能减少人员触及带电部分的可能，并设置相应的带电显示、安全警示，制定运营安全防护规定。

7. 应采用雷暴日和地闪密度来分析城市轨道交通架空接触网雷击故障和防雷性能，地闪密度可通过雷暴日近似换算得到 $N_g = 0.023T_d^{1.3}$（N_g 为地闪密度；T_d 为雷暴日），架空接触网雷电防护应兼顾直击雷过电压和雷电感应过电压，宜采用避雷线、架空地线兼做避雷线（交流系统可采用回流线兼做避雷线），并配合选用金属氧化物避雷器的措施；接触轨区段宜采用避雷器对接触轨和轨道进行防护；直流系统在必要时可在绝缘子两侧增加带串联间隙避雷器以增强对绝缘子的防护。

8. 对兼做避雷线的架空地线与牵引变电所接地装置的连接，应注意接入点的设置位置不应对牵引变电所电气设备产生危害。

9. 对交流系统接触网架空地线也是回流系统的一部分，其连接应避免零部件的电化学腐蚀，在有轨道电路的区段和直流系统接触网架空地线的设置应与信号和杂散电流专业协调。

6.1.10 采用直流牵引供电并与走行轨组成回流网的城市轨道交通系统，其供电系统应符合下列规定：

1 直流牵引供电系统应为不接地系统，牵引网应采用双导线制，正极、负极均不应接地；

2 接地系统和回流回路之间不应直接连接；

3 回流网的导体应对地、对结构绝缘，回流网各导体之间的连接必须牢固，移动相关连接件时应使用专用工具；

4 电气安全、接地安全和杂散电流防护安全应综合设计，当三者之间有矛盾时应满足电气安全和接地安全；

5 牵引变电所中的电气设备应绝缘安装，且电气设备的基础槽钢应与结构钢筋绝缘；

6 连接牵引变电所与回流走行轨之间的回流电缆不应少于2个回路，当其中1个回路的1根电缆发生故障时应仍能满足回流的要求；

7 回流走行轨应按牵引区间设置回流分断点，轨道应采用绝缘式轨隙连接方式实现彼此间的相连和电气隔离；

8 回流走行轨与地之间的电压应符合下列规定：

　　1）在正常运行条件下正线应小于或等于DC120V，车辆基地应小于或等于DC60V；

　　2）当瞬时超过时应具有可靠的安全保护措施。

【编制目的】

本条文规定了城市轨道交通直流牵引供电系统接地、回流与安全的基本要求。

【术语定义】

不接地系统： 即非有效接地系统，城市轨道交通直流牵引供电系统的正、负极均与大地无有效连接，以免城市轨道交通产生的直流电泄漏入大地后对周边管线产生干扰和影响。

双导线制： 城市轨道交通直流牵引供电系统中牵引网所采用的正、负极供电制式，一般以接触网为正极，回流走行轨为负极。

回流网： 城市轨道交通直流牵引供电系统中的牵引回流通路，一般由回流走行轨、回流电缆、均流电缆及相应连接件组成。

电气安全： 一般指为了保证电气设备安全可靠运行而采取的相应措施，如设备中性点接地、防雷接地等。

接地安全： 一般指为了避免乘客或工作人员发生触电危险而采取的相应安全接地设计或措施。

杂散电流防护安全： 一般指为了避免城市轨道交通直流牵引供电系统产生的直流杂散电流向外部泄漏而采取的相应防护设计或措施。

绝缘安装： 直流设备通过绝缘措施与变电所的接地系统实现

电气隔离。

回流走行轨：在采用走行轨进行回流的城市轨道交通中，用作回流电流通路的走行钢轨。对于信号采用轨道电路的线路，应与信号轨进行区分。

回流分断点：在回流走行钢轨纵向上设置的断点，将全线回流钢轨按照牵引区间划分成数个回流区段。

绝缘式轨隙：即通常所说的绝缘节，通过在传统走行钢轨轨隙中增加绝缘垫片等方式，形成走行钢轨轨隙两侧的钢轨之间电气绝缘。

【条文释义】

1. 城市轨道交通向列车提供电源的牵引网采用了包含接触网和回流走行轨的双导线制，其中接触网为正极，向牵引变电所正极取流；回流走行轨为负极，向牵引变电所负极回流。

接触网和回流走行轨中均为直流电流，若与结构钢筋接触，将产生电化学腐蚀，因此为避免直流电化学腐蚀给城市轨道交通运营带来的风险和安全隐患，城市轨道交通工程中整个直流牵引供电系统应为不接地系统，其正极和负极均不应接地。

如果某些原因造成回流走行轨电位超过允许值，将危及乘客和工作人员的安全，因此应具有可靠的安全保护措施。

排流网通过排流柜与负极连接，当杂散电流监测超标时才短时投入排流柜，以减少危害。排流柜可预留地排流支路。

2. 为保证人员和设备安全，供电系统需设置接地系统，为确保杂散电流不直接流入大地，因此接地系统和回流回路之间不直接连接。

3. 城市轨道交通回流网由回流走行轨、回流电缆、均流电缆及相应连接件组成，回流网畅通可靠是减少回流电流向外部扩散，即减少杂散电流泄漏的重要保证。因此，所有回流用的导体应保证电气和机械性能可靠，并且相关的连接件应做到不使用专用工具不能移动，以防止在城市轨道交通工程运营过程中列车震动或运营维护误操作等使得相关连接件松动从而导致回流网不畅通，增大杂散电流泄漏。

4. 城市轨道交通杂散电流防护和电气安全、接地安全之间应相互协调、相互筹统设计，存在冲突矛盾时，应优先考虑电气安全和接地安全，目的是在尽量兼顾杂散电流防护与电气安全、接地安全三者之间的安全性、协调性的同时，应首先考虑乘客、工作人员以及设备设施的安全。

5. 依据现行国家标准《地铁设计规范》GB 50157—2013 第15.7.15 条（强制性条文）的规定制定。直流牵引供电系统产生的杂散电流将腐蚀金属结构并危及建筑物安全，产生过热、电弧甚至火焰，对城市轨道交通内部和外部人员及设备造成危害。从安全及利于运营维护角度出发，牵引变电所中的直流牵引供电设备须绝缘安装。

绝缘安装的常规做法是直流牵引供电设备与设备基础槽钢间铺设绝缘垫板，直流牵引供电设备再通过绝缘紧固件固定在设备基础槽钢上。由于绝缘紧固件、绝缘垫板在安装过程中可能受损，当后期绝缘安装性能下降时可能导致直流牵引供电设备与基础槽钢电气连通，使得设备外壳与基础槽钢之间流过杂散电流，可能引起直流牵引供电设备框架泄漏电流保护误动作，导致牵引供电中断，因此要求直流牵引供电设备的基础槽钢与结构钢筋应绝缘。

6. 规定城市轨道交通工程直流牵引供电系统中负极回流的回流回路数量、回流电缆数量等相关要求，目的是提高回流系统的可靠性和畅通性，确保在 N-1 故障下供电系统仍能正常供电。

7. 为方便对走行回流轨对地电阻等相关参数进行测量，规定了城市轨道交通工程按照牵引供电区间划分在回流走行轨上设置绝缘式轨隙连接方式的回流分断点。

走行轨对地电阻（也叫泄漏电阻、过渡电阻）是衡量杂散电流限制措施的重要指标，也是运营维护单位最为关心的关键参数。运营通过该参数来判断走行轨对地绝缘状况以及是否需要进行相应维护。

然而，为了保证走行轨的回流通畅，减少杂散电流的泄漏，一般城市轨道交通工程正线走行轨均焊接为长钢轨，走行轨基本是一个连续的整体，运营在测量走行轨对地电阻时需在线路两端加持较大的电压，操作难度较大，且测量结果精准度较差，并且即便检测出对地绝缘下降的情况也无法定位具体的区间。

因此，按照牵引供电区间的划分在回流走行轨上设置回流分断点，分断点采用绝缘节形式，正常运营时绝缘节两端用电缆纵向连接起来，保证走行轨回流的畅通，当运营需检测走行轨对地电阻时，拆卸掉绝缘节两端的连接电缆，即可将全线走行轨划分为数个区段，方便运营分段进行检测，并能通过分段测量结果判断绝缘下降的具体区段，可以有针对性地进行维护。

8. 为了避免走行轨对地电位过高对乘客和工作人员的安全产生危害，城市轨道交通工程在正常运行条件下，正线和车辆基地回流走行轨对地电位需限制在安全范围以内，当牵引电流过大或者牵引网短路条件下，该电位值超过规定要求时应具备可靠的安全保护措施，如钢轨电位限制装置应动作。

条文中提出的走行轨对地电压不大于 120V 或 60V 是基于现行国家标准《地铁设计规范》GB 50157—2013 第 15.7.16 条的相关内容。

【编制依据】

《中华人民共和国安全生产法》《中华人民共和国标准化法》《城市轨道交通工程项目建设标准》《城市轨道交通运营管理规定》

【实施要点】

1. 设计、施工和运营期间应确保直流设备的绝缘安装到位，轨道绝缘措施到位，运营期间加强维护不受损害，非必要不宜长期投入排流柜和钢轨电位限制装置。

2. 供电系统设计应合理控制钢轨电位的限值，采取杂散电流隔离、监测等措施，建设中应确保轨道绝缘电阻满足相关规定，运营中应注意保持轨道绝缘良好，钢轨电位限制装置不应长时间投入，加强杂散电流监测和治理。

3. 为达到电气和机械连接的可靠性要求，目前均、回流电缆与走行轨的连接一般可采用胀钉连接、铜排＋胀钉连接、焊接连接等工艺，并应满足规定的工艺要求，确保连接的可靠性。

4. 应根据仿真计算合理设置钢轨电位限制装置，直流设备采用绝缘安装，操作区域敷设绝缘材料，站台及屏蔽门等人员流动场所做好电气安全防护措施并确保状态良好，运营中当轨电位超标时应即时投入钢轨电位限值装置。

5. 直流牵引供电设备的基础槽钢与结构钢筋绝缘安装可通过在基础槽钢涂覆绝缘材料，增加绝缘垫片及绝缘膨胀套管等方式实现，也可以通过整体绝缘地坪的方式实现。整体绝缘地坪方式是一种新的直流牵引供电设备绝缘安装方式，采用有机绝缘树脂和无机绝缘材料复合而成的绝缘材料将直流牵引供电设备的基础槽钢包裹并一次浇筑成形，实现基础槽钢与结构钢筋完全绝缘隔离，但其在工程中的长期运营经验较欠缺，新建工程项目需经技术经济比较后确定。

对于牵引变电所中的交流供电设备，依据现行国家标准《电气装置安装工程 接地装置施工及验收规范》GB 50169—2016 第3.0.4 条（强制性条文）其金属底座、框架及外壳应直接接地，相关做法已经多年运行验证，能有效保护人身及设备安全。

6. 为了保证回流的安全可靠性，牵引变电所与回流走行轨之间的回流电缆应至少为 2 个回路，上、下行各自建立回流通路，保证回流系统具有足够的回流导流容量和可靠性，在具体布置时，尽可能两个回路能有不同路径或者同一路径采取物理隔离措施。此外，考虑回流电缆与回流走行轨之间的连接技术较复杂，且其敷设环境也较为恶劣，当其中 1 个牵引回流回路的 1 根电缆发生故障时整个回路电缆截面的载流能力仍能满足向牵引变电所回流的要求，即要求每个回路电缆数量满足 N＋1 备用。

7. 目前国内城市轨道交通工程中，已有个别城市（如上海、深圳、青岛等）的部分线路已在正线走行轨上设置了回流分断点，采用的方案主要有如下两种：

深圳地铁部分线路参照现行行业标准《地铁杂散电流腐蚀防护技术标准》CJJ/T 49—2020 的相关规定，在正线牵引变电所上、下行回流点处的走行轨上分别设置绝缘节并在其两端用电缆连接。

上海地铁部分线路参照现行上海地铁企业标准《上海城市轨道交通杂散电流腐蚀防护及监测通用技术标准》Q/SD-JS-FB-SS-1504 的相关规定，在正线每座车站的大里程端（距站台端部约 20m 的区间）及区间长度≥3km 的区间中部的上、下行走行轨上分别设置绝缘节并在其两端用电缆连接。当车站设有渡线时，可利用线路道岔处的绝缘节作为回流分断点，此时车站大里程端不再设置回流分断点。

8. 正线牵引变电所的布点应考虑轨电位限值不超标；为确保人员安全，在车站站台侧、车辆基地检修线应设置钢轨电位限制装置，并且按照人体能够承受的安全电压—时间限值进行动作整定。

6.1.11 动力与照明应符合下列规定：

1 通信、信号、火灾自动报警系统及地下车站和区间隧道的应急照明应具备应急电源；

2 照明应采用节能灯具；

3 车站应设置总等电位联结或辅助等电位联结。

【编制目的】

本条文规定了城市轨道交通中动力照明系统应满足的基本要求，明确了动力照明系统所支撑的城市轨道交通中一级负荷中特别重要负荷的供电方案；明确了动力照明系统为保障城市轨道交通绿色、低碳、环保的基本措施；明确了动力照明系统为保障城市轨道交通设备系统正常工作进行等电位连接的基本措施。

【术语定义】

应急电源：用作应急供电系统组成部分的电源。应急供电系统是用来维持电气设备和电气装置运行的供电系统。

总等电位联结：在保护等电位联结中，将总保护导体、总接地导体或总接地端子、建筑物内的金属管道和可利用的建筑物金属结构等可导电部分连接到一起。

辅助等电位联结：在导电部分间用导线直接连通，使其他电位相等或接近，而实施的保护等电位联结。

【条文释义】

1. 针对城市轨道交通中特别重要负荷的供电方案进行了明确。城市轨道交通中通信系统、信号系统、火灾自动报警系统、应急照明系统不但支撑了城市轨道交通的日常运营，同时，是城市轨道交通应急状态下预警、救援的核心支撑系统，因此，上述系统为城市轨道交通中供电系统一级负荷中特别重要的负荷。上述系统均应配备应急电源。

2. 采用符合国家现行有关标准的高效节能、性能先进、环保、安全可靠的电气产品，是电气供配电系统设计必需的要求，在城市轨道交通照明系统中应采用节能灯具是我国低碳节能战略要求的具体落实。

3. 城市轨道交通车站为单一建筑单体，所有设备均在单体内，供电系统采用 TN-S 系统，为保障人员、设备安全，所有设备均应做总等电位联结和辅助等电位联结。

【编制依据】

《中华人民共和国标准化法》《中华人民共和国消防法》《中华人民共和国安全生产法》《中华人民共和国电力法》《城市轨道交通工程项目建设标准》《城市轨道交通运营管理规定》《电力供应与使用条例》

【实施要点】

1. 以下电源可作为应急电源：① 独立于正常电源的发电机组。② 供电网络中独立于正常电源的专用的馈电线路。③ 蓄电池。④ 干电池。因此，根据负荷特点，通信、信号系统的应急电源应采用依托于蓄电池的不间断电源系统；应急照明系统的应急电源应采用依托于蓄电池的应急电源系统；火灾自动报警系统中主机、联动设备等的应急电源应为设备自带蓄电池或设置消防设备应急电源，火灾自动报警系统位于消防控制室的图形显示工作站的应急电源应采用依托于蓄电池的不间断电源系统或消防设备应急电源。当城市轨道交通车站内设置为多专业服务的依托于蓄电池的不间断电源系统时，该工作站应由该不间断电源系统负责供电。

2. 照明系统的节能灯具应采用符合以下标准的"节能评价值"的产品（表4）。

照明系统的节能灯符合标准表 表4

序号	标准编号	标准名称
1	GB 17896—2022	普通照明用气体放电灯用镇流器能效限定值及能效等级
2	GB 19044—2022	普通照明用荧光灯能效限定值及能效等级
3	GB 19573—2004	高压钠灯能效限定值及能效等级
4	GB 20054—2015	金属卤化物灯能效限定值及能效等级

6.2 通 信 系 统

6.2.1 通信系统应安全、可靠，在正常情况下，应具备为运营管理、行车指挥、设备监控、防灾报警等传送语音、数据、图像等信息；在非正常或紧急情况下，应能作为抢险救灾的通信手段。

【编制目的】

本条对通信系统实现的基本功能、系统安全可靠提出了规定，目的是保证通信系统功能完整，满足不同运行方式下的通信需求。

【实施要点】

通信系统是城市轨道交通重要的设备系统，系统应满足正常情况、非正常或紧急情况的通信需求，系统组网应做到安全、可靠，系统功能、配置及容量应满足运营管理、行车指挥、设备监控、防灾报警等语音、数据、图像信息传送的需求，具体要求可按《规范》第6.2.2条～第6.2.6条的规定执行，主要包括通信各子系统规定，通信光、电缆材质和结构要求，光缆引入室内要求，广播功率传输线路敷设要求。

6.2.2 通信系统应符合下列规定：

1 传输系统应满足通信各子系统和其他系统信息传输的要求；

2 无线通信系统应为控制中心调度员、车站值班员等固定用户与列车司机、防灾人员、维修人员、公安人员等移动用户之间提供通信手段，应满足行车指挥及紧急抢险需要，并应具有选呼、组呼、全呼、紧急呼叫、呼叫优先级权限等调度通信、存储及监测等功能；

3 视频监视系统应为控制中心调度员、车站值班员、列车司机等提供列车运行、防灾救灾以及乘客疏导情况等视觉信息，应具备视频录像功能；

4 公务电话系统应满足城市轨道交通各部门间进行公务通话及业务联系的需要，并应接入公用网络；公务电话系统设备应具备综合业务数字网络的交换能力；

5 专用电话系统应为控制中心调度员及车站、车辆基地的值班员提供调度通信；调度电话系统应具有单呼、组呼、全呼等调度功能，并应具备录音功能；

6 广播系统应满足控制中心调度员和车站值班员向乘客通告列车运行信息及提供安全、向导等服务信息的需要，应能向工作人员发布作业命令和通知，应具备与火灾自动报警系统的联动功能，且防灾广播优先级应高于行车广播；

7 时钟系统应为工作人员、乘客及相关系统设备提供统一的标准时间信息。

【编制目的】

本条文对通信各子系统的基本技术要求提出了规定，目的是保证通信各子系统满足行车指挥、运营管理、抢险救灾所应具备的基本功能和技术要求。

【实施要点】

本条文规定了通信传输系统、无线通信系统、视频监视系统、公务电话系统、专用电话系统、广播系统、时钟系统的基本技术要求，在执行过程中，应关注以下要点：

传输系统在满足通信各子系统和信号、综合监控、电力监控、防灾、环境与设备监控和自动售检票等系统信息传输的要求外，还应满足城轨云平台、线网业务等传输要求，传输要求包括接口类型、数量、传输带宽及通道形式等。传输系统容量应根据各系统业务对传输通道的需求确定，并应留有余量。

无线通信系统应满足运营、公安等用户的无线通信需求，系统的工作频段及频点应由当地无线电管理部门批准。根据服务用户不同，无线通信系统可分为专用无线通信系统、公安无线通信系统等。

视频监视系统应满足运营部门、公安部门实时视频监控和录像调看的需求，应为控制中心调度员、车站值班员提供站内列车运行、防灾救灾以及乘客疏导情况等视觉信息，列车司机可利用站台或驾驶室内的监视终端监视乘客上下车情况。

公务电话系统接入公用网络的方式应根据各城市轨道交通公务电话组网情况确定。

专用电话系统应根据不同运营模式需求设置调度电话组。

时钟系统可以单独设置子钟或利用其他系统设备为乘客提供标准时间信息。

6.2.3　通信电源应能实现集中监控管理，并应满足通信设备不间断、无瞬变供电要求；通信电源的后备供电时间不应少于2h；通信接地系统应满足人身安全、通信设备安全及通信设备正常工作要求；通信系统应采取防雷措施。

【编制目的】

本条文对通信电源的基本技术要求、接地和防雷要求提出了规定，目的是保证通信电源系统功能完整，满足通信各子系统供电需求，保证人身和通信设备安全。

【条文释义】

通信电源是支撑系统运行的基本条件，安全运行的基本保证，要求进行集中监控管理，通信设备应按一级负荷供电，应由变电所提供两路独立的三相交流电源，当使用中的一路故障时，应能自动切换到另一路，在外供电源均故障时，通过蓄电池继续供电不少于2h。目前，大部分机电系统均通过UPS供电，通信系统电源也有与其他弱电系统设备电源整合的案例。整合后的通信电源，除应满足本条要求外，尚应保证整合电源的可靠性和可用性，确保供电质量和不间断供电的要求。

【实施要点】

在执行过程中，通信设备应按一级负荷供电提出外部供电需求。通信电源应能实现对UPS、双电源切换屏、交流配电屏等设备进行集中监控管理。当通信系统电源与其他弱电系统设备电源整合时，整合后的配电系统应具有分时下电功能。

通信设备防雷应根据需要保护的设备数量、类型、重要性、耐冲击电压额定值及所要求的电磁场环境等情况选择下列雷电电磁脉冲防护措施：安装接闪器和引下线、等电位连接和接地、电磁屏蔽、合理布线、浪涌保护器防护。

6.2.4 地下车站及区间线路的通信电缆、光缆应采用阻燃、低烟、无卤、防腐蚀、防鼠咬的防护层，并应符合杂散电流腐蚀防护要求。

【编制目的】

本条文规定了通信电缆、光缆的材质、结构等性能要求，目的是保证通信光、电缆满足火灾和现场环境条件的要求。

【条文释义】

地铁隧道和车站内的电缆光缆防护层必须无卤、低烟、阻燃是为了在火灾情况下，线缆能够尽量避免产生对人身有害的物质，并能有效地防止燃烧。地下电磁环境复杂，环境潮湿，因此要求相应的防护要求。

【实施要点】

在执行过程中，地铁隧道和车站内的光、电缆应采用阻燃、低烟、无卤的防护层。地下车站及区间的主干光、电缆还应采用防鼠咬的防护层。区间光缆、电缆的金属铠装或屏蔽层应与杂散电流收集网及钢轨无任何电气连接，与区间设备连接的电缆应采用绝缘护套电缆。

6.2.5 当光缆引入室内时，应做绝缘接头，室内外金属护层及金属加强芯应断开，并应彼此绝缘。

【编制目的】

本条文规定了光缆引入室内保障安全的基本要求，目的是保证光缆引入室内不对设备和人身安全产生影响。

【实施要点】

在执行过程中，为保证感应电流不影响设备及人身安全，当用光缆引入室内时，应在通号电缆间或电缆引入间等用房内做绝缘接头，同时为保证金属加强及金属护套上的纵向感应电势不积累，室内外金属护套和金属加强件应断开，并应彼此绝缘。

6.2.6 防灾广播的功率传输线路不应与通信线缆或数据线缆共管或共槽。

【编制目的】

本条文规定了防灾广播功率传输线路敷设要求，目的是避免广播线路对通信线缆或数据线缆造成干扰。

【条文释义】

防灾广播涉及安全，其功率传输线路的额定传输电压较高、线路电流较大，与通信线或数据线共管、共槽时，容易对它们造成干扰。

【实施要点】

本条文规定了防灾广播功率传输线路敷设要求，在执行过程中，应根据现行国家标准《公共广播系统工程技术标准》GB/T 50526—2021 的第 4.2.3 条的规定支撑本条内容的实施。

6.3 信 号 系 统

6.3.1 信号系统应具有行车指挥与列车运行监视、控制和安全防护功能及道岔、信号机、区段联锁功能，以及降级运用的能力。涉及行车安全的系统、设备应符合"故障—安全"原则。

【编制目的】

本条文对信号系统实现的基本功能、运用模式以及符合的安全原则提出了规定，目的是保证信号系统功能完整，保证列车运行控制的安全。

【术语定义】

故障：在规定的时间内和规定的条件下，信号设备规定的功能（部分或全部）受到限制或丧失。

"故障—安全"：在系统或设备发生故障、错误或失效的情况下，能自动导向安全。

【实施要点】

信号系统应考虑合理的降级运用模式和降级运用能力，不同运能需求的线路降级运用的能力设计应不同。

对涉及行车安全的系统、设备等应结合不同的故障、错误或失效情况分别明确安全态，ATP、CI、计轴设备中安全功能的安全完整性等级应满足 SIL4 级要求，并应具有独立认证机构出具的安全认证证书。

执行过程中，可通过现行国家标准《城市轨道交通信号系统通用技术条件》GB/T 12758—2023 中的相应条款支撑本条内容的实施。

6.3.2 线路全封闭的城市轨道交通系统应配备列车自动防护系统；线路部分封闭的城市轨道交通系统，列车运行安全防护应根据行车间隔、列车运行速度、线路封闭状态等运营条件采取相应的技术措施。

【编制目的】

本条文对不同线路封闭形式的信号系统安全防护功能配置做出规定。

【术语定义】

列车自动防护：实现列车运行间隔、超速防护、进路安全和车门等自动控制以及与其他相关专业联动，共同实现列车运行安全防护技术的总称。

【条文释义】

线路完全封闭的城市轨道交通列车运行速度较高、行车密度较大，应配置并运用列车自动防护系统，防止将信号系统的后备运行模式作为正常的列车运行模式利用，并且从载客运营起，就应遵守本条的规定；线路部分封闭城市轨道交通，应根据行车间隔、列车运行速度，通过必要的信号显示、自动停车、平交路口控制等技术手段及严格的管理措施等确保列车运行的安全。

【实施要点】

结合不同线路情况对列车自动防护功能配置进行区别设计。在线路部分封闭的项目中，其工程情况已不能完全满足列车自动防护系统的应用条件，应在采用技术手段的基础上辅以安全措施和管理措施，弥补技术手段不能覆盖和解决的问题。采用技术与管理相结合的方式时，应结合线路的具体情况，明确所采取的技术手段和安全管理措施，以及所能实现的具体防护功能，以实现对行车安全的防护。

6.3.3 城市轨道交通应配置行车指挥系统。行车指挥调度区段内的区间、车站应能实现集中监视。具有自动控制功能的行车指挥系统尚应具有人工控制功能。

【编制目的】

本条文对信号系统行车指挥功能提出了规定，目的是保证行车指挥系统实现多级控制，使调度指挥具备灵活性。

【实施要点】

城市轨道交通应用的行车指挥系统技术具有多层次、多级别控制的特点，执行中，要明确中心控制、站级控制等不同控制等级所实现的行车指挥调度功能和控制权限。

对不同级别控制所配置的功能操作应结合必要的技术手段与管理手段进行权限控制，尤其对涉及行车安全的调度命令操作应确保命令来源单一。

在自动控制等级下，应能实现人工介入优先进行控制操作。

6.3.4 列车自动防护系统应满足行车密度、行车速度和行车交路等需求。当全封闭线路列车采用无安全防护功能的人工驾驶模式时，应有授权，并应对授权及相关操作予以表征。

【编制目的】

本条文的编制目的是对列车自动防护系统的适用需求，以及全封闭线路列车采用无安全防护功能的驾驶模式运营时，车载信号系统的模式转换提出的规定。保证列车自动防护功能与需求相适应，车载信号设备的驾驶模式切换为无安全防护的人工驾驶模式的转换过程应受控。

【实施要点】

列车自动防护系统的通过能力、折返能力应适应系统规模条件下最小行车密度并留有一定的余量。ATP 的顶棚防护速度应结合线路、轨道、限界、车辆等专业的限制速度确定，ATP 防护下行车的 ATO 速度应与行车规定的最高运行速度相匹配，使 ATO 控制行车能力满足行车计算的能力。交路站的折返间隔应结合线路配线形式满足系统规模条件下最小行车间隔的折返能力要求并留有一定的余量。

对封闭线路上运营的列车驾驶模式转换为无安全防护功能的人工驾驶模式时，应经过人工确认转换，转换应具有必要的授权，例如，切除开关，车载人机界面上应对驾驶模式予以显示。

6.3.5 列车自动防护系统应以实现列车停车为最高安全准则，并应具备下列功能：

1 检测列车定位与距离，控制列车间隔；

2 监督列车运行速度，发送超速信息和实现列车超速防护；

3 监控列车车门、站台屏蔽门状态，并根据安全状况限制列车车门、站台屏蔽门开闭；

4 使用在车站站台或车控室设置的紧急停车按钮对车站区域范围内的列车实施紧急制动。

【编制目的】

本条文的编制目的是对列车自动防护系统的基本防护功能和

安全配套功能措施提出的规定，保证列车的行车安全和接、发车安全。

【实施要点】

信号系统应实现列车自动防护的基本功能，不同情况下系统施加的制动不同，施加紧急制动后不得中途缓解。

车门关闭且锁紧状态丢失时，应根据不同的需求，ATP 采取不同的防护措施。连续通信的列车应对站台屏蔽门关闭且锁紧状态进行防护。

列车在站台停准、停稳后，开门侧列车门允许命令才能有效。停车开门时应切除牵引，车门关闭后恢复牵引。

执行过程中，可通过现行国家标准《城市轨道交通信号系统通用技术条件》GB/T 12758—2023 第 9.4 节的规定支撑本条内容的实施。

6.3.6 联锁设备应保证道岔、信号机和区段的联锁关系正确。当联锁条件不符时，不应开通进路。敌对进路必须相互照查，不应同时开通。

【编制目的】

本条文的编制目的是对联锁子系统或设备的基本功能提出的规定，保证行车安全。

【术语定义】

敌对进路：同时行车会危及行车安全的任意两条进路。

【条文释义】

本条文要求道岔、信号机和区段的联锁关系正确，这是保障安全的关键要求。

【实施要点】

联锁逻辑应正确，检查要素完整，敌对信号、敌对进路、超限、照查接口等检查条件不得缺漏。

执行过程中，可通过现行国家标准《城市轨道交通信号系统通用技术条件》GB/T 12758—2023 及铁路行业标准《铁路车站计算机联锁技术条件》TB/T 3027—2015 中相应条款支撑本条内容的实施。

6.3.7 列车自动运行系统应具有列车自动牵引、惰行、制动、区间停车和车站定点停车、车站通过及折返作业等控制功能。控制过程应满足控制精度、舒适度和节能等要求。

【编制目的】

本条文的编制目的是对列车自动运行子系统的基本功能提出的规定，保证列车自动驾驶功能的实现。

【实施要点】

列车自动运行系统控制列车区间停车后，可根据需求配置当条件具备时是否自动启动列车。当具备自动发车功能时，应采取必要的技术手段和措施保证发车安全。

载客运营区域和不载客折返区域的 ATO 控车策略宜进行区别，以提高折返效率以及满足载客舒适度要求。

ATO 系统应具有不同的运行等级和控车策略，达到节能的需求。

6.3.8 当列车配置列车自动防护设备、车内信号装置时，应以车内信号为主体信号；未配置时，应以地面信号为主体信号。当地面主体信号显示熄灭时，应视为禁止信号。

【编制目的】

本条文的编制目的是对行车时的主体信号提出规定，明确不同运用模式的行车主体信号，保证行车信号的唯一性。

【条文释义】

车内信号装置相当于铁路的机车信号。车内信号指列车自动防护设备、车内信号装置提供给司机，作为行车凭证的车内信号显示，可包括地面信息的复示信号、目标速度、目标距离等。

【实施要点】

当以车载为主体信号时，地面信号可采用灭灯或其他点灯方式，无论哪种方式，均应保证车载信号与地面信号显示含义一致且同一信号应显示含义唯一。

6.3.9 全自动运行系统应符合下列规定：

1 全自动运行系统建设应与线路、站场配置及运行管理模式相互协调。全自动运行系统应能实现信号、通信、防灾报警等机电系统设备及车辆的协同控制；

2 控制中心或车站有人值班室应能监控全自动运行列车的运行状态，应能实现列车停车及对车门、站台屏蔽门的应急控制。

【编制目的】

本条文规定了全自动运行系统应与其他专业协同实现全自动运行，并且应具有应急操作功能，保证全自动运行系统的完整性和可用性。

【条文释义】

全自动运行系统涉及车辆、信号、通信、防灾报警等机电系统设备，各子系统协同运用，可以充分发挥全自动运行系统的作用。全自动运行系统具有直接面向运营人员的属性，其系统设备与运营人员间应具有良好的人机界面。

【实施要点】

全自动运行系统信号系统应明确对线路站场的布局需求。

全自动运行系统功能的实现是多专业协同工作的结果，应在运用场景充分分析的基础上，明确各专业功能分配，各专业接口应闭环无遗漏。场景分析应包括正常场景、应急场景、故障场景。故障及应急情况下，应具有应急操作的功能，保证运营的安全及可维持性。

6.3.10 当部分封闭的城市轨道交通设专用线路时，专用线路与城市道路的平交路口应设置城市轨道交通列车优先信号；当未设专用线路时，在平交路口处，城市轨道交通列车应遵守道路交通信号。

【编制目的】

本条文规定了部分封闭的城市轨道交通线路（主要指有轨电车线路）在平交道口的通行规则，保证不同情况下城市轨道交通线路行车的效率和行车安全。

【术语定义】

列车优先：线路与道路平面交叉处，城市轨道交通优先通行。

【实施要点】

城市轨道交通设置的列车优先信号应与市政道路信号控制系统接口，根据不同的路口需求与市政道路交通管理部门确定不同的优先级别。轨道交通信号应与市政道路交通信号进行安全的联锁关系，保证通行路权的唯一性，且根据路口需求保证路口的通行效率。

6.3.11 车辆基地信号系统应符合下列规定：

1 用于有人驾驶系统的车辆基地，应设进出车辆基地的信号机；进出车辆基地的信号机、调车信号机应以显示禁止信号为定位；车辆基地信号系统、设备的配置应满足列车进出车辆基地和在车辆基地内进行列车作业或调车作业的需求；

2 用于全自动运行系统的车辆基地，应根据全自动运行系统的功能，以及车辆基地内无人和有人驾驶区域的范围设置信号系统，配置相应设备；

3 车辆基地应纳入信号系统的监视范围；

4 试车线信号系统的地面设备及其布置应满足系统双向试车的需要。

【编制目的】

本条文的编制目的是对车辆基地内的信号系统功能、性能和设备配置提出规定，保证其配置满足车辆基地作业需求。

【实施要点】

车辆基地信号机配置应满足车辆基地发车、接车能力的要求。

全自动运行系统无人驾驶区域的人员防护区域划分应与段场工艺设计相匹配。

试车线应实现上下行区间运行、车站作业、折返作业等双向试车功能。

6.3.12 信号系统设备应具有符合"故障—安全"原则的证明及相关说明。信号系统应满足国家对信息系统安全等级保护的要求。

【编制目的】

本条文的编制目的是对信号系统安全性证明以及网络安全等级保护提出要求，保证信号系统的安全性。

【条文释义】

本条文是从规范我国城市轨道交通信号系统发展出发，提出的原则性规定。涉及行车安全的系统设备，应通过安全认证（如常设的安全认证机构或政府组织的、由有关专家组成的技术鉴定委员会），并经过安全检测、运用试验。

涉及行车安全的系统设备投入运用前，应证实安全系统研发程序及安全管理组织体系符合规范要求；系统实施了危险鉴别、分类、危险处理和评估；系统的安全功能分析和确认；故障模式及故障影响范围确认；完成了外界干扰的系统运行试验；具有安全功能检测报告和安全性试验证明。

信号系统是城市轨道交通的关键系统，并直接关系到系统安全，技术上属于信息系统，因此，要符合国家信息系统安全等级保护要求。

【实施要点】

项目实施中，对安全相关的系统、设备应具有安全性证明文件，包括产品安全性文件以及工程应用安全评估文件。安全性证明文件、安全评估文件应由独立第三方评估单位出具。

网络安全等级保护应采用多种保护策略和措施，使系统达到网络安全等级保护的要求，采用的网络安全等级保护的策略和措施，不得影响信号系统自身数据的可靠性和实时性。

6.3.13 在信号系统设备投入运用前，应编制技术性安全报告，内容应包括对功能的安全性要求、量化的安全目标等。

【编制目的】

本条文对信号系统投入运用前的安全性技术报告提出了编写要求，目的是确保信号系统的安全性满足既定的目标。

【条文释义】

安全性的要求可分为：功能性安全要求——系统、子系统和设备应达到的与安全相关的功能，安全性要求——为达到安全目的，在软、硬件、冗余、通信等方面所采取的技术措施，以及量化的安全目标——定量分析系统、子系统、设备所能达到的安全指标等。

【实施要点】

项目实施中，应在子系统或整个信号系统投入运用前，按阶段编制技术性安全报告，报告内容应包括系统达到的安全功能及其目标、通用应用层面的产品基础、系统功能正确的技术分析、各子系统或设备的故障影响、外部环境条件影响的设备测试、系统安全相关的应用条件以及安全合格的测试总结等。

6.4 通风、空调与供暖系统

6.4.1 城市轨道交通的内部空气环境控制应采用通风、空调与供暖方式，并应符合下列规定：

1 当列车正常运行时，应将内部空气环境控制在标准范围内；

2 当列车阻塞在隧道内时，应能对阻塞处进行有效的通风；

3 当列车在隧道内发生火灾事故时，应能对事故发生处进行有效的排烟、通风；

4 当车站公共区和设备及管理用房内发生火灾事故时，应能进行有效的排烟、通风。

【编制目的】

本条文规定了城市轨道交通项目中通风空调工程在不同工况下的内部空气环境控制要求，目的是为保证城市轨道交通工程的内部空气环境控制的功能性、合理性。

【条文释义】

强调了要依据不同工况、不同区域位置及使用功能定位来确定轨道交通项目内部所采用的空气环境控制方式。并使其必须具备有效的防烟、排烟和事故通风功能，特别针对区间隧道、车站公共区和管理区等不同区域，强调阻塞和火灾等各种事故工况下的功能应得到有效的保证。

【实施要点】

本条文主要是城市轨道交通项目的内部空气环境控制方式选择的要求。各系统设置合理确保运营安全。具体可通过现行规范标准执行。现行国家标准《地铁设计规范》GB 50157—2013 中的相应条款支撑本条内容的实施。

6.4.2 车站新（排）风井、集中空调系统的设置和卫生质量应符合下列规定：

1 新风井应设置在室外空气清洁的地点；

2 当新风井、排风井合建时，新风井开口应低于排风井开口；

3 各系统的新风吸入口应设防护网和初效过滤器；

4 空调系统的冷却水、冷凝水中不得检出嗜肺军团菌。

【编制目的】

本条文阐述了轨道交通项目通风空调中风井选位和集中空调系统设置的卫生质量安全原则。

【实施要点】

本条文主要是城市轨道交通项目的风井设置和通风空调系统设施需要遵守的设置要求和卫生质量要求，具体可通过现行规范标准执行。现行国家标准《地铁设计规范》GB 50157—2013 第9.6 条、《采暖空调系统水质》GB/T 29044—2012 的第 4.3 条和第 4.4 条，以及现行卫生标准《公共场所集中空调通风系统卫生规范》WS 394—2012 第 3.9 条、第 4 条等的规定支撑本条内容的实施。

6.4.3 城市轨道交通的内部空气环境应优先采用自然通风（含活塞通风）方式进行控制。

【编制目的】

本条文规定了城市轨道交通项目的内部空气环境控制优先采用通风方式，目的是为保证城市轨道交通工程的内部空气环境控制的经济性。

【条文释义】

城市轨道交通工程项目中内部空气环境控制方式通常有通风、空调与供暖方式，为了节能和低碳的目标在满足运营条件下应优先采用自然通风的方式。

【实施要点】

本条文主要是城市轨道交通项目的内部空气环境控制方式选择的要求。具体可通过现行规范标准执行。现行国家标准《地铁设计规范》GB 50157—2013 中的相应条款可支持本条内容的实施。

6.4.4　城市轨道交通应在车站公共区、地下车站付费区内及列车内设置温度、湿度、二氧化碳浓度、可吸入颗粒物浓度等空气质量指标的监控和记录设施设备。

【编制目的】

本条文规定了城市轨道交通工程内部空气环境质量指标的监控和记录的要求。

【条文释义】

在城市轨道交通工程中，具体明确了其内部空气质量指标需要监控和记录的主要参数，并提出要求。

【实施要点】

本条文提出在轨道交通项目中，其内部的空气环境质量指标需要监测和记录的主要参数的取值范围。具体可通过现行规范执行。现行国家标准《地铁设计规范》GB 50157—2013 第 13.2.14 条、第 13.2.19 条、第 13.2.20 条等的规定支撑本条内容的实施。

6.4.5　地下车站站内夏季空气计算温度和相对湿度应按采用通风方式和采用空调方式 2 种状况分别合理确定。地下车站站内冬季空气温度不应低于 12℃。

【编制目的】

本条文规定了地下车站站内空气温度、湿度的取值要求。

【条文释义】

本条文规定了地下车站在采用通风和空调两种系统方式下的

站内空气温度、湿度的取值范围以及站内冬季温度要求。

【实施要点】

本条文提出在轨道交通项目中，按不同系统方式所确定的地下车站站内夏季空气计算温度、湿度以及冬季温度的取值范围。具体可通过现行规范执行。现行国家标准《地铁设计规范》GB 50157—2013 第 13.2.14 条、第 13.2.15 条规定支撑本条内容的实施。

6.4.6 通风、空调与供暖系统的负荷应按预测的远期客流量和最大通过能力确定。

【编制目的】

本条文规定了通风空调与供暖系统最大容量的确定原则，应能确保与线路运输能力相适应。

【条文释义】

系统负荷应按远期客流量和最大通过能力之间的大者确定。多数线路的客流呈单调增长的趋势，远期客流预测量通常即为最大通过能力。

6.4.7 通风、空调与供暖方式的设置和设备配置应符合节能要求，并应充分利用自然冷源和热源。

【编制目的】

本条文对通风空调与供暖系统提出了节约能源的要求。

【条文释义】

通风空调与供暖系统在城市轨道交通工程的非牵引能耗中占比约为 50%。通风、空调与供暖系统应从系统全寿命周期考虑节约能源，在系统设置方案、设备选型、运行策略等各环节应统筹协调，符合节能要求。使用人工冷源、热源时，不可避免地要消耗高品位的电能；条件允许时，应优先采用低品位的自然冷源、热源。自然冷、热源的利用方式可以有多种。采用全空气空调系统时，过渡季按全新风空调工况运行即为最常见的利用室外空气较低的焓值"免费供冷"的一种应用方式，但并不意味着只有采用全空气系统才能实现这一点。采用空气—水系统时，在就地空气处理末端之外利用其他途径同样也可向站内送入机械全新风；在干燥地区，可充分利用室外较低的湿球温度，优先采用蒸发冷却技术，避免或减少使用机械制冷；站址周边有江、海等自然水体，取得相关主管部门同意时，可采用自然水体作为车站的热汇。

【实施要点】

系统设置方案不仅需强调冷、热源设备本身的运行效率，还应高度重视降低输配能耗。城市轨道交通地下车站天然地具有"狭长"的空间特点，如果冷、热源设备的布置远离其所服务的空间，势必造成输配能耗上无谓的浪费。例如，车站公共区采用全空气空调系统时，若将空气处理设备设置于远离车站公共区的端头的通风空调机房内，必然以体量巨大的风管穿越车控室等设备管理用房区才能将冷风送达公共区；同时，由于回风管路长、阻力较大，为避免公共区出现较大负压，又往往配置回风机。但若将公共区空气处理设备集中设置于非车控室一端，不仅空调送风距离短、效率高，还因回风距离短、阻力小而不必设置回风机，因而可采用单风机系统。如果取消冷水循环，采用制冷剂循环直接冷却空气的直膨空调系统，则不仅可减少一次换热损失，制冷循环也可适当提高蒸发温度，制冷效率也因之相应地提高。尽量缩短输配距离，减少输配（冷热交换）环节应成为城市轨道交通通风空调与供暖系统节能降耗的重点方向。

6.4.8 区间隧道通风系统的进风应直接采自大气，排风应直接排出地面。

【编制目的】

本条文规定了区间隧道通风系统的进风来源及排风出处，以保证列车上乘客的健康安全。

【条文释义】

由于隧道空间相对封闭，为保证列车上乘客的卫生需求，应保证区间隧道与外界直接进行空气交换，以便隧道内污浊空气顺利有效的排除和外界新风的输入。需注意的是，现行国家标准《城市轨道交通工程基本术语标准》GB/T 50833—2012 第7.3.2

条对"区间隧道"有清晰、明确的定义,是指车站之间形成行车所需空间的地下构筑物。线路起、终点车站端头设置的停车线、站后折返线等盲端隧道,以及其他非载客行车的隧道,均不属此列。

6.4.9 当采用通风方式且系统为开式运行时,每个乘客每小时需供应的新鲜空气量不应少于 30m^3;当系统为闭式运行时,每个乘客每小时需供应的新鲜空气量不应少于 12.6m^3,且新鲜空气供应量不应少于总送风量的 10%。

【编制目的】

本条文规定了采用通风方式时,系统内(包括车站及区间隧道)新风供应量的下限,以保证站内、车内人员卫生需求。

【条文释义】

新鲜空气供应量并不仅指由通风、空调系统经由管道送入室内的机械新风量,也包括无组织侵入新风量。地下车站均有不少于 2 个的出入口通道,在活塞风压、自然风压以及车站内外热压差等的综合作用下,无组织侵入新风量不容忽视。当采用通风系统时,不论开式运行或闭式正常运行期间,车站及区间隧道与外界空气交换的动力事实上均主要来自于列车的活塞效应。

【实施要点】

闭式运行的系统,鼓励按现行国家标准《公共场所卫生指标及限值要求》GB 37488—2019 第 4.2.1 条执行,即取用 20m^3/(h·人)。

6.4.10 当采用空调时,每个乘客每小时需供应的新鲜空气量不应少于 12.6m^3,且新鲜空气供应量不应少于总送风量的 10%。

【编制目的】

本条文规定了车站采用空调系统时新风供应量的下限,以保证站内人员卫生需求。

【条文释义】

新风的供应需兼顾卫生条件与节能减排的平衡。在不设再热的空调系统中,空调负荷由室内余热和新风负荷构成。当室外空气参数高于空调室内空气参数时,在满足人员卫生条件的前提

248

下，应尽量减小新风负荷。

【实施要点】

本条文着眼于以事实结果为导向。在活塞风压、自然风压以及车站内外热压差等的综合作用下，即使站台边缘设有屏蔽门，无组织侵入的新风量仍不容忽视，事实上对站内空间可起到充分换气的作用，且往往由于侵入风量过大而造成空调负荷过高。但是，无组织侵入新风量不稳定，不便测量，工程实施中，可按现行国家标准《公共建筑节能设计标准》GB 50189—2015 第 4.3.13 条要求，进行新风需求控制，即根据站内实时监测的 CO_2 浓度值调节由空调系统机械送入的新风量。

6.4.11 地下车站公共区内、设备与管理用房内的二氧化碳日平均浓度应小于 0.15%，空气中可吸入颗粒物的日平均浓度应小于 $0.25mg/m^3$。

【编制目的】

本条文规定了车站主要空气质量参数的上限值，以保证站内乘客与工作人员的健康需求。

【术语定义】

可吸入颗粒物：悬浮在空气中，空气动力学当量直径小于等于 10um 的颗粒物。

日平均浓度：指一个自然日 24 小时平均浓度的算术平均值。

【条文释义】

在现行国家标准《地铁设计规范》GB 50157—2013 中，地下车站的空气质量参数分隧道、车站公共区、设备与管理用房采用不同的标准，本标准规定了地下车站的统一上限值，主要是考虑了城市轨道交通工程中乘客乘降与列车运行均为半开放空间，而且客流量大、人员停留时间短的特点，从人员通行路线及停留时长来看，采用统一的标准是合理的。

【实施要点】

本标准规定的是上限值，是系统设计与变风量调节的最低标准。在具体项目中，鼓励将车站提升为室内空间，特别是设备与管理用房,可以按现行国家标准《室内空气质量标准》GB/T 18883—2022的规定,采用二氧化碳日平均浓度上限为0.10%,可吸入颗粒物的日平均浓度上限0.15mg/m³进行设计。

6.4.12 高架线和地面线站厅内的空气计算温度应符合下列规定:

1 当采用通风方式控制站厅温度时,夏季计算温度不应超过室外计算温度3℃,且不应超过35℃;

2 当采用空调方式控制站厅温度时,夏季计算温度应为29℃~30℃,相对湿度不应大于70%;

3 当高架线和地面线站厅设置供暖时,站厅内的空气设计温度为12℃。

【编制目的】

本条文规定了高架线和地面线车站站厅公共区的主要室内设计参数。

【条文释义】

高架线和地面线车站作为交通功能的民用建筑,参照现行国家标准《民用建筑供暖通风与空气调节设计规范》GB 50736—2012,结合城市轨道交通工程的特殊性,按人员短期停留的一般舒适度水平,同时考虑节能需求,确定了主要的室内设计参数。

【实施要点】

高架车站夏季应优先采用通风方式来满足运营需求,当通风不能满足要求,或者为了保证一定的人员舒适度,以及维持站厅内设备的必要运行环境时,可以设置空调系统。站厅设置夏季空调或冬季供暖系统时,室内设计参数按本条标准执行,同时应考虑空间的相对封闭措施,减少围护结构的冷热负荷以及渗漏风量,做好运行调节控制与管理,尽量减小系统规模与运行能耗。

6.4.13 供暖地区的高架线和地面线车站管理用房应设供暖,供暖期间室内空气设计温度应为18℃。

【编制目的】

本条文规定了供暖地区的高架线和地面线车站管理用房的供

暖要求，以及主要的室内设计参数。

【条文释义】

高架线和地面线车站作为交通功能的民用建筑，参照现行国家标准《民用建筑供暖通风与空气调节设计规范》GB 50736—2012，管理用房按人员长期停留的一般舒适度水平下限，确定室内设计温度。

【实施要点】

本条文适用于供暖地区。非供暖地区的高架线和地面线车站管理用房如需考虑极端天气时的供暖，可以参照本标准执行。

6.4.14 地上车站设备用房应根据工艺要求设置通风、空调与供暖，设计温度应按工艺要求确定。

【编制目的】

本条文规定了地上车站设备用房的通风、空调与供暖系统设计原则，以及设计温度的确定原则。

【条文释义】

相对于地下车站，地上车站的设备用房空间限制较少，具备自然资源的利用条件，但同时受外界环境的干扰也大，因此，其通风、空调与供暖系统的设置，以及设计温度的确定可根据工艺要求处理。

【实施要点】

设备用房的工艺要求由系统专业提供，在要求不明确时，可以参照现行国家标准《城市轨道交通通风空气调节与供暖设计标准》GB/T 51357—2019 的相关规定执行。

6.4.15 列车阻塞在隧道时的送风量，应保障隧道断面的气流速度不小于 2m/s，且不高于 11m/s，并应保障列车顶部最不利点的隧道空气温度不超过 45℃。

【编制目的】

本条文规定了列车阻塞在隧道时的送风量设计标准，包括了隧道断面的气流速度范围，以及列车顶部最不利点的隧道空气温度上限值。

【条文释义】

城市轨道交通系统的隧道通风主要是依靠列车正常运行产生的活塞风来完成，当发现列车阻塞时，活塞作用消失，需通过机械通风来补偿。机械通风的主要目的，一是为滞留在区间的乘客提供新鲜空气，并考虑长时间阻塞的乘客疏散需求，因此规定了隧道断面的气流速度范围为 2m/s～11m/s；二是带走阻塞车辆空气调节设备的散热，维持车辆空气调节设备正常运转，保证车厢的室内温度，避免发生次生灾害，因此规定了列车顶部最不利点的隧道空气温度不超过 45℃。

【实施要点】

本条文规定中的气流速度为隧道断面的平均速度，隧道断面积以区间标准断面为计算基准，当隧道存在局部断面变化时，应保证扩大断面处的气流速度降低不得影响隧道全程的纵向气流控制。隧道空气温度为列车顶部最不利点的温度，当隧道通风系统计算软件是以全断面平均温度为基准，应考虑隧道断面温度场竖向不均匀的影响，不应以全断面平均温度代替列车顶部最不利点的温度。

6.5 给水、排水系统

6.5.1 城市轨道交通工程的给水系统应满足生产、生活和消防用水对水量、水压和水质的要求。

【编制目的】

本条文规定了城市轨道交通工程给水系统设计的基本原则，确保系统水量足、水压稳、水质好，符合现行国家有关标准的规定。

【实施要点】

结合实际工程特点，城市轨道交通给水系统的水量、水压和水质应符合现行国家标准《建筑给水排水与节水通用规范》GB 55020—2021、《建筑给水排水设计标准》GB 50015—2019、《消防给水及消火栓系统技术规范》GB 50974—2014、《自动喷水灭火系统设计规范》GB 50084、《地铁设计规范》GB 50157—2013、《地铁设计防火标准》GB 51298—2018、《城市轨道交通给水排水系统技术标准》GB/T 51293—2018 等的规定。

为降低工程造价、供水可靠、保证水质，城市轨道交通工程给水水源应采用城市自来水，当沿线无城市自来水时，应采取其他可靠的给水水源，并应与当地规划部门协商。

城市轨道交通工程给水系统分为生产、生活给水系统及消防给水系统，其中室内生产、生活给水系统应与室内消防给水系统分开设置，并应根据当地自来水公司的要求设置计量设施。

城市轨道交通工程给水系统应利用市政水压直接供水，当水量或水压不满足要求时，应设置加压装置或贮水调节措施。当水压不满足要求，且消防和市政部门许可时，可不设贮水调节措施，加压装置从市政管网直接引水。

生活给水系统用水点处供水压力不应大于 0.20MPa，并应满足卫生器具工作压力的要求；生产给水系统的水压按工艺要求确定；消防给水系统的水压应符合现行国家标准《消防给水及消火栓系统设计规范》GB 50974—2014、《地铁设计防火标准》GB 51298—2018 等的规定。

生活给水系统的水质，应符合现行国家标准《生活饮用水卫生标准》GB 5749—2022 的规定；生活杂用水系统的水质，应符合现行国家标准《城市污水再生利用 城市杂用水水质》GB/T 18920—2020 的规定；生产用水的水质应满足工艺的要求；消防给水系统的水质，应符合现行国家标准《消防给水及消火栓系统设计规范》GB 50974—2014 的规定。

6.5.2 给水管道不应穿过变电所、蓄电池室、通信信号机房、车站控制室和配电室等房间。

【编制目的】

本条文规定了给水管道的禁止穿越路径，目的是避免上述设备因管道渗漏引发故障。

【条文释义】

给水管道因使用时间久而老化漏水，或检修时产生的水渍会引起电气设备损坏或故障，或因给水管道检修影响生产操作等其他活动，可能直接影响列车的安全运营。因此，给水管道不应穿越变电所等电气设备房间。

【实施要点】

参照现行国家标准《建筑给水排水设计标准》GB 50015—2019、《地铁设计规范》GB 50157—2013、《城市轨道交通给水排水系统技术标准》GB/T 51293—2018 等的规定。

给水系统管道敷设时，不应穿越变电所、蓄电池室、通信信号机房、车站控制室和配电室等电气设备房间。在特殊情况下必须穿越时，应采取有效的保护措施，如由装修专业采取措施将管道包封并开检修门。

6.5.3 地下车站及地下区间隧道排水泵站（房）的设置应符合下列规定：

1 区间隧道线路实际最低点应设排水泵站；

2 当出入线洞口的雨水不能按重力流方式排至洞外地面时，应在洞口内适当位置设排雨水泵站；

3 露天出入口及敞开风口应设排雨水泵房，并应满足当地防洪排涝要求。

【编制目的】

本条文规定了地下车站及地下区间排水泵站（房）的设置要求，及时排除低洼处及高风险区域的积水，满足线路正常运营要求。

【条文释义】

地下车站及地下区间隧道设置的排水泵站，主要排除车站及区间隧道内的结构渗漏水、冲洗及消防废水。地下车站排水泵站应设在车站下坡方向一端的最低点，区间隧道排水泵站应结合线路纵断面及排水要求综合确定，一般设置在线路实际排水最低点。

出入线洞口雨水宜采用重力流方式排放，无条件时设置雨水泵站。

出入线洞口、露天出入口及敞开风口的雨水泵房，除应满足计算排水量要求外，尚应符合当地防洪排涝要求，如特定的暴雨重现期及降雨历时。

【实施要点】

参照现行国家标准《地铁设计规范》GB 50157—2013、《城市轨道交通给水排水系统技术标准》GB/T 51293—2018 等的规定。

地下区间隧道排水泵站设计里程应由结构专业根据线路坡度计算确定，当泵站处需要设置反坡、压缩轨道回填层时，应由轨道专业确认后方能实施。

近年来，国内轨道交通行业水淹事件频发，在保证工程安全的基础上，宜适当提高防淹设计标准。出入线洞口、正线地下到地面或高架过渡线洞口等口部，原则上不应设置敞口段，宜结合U型槽壁设置钢筋混凝土墙、手动防淹挡板、立转式防淹挡板等防淹设施，保证防淹措施连续。

6.5.4 地面车站、高架车站及车辆基地运用库、检修库、高层建筑屋面排水管道设计应按当地 10 年一遇的暴雨强度计算，设计降雨历时应按 5min 计算；屋面雨水工程与溢流设施的总排水能力不应小于 50 年重现期的雨水量；高架区间、敞开出入口、敞开风井及隧道洞口的雨水泵站、排水沟及排水管渠的排水能力，应按当地 50 年一遇的暴雨强度计算，设计降雨历时应按计算确定。同时，应满足当地城市内涝防治要求。

【编制目的】

本条文规定了城市轨道交通工程雨水系统设计标准。

【条文释义】

屋面雨水管道工程的排水系统是按一定设计重现期设计的，超设计重现期的雨水应由溢流设施排放，两者相加即为总排水能力。城市轨道交通车站及车辆基地运用库、检修库、高层建筑等属于重要的公共建筑，其雨水排水管道工程与溢流设施的总排水能力不足时，可能造成人员伤亡、直接和间接经济损失、不同程度的社会影响。而高架区间位于地面，上方无遮挡，桥面容易积水，排水系统能否安全地将雨水及时排放，将至关重要。为保证暴雨时城市轨道交通线路的正常运营，对车站、车辆基地及区间等雨水系统计算参数提出要求，并应符合当地防洪排涝的相关规定。

【实施要点】

参照现行国家标准《建筑给水排水设计标准》GB 50015—2019、《地铁设计规范》GB 50157—2013、《城市轨道交通给水排水系统技术标准》GB/T 51293—2018 等的规定。

根据当地防洪排涝要求及本《规范》相关规定，确定雨水系统暴雨重现期及设计降雨历时取值。

6.6 环境与设备监控系统

6.6.1 环境与设备监控系统应具备下列功能：

1 车站及区间设备的监控；

2 环境监控与节能运行管理；

3 车站环境和设备的管理；

4 执行防灾和阻塞模式；

5 系统维修。

【编制目的】

本条文目规定了环境与设备监控系统应具有的基本系统功能。

【条文释义】

地铁工程环境与设备监控系统监控对象主要包括：通风空调设备、电/扶梯设备、给水排水类设备、照明类设备、人防门、防盗卷帘设备等。除满足对以上设备的监控要求和运行数据的获取外，还应具备以下基本功能：

1. 正常运营模式、防灾运营模式的判定和转换；

2. 防灾模式（火灾、水灾等）和列车区间阻塞模式的联动；

3. 设备顺序启停控制、时间表启停控制；

4. 车站公共区和重要设备房的温度、湿度、CO_2 浓度、PM

值等环境参数的监测和控制；

5. 设备的节能控制；

6. 车站外环境（雨量、水淹等）监测。

【实施要点】

地铁环境与设备监控系统应针对其监控对象进行监控。可通过本系统设置的各类变送器进行环境数据采集，也可通过与监控对象的直接接口或间接接口，实现对设备运行状态、故障及运行参数等的监控管理。以上获取的数据和运行参数可作为节能运行的基础数据，通过软件实现进一步的节能管理。在灾害或列车区间阻塞情况下，应调整运行工况至灾害工况或阻塞工况。

6.6.2 车站及区间设备的监控应符合下列规定：

1 应能实现中央和车站两级监控管理；

2 环境与设备监控系统控制指令应能分别从中央工作站、车站工作站、车站紧急控制盘和环境与设备监控系统人工发布或由程序自动判定执行；

3 应具备注册和操作权限设定功能。

【编制目的】

本条文规定了环境与设备监控系统功能实现的层级和路径。

【条文释义】

地铁线路中央设置中央工作站，车站设置车站工作站，均可人工或自动向环境与设备监控系统发出控制指令。车站控制室还设置紧急控制盘，作为后备使用。中央级发生通信故障或在车站级人机接口发生故障时，无法自动发布指令时，可由车站站长等具有权限的人员在紧急控制盘上发布控制指令。各级控制指令可以是模式指令，也可以是其控制权限范围内的单机指令。

【实施要点】

为实现本条文，应从环境与设备监控系统的架构上与之匹配，但并不要求各层级的设备均由本系统独立设置。即中央工作站、车站工作站可由环境与设备监控系统独立设置，也可由其他系统（如综合监控系统）设置，供环境与设备监控系统使用，紧急控制盘通常由综合监控系统设置。

6.6.3 执行防灾和阻塞模式应符合下列规定：

1 应能接收车站自动或手动火灾模式指令，执行车站防排烟模式；

2 应能接收列车区间停车位置、火灾部位信息，执行隧道防排烟模式；

3 应能接收列车区间阻塞信息，执行阻塞通风模式；

4 应能监控车站逃生指示系统和应急照明系统；

5 应能监视各排水泵房危险水位和危险水位报警信息；

6 应能监视雨水易倒灌通道和低洼位置的积水位；

7 应能监视排水泵故障自动巡检状态。

【编制目的】

本条文规定了环境与设备监控系统在执行防灾和阻塞模式时的具体要求。

【条文释义】

本条文中涉及的地铁工程的灾害主要包含车站火灾、区间隧道火灾、雨水倒灌、水泵故障导致的水位超限等。阻塞是指列车因非火灾的其他故障不能正常行驶至车站站台而停留在区间。对于不同的灾害或阻塞，应调整地铁运营至相应的灾害或阻塞运营工况。

【实施要点】

火灾自动报警系统（FAS）应与环境与设备监控系统间设置通信接口，火灾工况应由 FAS 发布火灾模式指令，由环境与设备监控系统执行火灾运行工况。

当车站发生火灾时，FAS 根据火灾发生未知触发自动模式，环境与设备监控系统执行车站防排烟模式。

当列车在区间发生火灾时，应能接收 ATS 提供的列车区间位置信息，并根据司机利用无线通信方式向 OCC 报告列车发生火灾部位，由中央工作站发布火灾控制模式，由发生火灾区间相邻车站的环境与设备监控系统执行相应防排烟模式。

当列车在区间发生阻塞时，应能接收 ATS 提供的列车区间阻塞信息，由中央工作站发布区间阻塞控制模式，由相邻车站的环境与设备监控系统执行相应阻塞通风模式。隧道通风造成气流方向应与列车运行方向一致，以满足阻塞工况列车新风量的要求。

通过设置雨量计、水淹监测设备、水位传感器以及水泵故障检测等，实现对异常水位、超限水位监测和报警，及时排除水淹的隐患。

6.6.4 环境监控与节能运行管理应符合下列规定：

1 应能对环境参数进行监测，对能耗进行统计分析；

2 应能控制通风、空调设备优化运行，提高整体环境的舒适度，降低能源消耗。

【编制目的】

本条文规定了环境与设备监控系统对实现环境监控与节能运行管理的具体要求。

【条文释义】

在保证地铁车站整体环境舒适度的前提下，应通过合理调节通风空调设备运行状态，发挥设备的最佳运行能效，降低设备运行能耗。

【实施要点】

通过设置各类变送器可实现对车站公共区和重要设备房的温度、湿度、CO_2 浓度、PM 值等环境参数的监测，掌握环境变化规律，为调整环境控制策略提供基础资料。监视通风空调设备的运行状态、运行参数、耗能指标，通过变频调节、优化控制策略，控制通风空调设备运行在最佳能效状态。

6.6.5 车站环境和设备的管理应符合下列规定：

1 应能对车站环境参数进行统计；

2 应能对设备的运行状况进行统计，优化设备运行，形成维护管理趋势报告。

【编制目的】

本条文规定了环境与设备监控系统对实现车站环境和设备管

理的具体要求。

通过长期的车站环境参数监测，形成车站环境参数的统计数据，进一步掌握其变化规律。通过长期的设备运行状态监视，进一步掌握设备维护管理周期，形成维护管理趋势报告。

通过设置各类变送器可实现对车站公共区和重要设备房的温度、湿度、CO_2浓度、PM 值等环境参数的监测，掌握环境变化规律，为调整环境控制策略提供基础资料。

在车辆基地设置 BAS 维修系统，可监视各车站、控制中心、车辆段所有被控设备的运行状态、运行参数、故障数据，形成维护管理趋势报告。

6.6.6 系统维修应符合下列规定：

1 应能对系统设备进行集中监控和管理，监视全线环境与设备监控系统设备的运行状态；

2 应能对全线环境与设备监控系统软件进行维护、组态、定义运行参数，以及形成系统数据库和修改用户操作界面；

3 应能通过对硬件设备故障的判断，对系统进行实时监控及维护。

本条文规定了环境与设备监控系统的系统维修功能。

环境与设备监控系统的系统设备应采用集中监控管理方式，应实现系统远程实时监控及维护。

在车辆基地设置 BAS 维修系统，可监视各车站、控制中心、车辆段 BAS 的设备运行情况，对全线 BAS 设备进行集中管理，并对全线 BAS 软件进行维护、组态、运行参数的定义、系统数据库的形成及用户操作画面的修改、增加等，同时进行操作记录。通过对硬件设备故障进行判断，为维修人员处理故障提供依据，保证系统工程师在维修车间对系统实时远程监控及维护。

6.6.7 防排烟系统与正常通风系统合用的车站设备应由环境与设备监控系统统一监控。环境与设备监控系统和火灾自动报警系统之间应设置可靠的通信接口，应由火灾自动报警系统发布火灾模式指令，环境与设备监控系统应优先执行相应的火灾控制程序。

【编制目的】

本条文规定了环境与设备监控系统和 FAS 的逻辑关系。

【条文释义】

为保证同一被控设备控制指令的唯一性，避免火灾紧急情况控制方式的转换，规定了防排烟系统与正常通风系统合用的车站设备应由环境与设备监控系统统一监控。通过设置环境与设备监控系统和 FAS 的接口，实现火灾运行模式的触发。

【实施要点】

防排烟系统与正常通风系统合用的车站设备应由环境与设备监控系统统一监控，以保证同一被控设备控制指令的唯一性；专用排烟风机设备由 FAS 直接控制。火灾自动报警控制盘（FACP）与 BAS 的主控制器间设置 RS485 串行通信接口。当车站发生火灾时，车站级 FAS 探测火灾发生的具体位置，并发布相应火灾模式指令至 BAS，BAS 优先执行相应的控制程序，保证防排烟及其他相关设备及时进入排烟救灾状态，避免灾情扩大，尽量减少人身和财产损失。

6.6.8 当地下区间发生火灾或列车阻塞停车时，隧道通风、排烟系统控制命令应由控制中心发布，车站环境与设备监控系统应接收命令并执行。

【编制目的】

本条文规定了区间防排烟模式和阻塞模式的触发条件。

【条文释义】

区间防排烟模式和阻塞模式必须由控制中心发布，区间相邻车站的环境与设备监控系统配合执行。

【实施要点】

当列车在区间发生火灾时，应能接收 ATS 提供的列车区间位置信息，并根据司机利用无线通信方式向 OCC 报告的列车发生火灾部位，由中央工作站发布火灾控制模式，由发生火灾区间相邻车站的环境与设备监控系统执行相应防排烟模式。

当列车在区间发生阻塞时，应能接收 ATS 提供的列车区间阻塞信息，由中央工作站发布区间阻塞控制模式，由相邻车站的环境与设备监控系统执行相应阻塞通风模式。隧道通风造成气流方向应与列车运行方向一致，以满足阻塞工况列车新风量的要求。

6.6.9 车站控制室应设置综合后备控制盘，盘面应以火灾工况操作为主，操作程序应简单、直接、操作权限应高于车站和中央工作站。

【编制目的】

本条文规定了综合后备控制盘的设置要求。

【条文释义】

在车站控制室设置综合后备盘（IBP），当中央级发生通信故障或在车站级人机接口发生故障时，使车站具有后备操作装置，进行紧急情况下的手动后备操作控制，以保证运行安全。

【实施要点】

车站控制室的综合后备盘（IBP）通常由综合监控系统设置，其主要功能包括：信号系统的紧急停车、扣车和放行控制；发生火灾或阻塞情况下，车站通风空调系统和隧道通风系统的模式控制；专用排烟风机控制等。当中央级发生通信故障或在车站级人机接口发生故障时，由站长或其他具有权限的人员直接手动 IBP 模式按钮操作，IBP 盘手动按钮控制具有优先级。

6.6.10 环境与设备监控系统应选择性能可靠，并具备容错性、可维护性且适应城市轨道交通使用环境的工业级标准设备；环境与设备监控系统对事故通风与排烟系统的监控应有冗余设置。

【编制目的】

本条文规定了环境与设备监控系统的系统设备选型和配置的基本标准。

【条文释义】

地铁工程的环境与设备监控系统应采用工业控制系统和与之匹配的相应产品，具备高可靠性、可维护性，并适应地铁工程环境。

【实施要点】

BAS采用工业控制系统，系统配置的设备均应具备较强的抗电磁干扰、抗静电干扰、抑制变频器谐波能力，满足地铁特殊环境条件下（如温度、湿度等）正常使用；现场设备应考虑设备防尘、防腐蚀、防潮、防霉、防震等适合工业环境的控制设备。监控设备选用技术先进、安全可靠、智能化、模块化结构，并具有远程编程功能的设备，输入、输出模块具有带电插拔功能和隔离措施。对事故通风与排烟系统的监控，采用冗余配置的PLC及冗余现场工业总线结构，以提高控制系统的可靠性。主要环节冗余配置亦提高系统的容错性。

6.6.11 环境与设备监控系统软件应为标准、开放和通用的软件，并应具备实时多任务功能。

【编制目的】

本条文规定了环境与设备监控系统的系统软件选型的基本标准。

【条文释义】

环境与设备监控系统的软件应便于各类被控设备的接入，并应可靠、高效。

【实施要点】

系统组件和通信协议遵从国际标准，应采用标准、开放的中间件作为BAS系统软件体系的通信"软总线"，使各层接口便利、通用。实时多任务功能可实现一个任务在特定时间之中占用全部的处理器资源，以实现当前工作任务的效率最大化。

6.7 综合监控系统

6.7.1 控制中心应具有对全线的列车运行、电力供给、环境状况及车站设备、票务运行等全过程进行集中监控、统一调度指挥和管理的功能。

【编制目的】

本条文规定了城市轨道综合监控系统应满足的重要功能。城市轨道交通控制中心是城市轨道交通调度人员进行城市轨道交通调度指挥的核心区域。位于控制中心的城市轨道交通综合监控系统通过集成、互联等方式获取了城市轨道交通信号系统、供电系统、机电系统、自动售检票系统的各种重要信息。这些信息主要包括：列车运行、电力供给、环境状况及车站设备、票务运行等。通过整合这些信息，城市轨道交通综合监控系统为城市轨道交通的调度人员提供了日常指挥、应急抢险的技术平台。

【术语定义】

运营控制中心：调度人员通过使用通信、信号、综合监控（电力监控、环境与设备监控、火灾自动报警）、自动售检票等中央级系统操作终端设备，对地铁全线列车、车站、区间、车辆基地及其他设备的运行情况进行集中监视、控制、协调、指挥、调度和管理的工作场所，简称控制中心。

【条文释义】

综合监控系统是用于支撑城市轨道交通运营指挥的重要系统。位于控制中心的综合监控系统应能够收集城市轨道交通中行车、供电、环控、票务等系统及其他与运营相关的核心设备状态信息，同时应能提供对关键设备进行点控、程控等操作的友好的人机界面，应能提供关键系统、关键设备之间的联动功能。

【实施要点】

位于控制中心的城市轨道交通综合监控系统通过集成、互联等方式将城市轨道交通中信号、供电、机电、广播、视频监控、自动售检票等系统的重要数据进行归集。同时根据条件或调度人

264

员指令，综合监控系统实现了上述弱电系统的联动。本条文规范实施重点在于综合监控系统应通过接口获取信号系统、供电系统、机电系统、自动售检票系统中与调度指挥相关的信息，同时通过接口向这些系统下发联动等调度指令。

6.7.2 应根据城市轨道交通规划线网的规模和建设时序，设置1个或多个控制中心对列车运行进行统一调度指挥。

【条文释义】

在城市轨道交通规划线网中，控制中心的设置是为了方便对列车运行进行统一调度指挥。这样可以有效地保证列车运行的安全、顺利和有序，并有效地满足乘客的出行需求。

根据城市轨道交通规划线网的规模和建设时序，可以设置1个或多个控制中心，以更好地满足调度指挥的需要。在规划线网较大、运营线路较多，或者有多个运营公司的情况下，通常需要设置多个控制中心，以分别负责不同区域或线路的列车运行调度指挥。

【实施要点】

在城市轨道交通线网建设规划中，应对控制中心做全面规划，以便在线网建设的后期扩展时更方便地实施调度指挥，要注意以下几点：

1. 确定扩展方案：应根据线网的特点，确定扩展方案，如建设新的控制中心，或扩容现有的控制中心。

2. 考虑对运营的影响：应考虑不同经营线路运营模式，不同专业调度方式确定控制中心的扩展方式。

3. 考虑扩展的时序：应考虑线网的建设时序，在线网建设的适当时期，进行控制中心的扩容建设。

4. 充分考虑成本：应考虑控制中心扩展的成本，确定合理的扩展方案。

5. 充分考虑人力资源：应考虑扩展后的人力资源需求，确定人力资源配置方案。

6.7.3 控制中心应具备行车调度、电力调度、环境与设备调度、防灾指挥、客运管理、乘客信息管理、设备维修及信息管理等运营调度和指挥功能，并应对城市轨道交通系统运营的全过程进行集中监控和管理。

【编制目的】

本条文规定了对控制中心的运营调度和指挥功能的基本要求。

【条文释义】

控制中心调度岗位的设置和综合监控系统的功能设计应满足行车调度、电力调度、环境与设备调度、防灾指挥、客运管理、乘客信息管理、设备维修及信息管理等运营调度和指挥的管理需求。

【实施要点】

综合监控应为控制中心提供有关的信息和配置相应的设备，如工作站、大屏幕等，满足行车调度、电力调度、环境与设备调度、防灾指挥、客运管理、乘客信息管理、设备维修及信息管理等调度指挥管理需求。控制中心的调度岗位包括行车调度、电力调度、环境与防灾调度、客运调度、维修调度等，可按各地运营管理的需求进行设置，满足对运营的全过程的集中监控和管理。

【背景与案例】

综合监控为满足行车调度、电力调度、环境与设备调度、防灾指挥、客运管理、乘客信息管理、设备维修及信息管理等运营调度和指挥的管理需求，在中央级设置实时服务器、历史服务器、数据存储设备、调度工作站、综合显示屏、通信处理机、网络设备和不间断电源等设备。其中实时服务器、历史服务器、通信处理机和网络设备应采用冗余配置，综合监控的服务器也可以结合云平台技术进行虚拟化配置。

6.7.4 控制中心应兼作防灾和应急指挥中心，并应具备防灾和应急指挥的功能。控制中心的综合监控系统应具备火灾工况监控、区间火灾防排烟模式控制、车站火灾消防应急广播、车站火灾场景的视频监控和乘客信息系统火灾信息发布功能。

【编制目的】

本条文规定了控制中心的防灾和应急指挥功能，并规定了位于控制中心的中央级综合监控系统在火灾工况下的联动功能基本要求。

【术语定义】

模式控制：综合监控系统在事件触发或状态触发下执行的一个控制序列或控制预案。

【条文释义】

控制中心应兼做全线路（或多线路）防灾和应急指挥中心，并应具备防灾和应急指挥功能。多线路的防灾和应急指挥中心应实现信息的互联互通和信息共享，并应统筹规划线网运营协调、防灾和应急指挥中心的职能、系统功能和构成方案。

综合监控系统应具备正常工况、火灾工况、阻塞工况和紧急工况下的联动功能。其中火灾工况下，应具备区间火灾防排烟模式控制、车站火灾消防应急广播、车站火灾场景的视频监控和乘客信息系统的火灾信息发布功能。

【实施要点】

当区间隧道内发生火灾时，无法通过设备和系统自动准确地判定发生火灾的位置，因此综合监控系统中央级下发隧道通风模式命令之前，应通过人工方式确认火灾位置和列车位置后再进行命令下发。地铁车站空调通风兼备火灾排烟功能的风机设备，模式控制应由 BAS 执行，以保证同一被控设备控制指令的唯一性，避免火灾紧急情况控制方式的转换；对于专用排烟风机设备由 FAS 直接控制。

【背景与案例】

地铁列车、隧道和车站都可能发生火灾。当区间隧道内发生火灾时，将根据发生火灾的位置及列车的位置，由综合监控系统中央级下发命令到相邻两个车站的综合监控系统并发送到车站环境与设备监控系统（BAS），启动车站两端隧道风机，确定排烟方向，引导乘客安全撤离，同时启动车站消防广播及乘客信息系统发布火灾信息，在运营控制中心调度员工作站或大屏幕上可联动相关视频画面。当车站发生火灾时，火灾自动报警系统

（FAS）同时把火灾报警信息传送到车站环境与设备监控系统和车站综合监控系统；车站环境与设备监控系统将启动车站排烟模式，同时车站综合监控系统启动车站消防广播以及乘客信息系统发布火灾信息，在运营控制中心调度员工作站或大屏幕上可联动相关视频画面。

6.7.5 控制中心应设置火灾自动报警、环境与设备监控、火灾事故广播、自动灭火、水消防、防排烟等消防设施控制系统。多线路中央控制室应设置自动灭火系统。

【编制目的】

本条文规定了控制中心建筑楼宇应具备的消防设置及控制系统基本要求。

【术语定义】

多线路中央控制室：指按多条线路合设的规模进行设计和预留的中央控制室。

【条文释义】

控制中心为一级保护对象，应设置火灾自动报警、环境与设备监控、火灾事故广播、自动灭火、水消防、防排烟等消防系统；重要的电气设备房应设置自动灭火系统；与通风空调系统合用的防排烟系统，其联动控制应由环境与设备监控系统实现。当控制中心按多线路规模进行设计，其规模较大时，中央控制室应设置水喷淋、细水雾或其他适宜自动灭火系统，具体设置方式应参照相关消防规范，并与当地消防部门协商确定。

【实施要点】

控制中心应设置消防控制室，将火灾自送报警系统、环境与设备监控系统及火灾事故广播系统等的操作台或工作站设置在消防控制室，24小时值班，对大楼消防安全进行监控管理。

【背景与案例】

当控制中心大楼设置在车辆基地内时，控制中心的消防管理功能应与车辆基地统筹考虑，控制中心消防控制室可与车辆基地消防控制室合设，对车辆基地整体消防安全进行集中管理和监控，便于在紧急情况下组织事故救援和应急处理，也可降低工程投资和运营管理成本。

6.7.6 控制中心的综合监控系统应具备重要控制对象的远程手动控制功能。车站控制室综合后备盘应集中设置对集成和互联系统的手动后备控制。

【编制目的】

本条文规定了控制中心综合监控系统的控制功能要求及车站控制室综合后备盘的手动后备控制要求。

【术语定义】

集成系统：全部系统功能由综合监控系统实现的自动化系统，是综合监控系统的一部分。

互联系统：具有自身完整的系统结构，并保持系统独立运行，与综合监控系统通过外部接口进行信息交互，实现信息互通、共享和联动控制功能的自动化系统。

【条文释义】

综合监控系统应采用集成和互联方式构建，并应将电力监控、环境与设备监控和站台控制等系统集成到综合监控系统，同时宜将广播、视频监控、乘客信息、时钟、自动售检票、门禁等系统与综合监控系统互联，也可互联防淹门、通信集中告警等监控信息。综合监控系统应具备对被集成系统的监控和管理，以及对互联系统的监控和联动控制功能。综合监控系统应具备组群控制、模式控制和手动控制功能。综合后备盘（IBP）应支持在设备故障或火灾等情况下车站的关键手动控制功能。

【实施要点】

综合监控集成的电力监控专业和环境与设备监控专业是综合监控系统的主体。火灾自动报警系统是否集成到综合监控系统主要由当地消防管理部门确定，推荐采用集成接入方式。列车自动监控系统集成到综合监控系统是技术发展的趋势，但应视工程的客观条件是否成熟而定。各地综合监控系统在具体实施集成范围时，可根据各地的运营管理需求做调整。

IBP 盘在满足站台紧急停车、扣车与放行功能；通风排烟系统紧急模式控制功能；自动检票机释放功能；门禁释放功能；电扶梯停止控制和站台门开门控制功能等要求的基础上，可根据运营需要增加其他功能。

【背景与案例】

综合监控系统应具备对被集成系统的监控和管理，以及对互联系统的监控和联动控制功能。综合监控系统应具备组群控制、模式控制和手动控制功能。联动功能的实现可通过特定的事件、规定的事件和必要的人工介入。例如，车站火灾事件触发闸机释放的联动，但为保证准确性，一般会在操作终端弹出报警界面，通过人工点击确认后触发闸机全部打开疏散乘客。因此事件触发、时间触发和人工触发是联动功能的基本元素，可通过三种基本触发方式的组合满足运营需求。系统点控则为可独立改变某一对象运行状态的控制操作，包括设备的启动／停止、开关的合／分、自动装置投入／撤除等操作。

在车站控制室设置综合后备盘（IBP），当中央级发生通信故障或在车站级人机接口发生故障时，使车站具有后备操作装置，进行紧急情况下手动后备操作控制，以保证运营安全。IBP 具备如下主要功能：信号系统的紧急停车、扣车和放行控制；发生火灾或紧急情况下，车站通风空调系统和隧道通风系统的模式控制（包括隧道通风系统、车站大系统、车站小系统等火灾模式）；自动售检票系统的闸机解锁控制；自动扶梯的停机控制；消防水泵的启停控制；站台门开启控制；非消防电源切除；显示消火栓泵的运行、故障和手／自动状态，以提高对重要消防设备进行监控的可靠性。当车站级工作站发生故障时，直接手动操作 IBP 模式按钮，IBP 盘手动按钮控制具有优先级。

6.8 自动售检票系统

6.8.1 车站控制室应设置紧急控制按钮，并应与火灾自动报警系统实现联动，当车站处于紧急状态或设备失电时，自动检票机阻挡装置应处于释放状态。

【编制目的】

本条文编制的主要目的是明确紧急控制按钮与火灾自动报警联动的需要，满足紧急状态或失电时释放动作。

【术语定义】

紧急控制按钮：设置在车站控制室综合后备盘（IBP）上的按钮，可带保护罩，紧急情况下，站务员可按此按钮实现自动检票机阻挡装置释放，满足乘客疏散。

自动检票机阻挡装置：自动检票机阻挡乘客无障碍通行的装置，目前地铁主要存在三种自动检票机，三杆式检票机中阻挡装置为旋转三杆机构，紧急释放时三杆垂直下落；剪式检票机中阻挡装置为剪式扇门，紧急释放时扇门扇页回缩至检票机内；拍打式检票机中阻挡装置为拍打扇门，紧急释放时扇门扇页回缩至检票机侧边缘。

【条文释义】

自动售检票系统紧急控制按钮应设置在车站控制室，紧急按钮控制箱放置在设备室或车站控制室，紧急控制按钮通过紧急按钮控制箱控制自动检票机阻挡装置释放。自动售检票系统紧急控制按钮和紧急按钮控制箱应与火灾自动报警系统实现联动，即当车站处于紧急状态时，火灾自动报警系统可向紧急按钮控制箱发送指令，控制自动检票机阻挡装置释放；当紧急控制按钮被站务员按下时，按钮动作状态变化信号应传递至火灾自动报警系统。另外，当自动检票机失电时，阻挡装置应处于释放状态。

【实施要点】

当设备失电时，设备无法执行紧急控制按钮或火灾自动报警系统下发的联动指令，为确保阻挡装置紧急情况下的释放状态，因此要求设备失电时，阻挡装置应处于释放状态。

6.8.2 自动售检票系统的防雷接地与交流工频接地、直流工作接地、安全保护接地应共用综合接地体，接地装置的接地电阻值应按接入设备要求的最小值确定，其接地测试值不应大于 1Ω。

【编制目的】

本条文编制的主要目的是明确自动售检票系统的防雷接地方式，接地需要。

【术语定义】

综合接地体：由车站垂直接地体、水平接地体、接地引出线及接地引出装置构成的整体综合接地设施。

【条文释义】

自动售检票系统的防雷接地、交流工频接地、直流工作接地、安全保护接地等最终都通过各类接地线接入车站整体的综合接地体。接地装置的接地电阻值应按接入设备要求的最小值确定，同时满足接地电阻不大于 1Ω。

【实施要点】

车站机柜，站厅终端设备，金属管、槽，接线盒，分线盒等各类设备应进行电气连接并可靠接地。

6.9 自动扶梯、电梯系统

6.9.1 自动扶梯、电梯的配置及数量应满足最大预测客流量的需要。

【编制目的】

本条文编制的主要目的是明确自动扶梯、电梯的配置及数量应满足远期最大预测客流量的需要。

【术语定义】

自动扶梯：带有循环运行梯级，用于向上或向下倾斜运输乘客的固定电力驱动设备。

电梯：一般指曳引电梯，通过悬挂钢丝绳与驱动主机曳引轮槽的摩擦力驱动的电梯。

【条文释义】

城市轨道交通不同车站的最大预测客流量存在差异，各车站的自动扶梯、电梯的布局及数量，应满足各车站最大预测客流量及无障碍需求。

【实施要点】

通过车站的整体方案及最大预测客流量，结合自动扶梯的最大通过能力及无障碍电梯通行需求，计算各部位自动扶梯、电梯的最低配置及数量。

6.9.2 自动扶梯、电梯运行强度应满足每天连续运行时间不少于20h、每周合计不少于140h。

【编制目的】

本条文编制的主要目的是明确自动扶梯、电梯的运行强度。

【条文释义】

结合国内城市轨道交通运营情况，对自动扶梯、电梯设备提出了每天连续运行时间不少于20h、每周合计不少于140h的运行强度要求。

【实施要点】

设备的运行强度影响设备的运行安全性及工作寿命。自动扶梯、电梯应按照本条文约定的运行强度进行设计、制造，确保设备的运行安全性及工作寿命。

6.9.3 自动扶梯应符合下列规定：

1 应采用公共交通重载型自动扶梯，在运行的任意3h内，能以100%制动载荷连续运行的时间不应少于1h；

2 应有明确的运行方向指示；

3 应配备紧急停止开关；

4 应设置附加制动器；

5 传输设备应采用阻燃材料；

6 自动扶梯应全程纳入视频监视范围；

7 自动扶梯主驱动链的静力计算的安全系数不应小于8，当采用链条传动时，链条不应少于2排，当采用三角传动皮带时，皮带不应少于3根；

8 当自动扶梯名义速度为0.5m/s时，上下水平梯级数量不应少于3块；当名义速度为0.65m时，上水平梯级数量不应少于4块，下水平梯级数量不应少于3块；当名义速度大于0.65m/s

时，上水平梯级数量不应少于 5 块，下水平梯级数量不应少于 4 块；

9 当扶手带外缘与任何障碍物之间距离小于 400mm 时，在自动扶梯与楼板交叉处以及各交叉设置的自动扶梯之间，应在扶手带上方设置无锐利边缘的垂直防护挡板，其高度不应小于 0.3m，且至少延伸至扶手带下缘 25mm 处。

【编制目的】

本条文编制的主要目的是明确重载型自动扶梯相关配置要求的规定。

【术语定义】

重载型自动扶梯： 设计用于城市轨道交通等公共场合，在规定的载荷条件下能长期安全运行，并能达到规定工作寿命的自动扶梯。

制动载荷： 梯级上的载荷，并以此载荷设计制动系统制停自动扶梯。

附加制动器： 相对于工作制动器而言额外的制动器，附加制动器保证在工作制动器失效的情况下扶梯仍能制停。

安全系数： 驱动元件的破断力与驱动元件所受静力之比，静力是指自动扶梯受到规定的 5000N/m^2 的载荷，同时还承受张紧装置所产生的张力。

水平梯级： 自动扶梯上、下水平段外露可见的梯级。

垂直防护挡板： 在自动扶梯与障碍物形成交叉的部位，为降低伤害垂直设置的防护挡板。

【条文释义】

1. 本条款对城市轨道交通自动扶梯的类型及工作荷载强度进行了要求。公共交通重载型自动扶梯相对于普通自动扶梯承载的客流量大、运行时间长，因此要求城市轨道交通自动扶梯在运行的任意 3h 内，能以 100% 制动载荷连续运行的时间不应少于 1h 的要求。其中制动载荷是自动扶梯以此载荷设计制动系统制停自动扶梯，对于重载型自动扶梯通常以 100% 制动载荷作为自动扶梯的额定载荷，要求自动扶梯能以100%制动载荷连续运行，是对重载型自动扶梯自身承载能力的要求。按统一行业规定乘客的重量设定是75kg/人，但由于认为自动扶梯在运行中不可能每个梯级均站2人，因此对于名义宽度lm的自动扶梯，以满载系数0.8时的负载（120kg/梯级，相当于每个梯级上站了1.6个人）为制动载荷，用于制动力计算。鉴于0.8的满载系数在大客流的公共交通场所的高峰时段时有出现，同时考虑合理的裕量，因此以制动载荷作为重载型自动扶梯的额定载荷是合理的。

需要说明的是制动载荷和额定载荷是对自动扶梯自身能力要达到的要求，但在第6.9.1条中提及的自动扶梯的配置数量应满足最大预测客流量需要中，自动扶梯的最大输送能力并不是以制动载荷来考虑的，可按照现行国家标准《自动扶梯和自动人行道的制造与安装安全规范》GB 16899—2011附录H的"最大输送能力"来计算自动扶梯的配置数量。

2.本条款要求自动扶梯在出入口处应有明确的运行方向指示，主要是方便乘客辨认，正确乘坐自动扶梯。城市轨道交通自动扶梯客流量大，乘客群体类型较多，同时自动扶梯一般会结合实际客流情况设置了节能模式，在无乘客乘坐时进入节能速度运行或停止，为方便乘客判断自动扶梯运行方向，因此提出该要求。

3.本条款自动扶梯应有在紧急情况下使其停止的紧急停止开关。紧急停止开关应设置在自动扶梯出入口附近、明显而易于接近的位置。自动扶梯上的紧急停止开关之间的距离不应大于30m，为保证上述距离要求，必要时应设置附加紧急停止开关。

4.本条款对自动扶梯设置附加制动器进行了规定。自动扶梯自身配置了工作制动器进行制停。但从以往事故情况来看，当自动扶梯发生电动机与减速机联轴器的分离、主机底座固定螺栓脱落和断裂、驱动链断裂等原因造成梯级链轮与驱动主机之间的动力分离，此时工作制动器失效，因此需要设置作用于梯级链轮主轴的附加制动器，以保证工作制动器失效的情况下扶梯仍能被制停。

5. 为了防止燃烧造成事故，要求自动扶梯的传输设备应采用阻燃材料，传输设备主要包括梯级、梳齿板、扶手带、传动链、梯级链、传动机构、护壁板、内外盖板、围裙板及其防夹装置、外装饰板等。

6. 自动扶梯是车站内主要的客运设备，同时其梯级等运动部件裸露面向乘客实现运输。据统计，发生在自动扶梯上的客伤占轨道交通客伤总数的比例较高，部分城市甚至达到 60%。因此自动扶梯应全程纳入视频监视范围，及早发现发生的事故，减少伤害。同时对于具有远程启动／停止自动扶梯需求的车站，则需要通过对自动扶梯全程视频监视在确认安全的情况下才能进行远程启动／停止操作。因此提出该条要求。另全程纳入视频监视范围是指整个自动扶梯区域（包括上、下机房盖板）都应在视频监视范围之内。

7. 驱动链断裂属于重大事故，为进一步减少驱动链断裂的风险，要求驱动链的静力计算的安全系数不应小于 8。重载型自动扶梯应优先采用非摩擦传动元件，例如，采用链条作为主机与主驱动轴之间的传动部件，如果采用三角传动皮带的摩擦传动元件，则按照现行国家标准《自动扶梯和自动人行道的制造与安装安全规范》GB 16899—2011 的要求，如果采用三角传动皮带时，皮带不应少于 3 根。此处同时提出采用链条传动时，链条不应少于 2 排，目的均是为了提高驱动链条的安全性能。

8. 本条款结合重载型自动扶梯客流拥挤的情况，提出了结合自动扶梯运行速度采用对应的水平梯级数量的要求来确保水平段的长度。从扶梯出入口至倾斜段起点的水平移动段是乘客进、出扶梯时的过渡段，其长度的选取会影响乘客出入扶梯的平稳性，较长的水平梯级有利于乘客进入扶梯后有合适的时长调整好步伐、姿态进入倾斜段，也有利于乘客从倾斜段离开扶梯前有合适的时长观察出口位置，安全离开扶梯运行部位，对于防止乘客进出扶梯运动部位时失稳能有良好作用。

9. 本条款基于建筑物可能造成乘客的碰撞以及夹入等风险，提出了采取相应预防措施的要求。如果建筑障碍物会引起人员伤害，则应采取相应的预防措施，例如，车站建筑的楼层板、结构柱（梁）、装修离壁墙等障碍物与自动扶梯的相交处产生了锐角的夹角时，则该部位可能会对乘客的头等部位产生挤夹伤害，应设置垂直防护挡板。

【实施要点】

1. 城市轨道交通按照规定应选用重载型自动扶梯；

2. 在自动扶梯设计、制造过程中考虑设置明确的运行方向指示，现场人员可通过扶梯实际运行方向与指示的关系判断实施的准确性；

3. 观察紧急停止开关是否设置在自动扶梯出入口附近、明显而易于接近的位置，同时在相邻紧急停止开关距离超过 30m 时，应在两个开关之间增加紧急停止开关，保证紧急停止开关之间的距离不应大于 30m；

4. 通过自动扶梯结构确认附加制动器结构形式及安装位置，可通过测试判断附加制动器是否有效起作用；

5. 自动扶梯的梯级、梳齿板、扶手带、传动链、梯级链、传动机构、护壁板、内外盖板、围裙板及其防夹装置、外装饰板等是重要的传输设备，应采用阻燃材料；

6. 车站通信专业的相关监视设备应满足整个自动扶梯区域（包括上、下机房盖板）都应在视频监视范围之内；

7. 要求通过计算或测试证明重载型自动扶梯主驱动链的安全系数不小于 8，同时通过主动链结构进行确认，当采用链条传动时，链条不应少于 2 排，当采用三角传动皮带时，皮带不应少于 3 根；

8. 应合理设置自动扶梯井道、结构参数，确保自动扶梯的上、下水平梯级数量满足本条款的相关要求；

9. 结合自动扶梯设置的现场，当发现建筑物可能造成乘客的挤夹等风险时，应在扶手带上方设置无锐利边缘的垂直防护挡板，其高度不应小于0.3m，且至少延伸至扶手带下缘25mm处。

6.9.4 电梯应符合下列规定：

1 电梯的配置应方便残障乘客使用；

2 电梯的操作装置应易于识别、便于操作；

3 当车站发生火灾时，电梯接收到消防指令后应能自动运行到设定层，并打开电梯轿厢门和层门；

4 电梯轿厢内应设有专用通信设备，保证内部乘客与外界的通信联络；

5 电梯轿厢内应设视频监视装置；

6 电梯应具备停电紧急救援功能；

7 电梯井道内不应布置与电梯无关的管线。

【编制目的】

本条文编制的主要目的是明确电梯的设备配置及其配套环境的要求。

【术语定义】

轿厢： 用以运载乘客和（或）其他载荷的电梯部件。

轿厢门： 轿厢的出入口设置的可水平滑动的门。

层门： 各层站用于乘客进出轿厢的井道开口处设置的可水平滑动的门。

电梯井道： 电梯轿厢、对重（或平衡重）运行的空间。通常，该空间以地坑底、墙壁和井道顶为界限。

【条文释义】

1. 城市轨道交通工程作为市政工程的重要部分，其面向乘客服务的电梯配置应充分考虑无障碍的规范要求，应方便残障乘客使用。

2. 城市轨道交通车站电梯面向乘客类型众多，因此电梯的操作装置应易于识别、便于操作，必要时可增加相应的标识。

3. 根据现行国家标准《火灾自动报警系统设计规范》GB 50116—2013要求：消防联动控制器应具有发出联动控制信号强

制所有电梯停于首层或电梯转换层的功能。结合城市轨道交通车站的特点，电梯在接收到消防指令后应能自动运行至设定层，设定层一般为往疏散方向（指往地面方向）的所在层，同时到达设定层后打开电梯轿厢门及层门，允许所有乘客离开电梯，电梯退出正常服务。

4. 电梯轿厢内主要人员为乘客，轿厢内应设有专用通信设备，保证内部乘客与外界的通信，确保乘客在轿厢内有求助需求可通过专用通信设备与外界进行联络。

5. 电梯轿厢内应设视频监视装置，可实现日常运营及紧急情况下对轿厢内部的视频监视，了解轿厢内实时状况。同时当电梯内有乘客救助电话时，可通过视频了解乘客状态，便于安抚和指导乘客。

6. 城市轨道交通车站的电梯一般按二级负荷配电，考虑极端情况下停电时，电梯应具备对应的措施实现紧急救援的要求。

7. 根据现行国家标准《电梯制造与安装安全规范 第1部分：乘客电梯和载货电梯》GB/T 7588.1—2020的要求：井道、机房和滑轮间不应用于电梯以外的其他用途，也不应设置非电梯用的线槽、电缆或装置。

【实施要点】

1. 车站内面向乘客服务的电梯是重要的无障碍设施，无障碍电梯的候梯厅、轿厢等配置应符合现行国家标准《无障碍设计规范》GB 50763—2012、《建筑与市政工程无障碍通用规范》GB 55019—2021、《适用于残障人员的电梯附加要求》GB/T 24477—2009的规定。

2. 电梯面向乘客的操作装置，包括各层站的外召、轿厢内的主操纵装置、副操纵装置应易于识别、便于操作。

3. 本条约定了发生火灾时电梯的相关操作，电梯按照消防指令自动运行到设定层后，打开电梯轿厢门和层门。同时应明确电梯是否纳入车站切除非消防电源的范围，若电梯需进行切非，则火灾自动报警系统应对电梯进行延时切非，满足电梯返回到指定层并允许所有乘客离开电梯。按照现行国家标准《火灾情况下的电梯特性》GB/T 24479—2023 的要求，电梯收到消防指令后的相关动作应符合以下要求：

1）所有的层站控制和轿厢控制，包括"重开门按钮"均应变为无效；

2）所有已登记的召唤都应被取消；

3）电梯应按下列方式执行由接收到的信号所触发的指令：

（1）动力驱动的自动门的电梯，如果是停在层站处，应关门，中间不停层直接运行到指定层；

（2）手动门或动力驱动的非自动门的电梯，如果正开着门停在层站，应在该层站保持原状态。如果门关着，电梯应中间不停直接运行到指定层；

（3）正在驶离指定层的电梯，应在最近的可停靠楼层正常停止，不开门，然后立刻改变方向，返回到指定层；

（4）正在驶向指定层的电梯，应继续运行且中间不停层直接运行到指定层（注：如果电梯已经开始向非指定层减速，可正常停层但不开门，然后立刻运行到指定层且中间不停层。）；

（5）如果电梯由于安全装置动作而停止运行，应保持原状态。

4. 电梯应能实现轿厢、车站控制室、控制柜或机房之间的三方通话功能可满足运营需求；是否按"五方通话"功能来进行设计可视具体工程的特点而定。

5. 电梯轿厢内应设视频监视装置，视频监视系统应与车站通信系统兼容，纳入通信系统统一监视。

6. 城市轨道交通电梯应具备停电紧急救援功能。根据现行国家标准《电梯型式试验规则》TSG T 7007—2022 的规定，电梯应设置手动紧急操作装置，该装置应当符合以下要求：

1）曳引或者强制驱动电梯应当能采用持续手动操作的机械（如杠杆）或者由自动充电的紧急电源供电的电气装置打开驱动主机制动器；除轿厢载有平衡载荷偏差不超过 ±10% 的载荷外，

如果手动释放制动器后仅在重力作用下不能移动轿厢，应当能通过手动机械装置或者独立于主电源供电的手动操作电动装置将轿厢移动到附近层站；在紧急操作处应当易于检查轿厢是否在开锁区域。

2）如果曳引或者强制驱动电梯的移动可能带动手动机械装置，则该装置应当是一个平滑且无辐条的轮子。如果该装置是可拆卸的，则应当放置在机器空间内容易接近的地方；如果该装置有可能与相配的驱动主机混淆，则应当作出适当标记；如果该装置可从驱动主机上拆卸或者脱出，应当有一个电气安全装置最迟在该装置连接到驱动主机上时起作用；如果手动机械装置向上移动载有额定载重量的轿厢所需操作力超过400N或者没有设置手动机械装置，应当设置紧急电动运行控制装置。

3）曳引或者强制驱动电梯的手动操作电动装置应当能在开始紧急操作后的1h内以不超过0.30m/s的速度将轿厢移动到附近层站。

4）液压驱动电梯（如有）手动紧急操作装置应当符合现行国家标准《电梯制造与安装安全规范 第1部分：乘客电梯和载货电梯》GB/T 7588.1—2020的规定。

轿厢载有从空载到额定载重量的任何载荷，按照应急救援程序操作，能够使处于停电和停梯故障状态的电梯轿厢慢速移动到开锁区域；用于应急救援的工具应当放置在电梯现场。

7. 井道不应设置非电梯用的线槽、电缆或装置，与电梯配合使用的动力照明、通信、火灾自动报警、环境与设备监控等专业的线槽、电缆或装置不纳入此范围。

6.10 站台屏蔽门系统

6.10.1 站台屏蔽门应保障乘客顺利通过，当列车停靠在站台任意位置时，屏蔽门均应能满足车上乘客的应急疏散需要。

【编制目的】

本条文编制的主要目的是明确站台屏蔽门的功能定位，提出站台屏蔽门应具备的基本功能要求。

【术语定义】

站台屏蔽门：安装在车站站台边缘，将行车的轨道区与站台候车区隔开，设有与列车门相对应、可多级控制开启与关闭滑动门的连续屏障。

【条文释义】

站台屏蔽门应至少满足以下功能要求：

1. 正常情况下，为乘客提供上、下车通道；

2. 当列车停靠在站台任意位置时，能为乘客提供疏散通道。

【实施要点】

1. 站台屏蔽门的门体结构布置根据车辆编组资料确定，应设置与列车客室门一一对应的具备开启与关闭功能的滑动门，每道滑动门的净开度根据列车的停车精度及列车客室门净开度确定，一般不应小于：列车客室门开度＋2倍停车精度。

2. 站台屏蔽门的门体结构布置应在适当位置设置应急门，应急门的设置应确保在列车进站后停靠在站台任意位置时至少有1道应急门或滑动门与客室门相对应。

考虑列车刚进入站台范围时的应急疏散要求，站台屏蔽门端部的应急门设置位置应尽可能靠近端部，即原则上站台屏蔽门端部第1道和第2道滑动门之间的固定门应设置为应急门。

正常情况下，应急门一般当作固定门使用，在列车进站未停靠在误差范围内且无法动车时，可由乘客在轨道侧列车上打开相对应的列车门后推动应急门的解锁装置，或由站台侧站台工作人员用专用钥匙打开应急门进行紧急疏散。

应急门上设有应急门锁装置，车站工作人员可用钥匙在站台侧开启应急门。轨道侧设有开门推杆，推杆与门锁联动，乘客在轨道侧推压开门推杆将门打开，门打开后能自动复位关闭，应急门向站台侧旋转90°平开，应急门开启范围不宜设置盲道，以免影响应急门正常打开，同时应急门前方应有足够的疏散宽度，确保紧急情况下乘客有序疏散。

6.10.2 站台屏蔽门的结构应能同时承受人的挤压和活塞风载荷的作用。

【编制目的】

本条文编制的主要目的是明确站台屏蔽门门体的结构强度要求。

【条文释义】

站台屏蔽门安装在站台边缘，正常情况下，站台屏蔽门主要受乘客挤压和活塞风载荷的作用，站台屏蔽门门体结构强度至少应能承受各种运行工况下这两类载荷的叠加作用。乘客挤压力作用方向一般垂直站台屏蔽门门体指向轨道侧；在列车进站时，活塞风载荷的作用方向为垂直于站台屏蔽门门体指向站台侧、在列车出站时，活塞风载荷的作用方向为垂直于站台屏蔽门指向轨道侧。

【实施要点】

需要注意的是，本条文仅规定了站台屏蔽门应同时承受的载荷，不应理解为全部载荷要求。根据工程经验，站台屏蔽门承受的载荷条件一般包括：

1. 站台屏蔽门站台设备自重；

2. 活塞风载荷（地下车站）；

3. 风荷载（高架及地面车站）；

4. 乘客挤压载荷；

5. 乘客撞击载荷；

6. 地震载荷。

站台屏蔽门结构应在上述载荷最不利的组合作用情况下，门体弹性变形应符合限界及设计要求，门体结构不应出现永久变形或影响屏蔽门操作的情形。工程设计时，应按上述载荷条件最不利载荷组合情况下进行设计及测试验证。

6.10.3 在正常工作模式时，站台屏蔽门应由司机或信号系统监控；当站台屏蔽门关闭不到位时，列车不应启动或进站。

【编制目的】

本条文编制的主要目的是明确站台屏蔽门控制模式及与列车（信号）连锁的安全基本要求。

【条文释义】

根据工程经验及相关规范，正常工作模式下站台屏蔽门整侧滑动门的控制方式主要有系统级控制、站台级控制和IBP盘控制三种模式，其中IBP盘控制模式的级别为最高，系统级控制模式的级别为最低。

1. 系统级控制：系统级控制是在正常运行模式下由信号系统直接对站台屏蔽门进行控制的方式。在系统级控制方式下，列车到站并停在允许的误差范围内时，信号系统向站台屏蔽门发送开／关门命令，控制命令经信号系统发送至站台屏蔽门单元控制器，单元控制器通过门控单元对门体进行实时控制，实现站台屏蔽门的系统级控制操作。当所有滑动门／应急门关闭且锁紧之后，安全回路导通，向信号系统发送"所有滑动门／应急门关闭且锁紧"信息。

2. 站台级控制：站台级控制是由列车驾驶员或站务人员在站台PSL上对站台屏蔽门进行开／关门的控制方式。当系统级控制功能不能正常实现时，列车驾驶员或站务人员可在PSL上进行开／关门操作，实现站台级控制操作。当所有滑动门／应急门关闭且锁紧之后，安全回路导通，向信号系统发送"所有滑动门／应急门关闭且锁紧"信息。

3. IBP盘控制模式：紧急情况下由专人通过IBP盘对站台屏蔽门的开／关门进行紧急控制。当所有滑动门／应急门关闭且锁紧之后，安全回路导通，向信号系统发送"所有滑动门／应急门关闭且锁紧"信息。

综上所述，正常工作模式时，站台屏蔽门由信号系统进行开／关控制，当信号系统对站台屏蔽门控制失败时，为满足运营功能，一般进行降级处置，由列车驾驶员或站务人员操作就地控制盘进行开关控制。

为保障乘客及行车安全，信号系统对站台屏蔽门是否所有滑动门／应急门关闭且锁紧信号进行采集，当站台屏蔽门因夹人夹物或系统故障关闭不到位时，"所有滑动门／应急门关闭锁紧"形成的安全回路将断开，列车应不能启动或进站。

【实施要点】

站台屏蔽门系统通过与信号系统设置接口实现信号系统对站台屏蔽门的开启和关闭控制功能。当信号系统未收到站台屏蔽门"所有滑动门／应急门关闭锁紧"安全回路信号时，列车不能启动或进站。

6.10.4 站台屏蔽门的每一扇滑动门应能在站台侧或轨道侧手动打开或关闭。

【编制目的】

本条文编制的主要目的是明确站台屏蔽门因单个滑动门单元故障无法通过电气控制相应滑动门开／关时，在轨道侧及站台侧可手动开／关门的基本要求。

【条文释义】

站台屏蔽门因单个滑动门单元故障无法通过电气控制相应滑动门开／关时，为满足乘客疏散要求，站台屏蔽门应具备以机械方式手动打开滑动门的功能，轨道侧主要面向乘客的自救应急操作需要，站台侧主要面向站务人员在站台上应急救援的需要。

【实施要点】

站台屏蔽门每个滑动门在轨道侧设置把手等手动解锁设施，在站台侧设置钥匙开关等手动解锁设施，当单个滑动门单元故障无法通过电气控制该滑动门开／关时，通过该机械方式手动解锁，疏散乘客。

6.10.5 站台屏蔽门应设置应急门，站台两端应设置供工作人员使用的专用工作门。应急门和工作门不受站台屏蔽门系统的控制。

【编制目的】

本条文编制的主要目的是明确应急门、工作门等的设置要求。

【术语定义】

应急门：站台屏蔽门设施上的应急装置，紧急情况下，当乘客无法正常从滑动门进出时，供乘客由车内向站台疏散的门。

工作门：设置在站台两端，用于工作人员进出站台公共区与设备区而设置的通道门。

【条文释义】

站台屏蔽门应急门的设置应确保在列车进站后停靠在站台任意位置时至少有1道应急门或滑动门与客室门相对应。站台两端设置工作门的目的是方便工作人员（包括站务，司机等）进出设备区和站台公共区的需要。值得注意的是，根据建筑布置及运营习惯等不同，站台屏蔽门端门可兼做工作门，此时该门不仅应具备满足工作人员（包括站务，司机等）进出的需要，还应满足列车停在轨行区，乘客从轨行区向站台公共区疏散的需要。

根据应急门、工作门的使用功能及使用场景，应急门和工作门的开／关不属于站台屏蔽门三级控制范围，不应受站台屏蔽门系统的控制。

【实施要点】

站台屏蔽门的门体结构布置应在适当位置设置应急门，应急门的设置应确保在列车进站后停靠在站台任意位置时至少有1道应急门或滑动门与客室门相对应。

考虑列车刚进入站台范围时的应急疏散要求，站台屏蔽门端部的应急门设置位置应尽可能靠近端部，即原则上站台屏蔽门端部第1道和第2道滑动门之间的固定门应设置为应急门。

应急门和工作门虽然不受站台屏蔽门系统的控制，但应满足以下技术要求：

1. 应急门门锁状态信号应纳入站台屏蔽门系统监视，并上传综合监控在车控室显示及报警，门锁状态应纳入站台门系统的"所有滑动门／应急门关闭且锁紧"安全回路中。

2. 工作门门锁状态信号应纳入站台屏蔽门系统监视，并上传综合监控在车控室显示及报警，门锁状态不应纳入站台门系统的

"所有滑动门/应急门关闭且锁紧"安全回路中。

6.10.6 站台屏蔽门系统应按一级负荷供电，并应设置备用电源。

【编制目的】

本条文编制的主要目的是明确站台屏蔽门配电的基本要求。

【条文释义】

站台屏蔽门为到站列车乘客提供进出站台的通道，根据地铁用电设备的负荷分级规定站台屏蔽门电源为一级负荷，同时配置后备电源，以提高系统可靠性。

【实施要点】

站台屏蔽门的外电源应采用双重电源供电，当一电源发生故障时，另一电源不应同时受到损坏，站台屏蔽门后备电源应满足30min内本站全部滑动门完成开/关3次循环的需要。

6.10.7 驱动电源的输出回路数应满足对应一节车厢的某个滑动门的回路电源故障时，对应该节车厢的其余滑动门应能够正常工作。

【编制目的】

本条文编制的主要目的是对站台屏蔽门配电回路提出技术要求，降低配电故障对系统功能的影响。

【条文释义】

根据车辆编组和客室门的布置，站台屏蔽门对应每节车厢设置有多道滑动门，站台屏蔽门的配电回路设计上应按照同一节车厢对应的若干道滑动门配电不是同一个回路进行设计，实现当某个配电回路故障时，避免出现同一节车厢所有滑动门均无法实现开/关门的情况。

【实施要点】

驱动电源的输出回路数应满足不小于每个编组车门数量，如A型车每节车厢有5道客室门，配电回路不应小于5个回路，B型车每节车厢有4道客室门，配电回路不小于4个回路，每个配电回路分别连接不同车厢的一道客室门对应的滑动门，实现交叉配电。

6.10.8 站台屏蔽门应具有障碍物探测功能。

【编制目的】

本条文编制的主要目的是明确站台屏蔽门关闭遇到障碍物的功能要求，提高安全性和可靠性。

【条文释义】

站台屏蔽门在关闭过程中，应能感知到有障碍物存在并释放关门力，保障乘客安全。阻止滑动门关闭的力不应大于150N（匀速运动区间）。

【实施要点】

站台屏蔽门滑动门在关门过程中，如遇到障碍物，将停止关门，停止3秒（可调）后再进行重关门，如果重关门进行3次（1~5次可调）后仍无法关闭，则滑动门将处于全开状态且报警。检测到障碍物的要求一般为最小厚度为5mm且最小宽度为40mm的硬质障碍物。

6.10.9 站台屏蔽门系统所采用的绝缘材料、密封材料和电线电缆等应为无卤、低烟的阻燃材料，且不应含有放射性成分。

【编制目的】

本条文编制的主要目的是明确站台屏蔽门材料选型以及对电线电缆选型的基本要求。

【条文释义】

考虑地铁及站台屏蔽门所处的空间环境特点，所选用的材料、电缆应为无卤、低烟的阻燃材料，且不应含有放射性成分。

6.11 乘客信息系统

6.11.1 乘客信息系统应适应城市轨道交通网络化运营的需要，应实时提供准确的乘客乘车信息和服务信息，以及城市轨道交通设施、设备、装备、服务、故障、安全和应急指导等方面的公开信息。

【编制目的】

本条文规定了乘客信息系统实现的基本功能、提供的信息内容，目的是保证乘客能通过信息系统获得关于城市轨道交通系统应予公开的信息。

【条文释义】

本条文规定了乘客信息系统基本的信息内容，最基本的目标要求是适应城市轨道交通网络化运营的需要。

【实施要点】

乘客信息系统是面向乘客、管理者，用于城市轨道交通公开信息发布的重要手段。执行过程中，应结合工程特点明确乘客信息系统提供的信息内容和发布方式，系统方案应适应城市轨道交通网络化运营的需要。

6.11.2 城市轨道交通系统应设置乘车信息设施设备，电子显示屏等运营服务设施应为乘客提供发车时间、到达时间、沿线车站等运营服务信息。

【编制目的】

本条文规定乘客信息系统设备的设置要求应满足运营服务信息发布的要求。

【条文释义】

城市轨道交通系统设置信息设施设备、电子显示屏等是方便乘客的基本要求，同时强调了乘客信息系统应当为乘客提供的基本信息，并要求在紧急情况下能够显示辅助引导信息。

【实施要点】

乘客信息系统设备设施的设置应满足运营需求以及现行国家标准《地铁设计规范》GB 50157—2013 第 22.3.3 条规定，除为乘客提供发车时间、到达时间、沿线车站等运营服务信息基本内容外，执行过程中，可根据运营需求增加车厢拥挤度等其他信息。乘客信息系统应具有对预播放内容进行预览、确认后再发布的功能，以保证信息播出的安全性。

6.11.3 乘客信息系统应能在紧急情况下显示辅助引导信息。

【编制目的】

本条文规定的目的是保证乘客信息系统在紧急情况下具备显

示辅助引导信息的功能。

【条文释义】

乘客信息系统主要为乘客提供与乘车有关的信息，在火灾、阻塞及恐怖袭击等非正常情况下，能提供动态紧急疏散辅助显示。

【实施要点】

执行过程中，紧急信息显示方式应明显区别于正常信息的显示方式。

6.11.4 乘客信息系统设备应符合国家有关人体健康安全和环保等方面的标准。

【编制目的】

本条文规定的目的是保证乘客信息系统设备符合国家有关人体健康安全和环保等方面的标准。

【实施要点】

执行过程中，乘客信息系统面向乘客的查询终端应满足防触电、人体工程学要求，显示屏的亮度、对比度等应可根据现场情况设置，系统应具有显示屏的分时上电/断电、远程开关功能。

6.11.5 乘客信息系统的数据线与电源线不应共用电缆，且不应敷设在同一根金属套管内。

【编制目的】

本条文规定了乘客信息系统数据线和电源线敷设要求，目的是保证乘客信息系统数据线的安全性。

【条文释义】

乘客信息系统的电源线额定传输电压较高、线路电流较大，与数据线共用电缆或共管敷设时，容易对数据线造成干扰。

【实施要点】

执行过程中，数据线不应与电源线共用，数据线与电源应独立穿导管或在槽盒内敷设，当数据线与电源线共用同一槽盒时，应加设金属隔板分隔。终端显示屏处的数据线和电源线可以共用同一吊杆引下。

6.12 公共安全设施

6.12.1 城市轨道交通公共安全防范系统工程应与新建的城市轨道交通工程项目同步规划、建设、检验和验收。已投入运营的城市轨道交通安全防范设施应在城市轨道交通系统改扩建时同步进行改扩建。

【编制目的】

公共安全防范系统是技防、物防、人防等多种手段有机结合的综合防控体系，为做到与整个城市轨道交通工程项目的协调、匹配，建议在土建规划阶段同步开始公共安全防范系统工程的规划设计，技术要求贯穿工程建设全生命周期。

【条文释义】

本条文规定了新建的城市轨道交通工程项目和已投入运营的城市轨道交通工程项目公共安全防范系统工程建设的要求。针对新建的城市轨道交通工程项目，城市轨道交通公共安全防范系统工程建设应与城市轨道交通工程项目建设同步进行，并进行专项设计、施工、检验和验收。针对已投入运营的城市轨道交通工程项目，在改扩建时，应与新建项目一样，保证城市轨道交通公共安全防范系统工程的同步规划、建设、检验和验收。已投入运营的城市轨道交通公共安全防范系统工程应通过逐步改建达到本条的要求。

【实施要点】

在城市轨道交通公共安全防范系统工程建设的各个环节，应与有关业务主管部门及公安主管部门做好必要的沟通，对需要防范的风险及其等级充分评估论证，与城市轨道交通工程项目同步规划设计，进行整体考虑。

城市轨道交通公共安全防范系统工程建成后，应进行专项验收。验收前除提交风险评估报告、工程技术文件、图纸资料和工程检验合格报告等全套验收资料外，还应进行安全评估。工程验收单位依据上述资料和现场实际情况进行验收，并出具验收报告。

由于城市轨道交通工程建设情况较为复杂，各类工程状况可参考以下原则实施：

新建线路工程：即城市轨道交通控制中心、车站、区间、车辆基地、车辆等全部是新建状态，相应的工程可行性研究报告应包括"公共安全专篇"，并按相关国标要求进行方案设计。

延伸新建线路工程：即城市轨道交通控制中心、车站、区间、车辆基地、车辆等组成部分中，部分为既有状态，部分为新建状态，通常为线路延伸建设，相应的工程可行性研究报告应包括"公共安全专篇"，并按相关国标要求进行方案设计。对于新建的控制中心、车站、区间、车辆基地等以及新采购的车辆按新建线标准执行，其中新建控制中心、车站、车辆基地等的安防集成平台预留接入上一级安防集成平台的接口；若本次建设包含线路中心级技术防范系统，则延伸段的安防集成平台接入新建的线路中心级安防集成平台，既有车站、车辆基地在安全防范系统改造升级时再做接入；若本次建设项目不含线路中心级技术防范系统，则新建车站、车辆基地的安防集成平台预留接入上一级安防集成平台的接口。

安全防范系统改造升级工程：在既有线路公共安全防范系统需要进行改造升级时，按本标准进行整体升级，建议整体立项、改造、验收及交付，做到功能评估后完全满足相关国标要求。

6.12.2 城市轨道交通公共安全防范系统应与城市轨道交通系统相协调，不应影响城市轨道交通的公共开放性。系统建成运行后，轨道交通应能满足高峰时段的使用需求。

【编制目的】

城市轨道交通是城市公共交通中运量最大、密度最高的乘客运输系统，具有快速、高效、准点运营的运营特性，其运营特性决定了在实施安全防范措施时，不能牺牲其公共开放性。为满足城市轨道交通的运营特性和公共开放性需求，建议城市轨道交通安全防范系统和城市轨道交通系统相协调。

【条文释义】

本条文强调城市轨道交通城市公共安全防范系统建设应在保障城市轨道交通安全的前提下，充分考虑城市轨道交通的运营特性，平衡安全与运营效率之间的关系，安全防范措施及其实施应满足城市轨道交通对快速、高效、准点运营的需求，同时满足高峰时段的使用需求。

【实施要点】

在实施安全防范措施时，不能过度防范，从而牺牲城市轨道交通的公共开放性。在采用安防技术时，应考虑相关设备的安装位置、角度、信息采集方式等，在确保检测、识别性能的前提下，尽量不影响乘客的正常通过姿态和行为，减少乘客因安检或其他信息采集措施所造成的停留时间。

6.12.3 城市轨道交通公共安全防范系统工程设计应综合运用公共安全技术资源，配合安全政策、防范程序、防范行动，协调运用威慑、阻止、探测、延迟和反应策略。

【编制目的】

本条文是城市轨道交通公共安全防范系统工程设计和建设的基本原则，避免重复投资和资源浪费，最大限度发挥安全资源的作用。

【条文释义】

本条文强调在进行工程设计时，不仅应根据防护对象的安全风险等级评估结果适配对应的防护措施，而且应平衡安全投入，运用并整合安全资源和策略，使安全资源运用效果最大化。

【实施要点】

因地制宜，针对防护对象和应急响应区域分别确定安防策略和安全措施。具体包括不限于以下措施：

1. 威慑和阻止措施：包括可见和显著的安防设施、设备和警示标志、用于阻止和明确警告的环境设计、实体防范措施等。

2. 探测和监控措施：包括安全检查和探测技术、视频监控技术、身份识别技术等。

3. 加固和优化措施：包括加固和备份关键设施和设备，采用弹性材料、设置安全距离、优化布局等。

4. 救援和恢复措施：包括优化疏散通道及其标志设置，设置城市轨道交通站外临时避难场所、救援场所、相应的救援设施和设备等。

6.12.4 城市轨道交通应采用技术防范、实体防范和人力防范等多重措施构建一体化公共安全防范系统。技术防范、实体防范应相互配合，并应能支撑人力防范。

【编制目的】

本条文规定了城市轨道交通公共安全系统防范三种基本措施的采用原则。

【条文释义】

本条文强调，城市轨道交通公共安全防范系统是由技术防范、实体防范、人力防范组成的整体系统，应综合考虑，配合应急预案进行运行。技术防范、实体防范、人力防范应协调一致，相辅相成。

【实施要点】

在设计阶段即与公安、轨交运营企业等应急管理部门会商并进行必要的咨询。在执行过程中，应考虑将技防、物防、人防合为一体，与相关部门的应急预案相匹配。

6.12.5 城市轨道交通公共安全防范系统工程应合理布设安全防范设施，包括安全检查设备、监控系统、危险品处置设施及相关用房等安防设施。

【编制目的】

本条文规定了城市轨道交通公共安全防范系统安全防范设施布设的原则要求。

【条文释义】

安全防范设施应按照城市轨道交通防护对象的区域、位置、特点合理布设，同时应结合应急救援和疏散的相关要求规划疏散空间。相关用房应按相应标准和规定建设。

【实施要点】

实施时应按照城市轨道交通防护对象的防范要求确定安全防范设施的具体类型、数量、位置，确保设施设备在运行时既要发挥作用，又能够防止因故障影响其他设备设施功能的发挥。

6.12.6 城市轨道交通应设置视频监控系统、入侵报警系统、安全检查及探测系统、出入口控制系统、电子巡查系统和安防集成平台等技术防范系统。

【编制目的】

本条文规定了技术防范系统的基本组成要求。

【条文释义】

本条文充分考虑了城市轨道交通环境密闭、人员密集、不易疏散的特点，除了视频监控系统、入侵报警系统、安全检查及探测系统、出入口控制系统、电子巡查系统和安防集成平台等技术防范系统外，将新技术纳入城市轨道交通安防建设体系，推荐使用新型安全检查及探测系统、人脸识别和智能视频分析技术，以提高城市轨道交通的抗风险能力。

【实施要点】

技术防范系统应按照建筑体量规模、重要性、客流数量等进行系统设计。建议着重对以下场景／地点进行设计：

1. 二线及以上的换乘枢纽车站；

2. 与铁路、机场、公交枢纽站、长途汽车站换乘的车站；

3. 非独立管理的控制中心、车辆基地、车站等（如上盖开发车辆基地、结合写字楼功能的控制中心、附带深度结合商业开发的车站等）；

4. 经过评估可能需要常态化客流疏导组织或限流的车站，如常态大客流、潮汐客流较大或周边有大客流集散特点（如体育场、剧场）等；

5. 其他当地公安部门经论证认为需要按较高标准进行技术防范系统设计的区域。

6.12.7 城市轨道交通公共安全技术防范系统中的各子系统应集

成为一个整体，由独立的安防集成平台统一管理。

【编制目的】

为解决信息孤岛问题，实现技术防范系统从孤立建设向系统化建设的转变，促进机房系统的整体性和有机联动性，提出城市轨道交通安防集成平台技术模式。

【条文释义】

本条文规定了城市轨道交通公共安全防范系统的集成要求。一方面强调系统的整体性和联动性，各技术子系统应以安防集成平台为核心，纳入安防集成平台统一管理；另一方面强调安防集成平台的独立性，安防集成平台不应成为其他系统的模块或功能的一部分。

【实施要点】

从传输、交换、控制的基本要求、安全性要求以及控制、传输流程和协议接口等技术要求来规定标准，确保子系统和安防集成平台之间的互联互通，以及各级安防集成平台之间的互联互通。

安防集成平台采用分布式服务架构，实现各技术子系统之间的隔离。当子系统出现故障时，不影响安防集成平台的正常使用；同时，安防集成平台内部的接入服务、应用服务出现故障时，其他模块仍然可以正常工作，最大程度保障对外服务不中断。

6.12.8 城市轨道交通公共安全防范系统的基础网络设施、信息系统等应符合国家网络安全等级保护制度。

【编制目的】

城市轨道交通作为大容量公共交通工具，其安全性直接关系到广大乘客的生命安全，其公共安全防范系统的基础网络设施、信息系统存在一定的安全隐患，因此应符合国家网络安全等级保护制度。

【条文释义】

城市轨道交通公共安全技术防范系统应满足《中华人民共和国网络安全法》《网络安全等级保护条例》《信息安全技术 网络

安全等级保护基本要求》GB/T 22239—2019 规定的安全保护等级要求。

【实施要点】

技术防范系统划分为站点级、线路级、路网级，建议在对应的物理地点集中部署各级系统的后端系统。

技术防范系统交付使用前应通过网络安全等级保护测评。第三级信息系统应当每年至少进行一次等级测评，第二级信息系统宜每两年至少进行一次等级测评。

6.12.9 城市轨道交通涉及安全的重要设施的通道门、系统和设备管理用房房门应设置电子锁等出入口控制装置。车站控制室综合后备控制盘（IBP）应设置出入口控制系统紧急开门控制按钮。

【编制目的】

对于城市轨道交通需要控制的各类出入口，出入口控制系统应具有按不同的通行对象及其准入级别，对其进出实时控制和管理，本条文规定了出入口控制装置和系统的要求。

【条文释义】

系统应针对城市轨道交通涉及安全的重要设施的通道门、系统和设备管理用房房门设置电子锁等出入口控制装置，设定通过人员的类型和允许通行的时间段；对其运行状态进行监视，并设置故障报警；重要处如车站控制室综合后备控制盘（IBP）应设置出入口控制系统紧急开门控制按钮。

【实施要点】

出入口控制系统自身应是独立完整系统，最大程度保证系统稳定性和可用性，若安防集成平台或其他平台故障时，本系统仍然可用。

6.12.10 出入口控制系统应实现与火灾自动报警系统的联动控制。电子锁应满足防冲撞和消防疏散的要求，并应具备断电自动释放功能，设备及管理用房房门电子锁还应具备手动机械解锁功能。紧急开门控制按钮应具备手动、自动切换功能。

【编制目的】

为满足火灾和紧急情况时人员疏散的需求，本条文规定了出入口控制系统和火灾自动报警系统的联动控制要求。

【条文释义】

当出现紧急情况（如火灾工况等）时，系统所管辖的门体、锁具应自动释放，满足人员紧急疏散的要求。

【实施要点】

在城市轨道交通既有案例中，一般通过按钮或软件来实现该功能。对技术防范系统来说，安防集成平台应具备接收该系统状态的反馈功能，根据当地运营及安全管理制度的有关要求，安防集成平台可具备启动该控制功能的能力。

6.12.11 在地下至高架的地面开口过渡地段、隧道出入口，应设有空间隔挡的安全防范措施。

【编制目的】

在地下至高架的地面开口过渡地段、隧道出入口是城市轨道交通区间的重要部位，本条文规定了其与外界的物理安全隔离措施。

【条文释义】

在地下至高架的地面开口过渡地段、隧道出入口，应设置不易拆卸的防护网等空间隔挡物理安全防范措施。

【实施要点】

在实施时，除了物理安全隔离措施外，建议辅助设置视频监控系统、入侵报警系统等，以防止人员入侵和生物潜入。

第四部分

附　　录

现行标准目录

表 1 现行产品标准一览表共 63 项（统计日期为 2023—02—20）

序号	标准名称	标准编号	备注
1	城市公共交通标志 地下铁道标志	GB/T 5845.5—1986	修订中
2	地铁车辆通用技术条件	GB/T 7928—2003	修订中
3	城市轨道交通信号系统通用技术条件	GB/T 12758—2023	
4	城市轨道交通车辆组装后的检查与试验规则	GB/T 14894—2005	
5	城市轨道交通直流牵引供电系统	GB/T 10411—2005	
6	城市轨道交通列车噪声限值和测量方法	GB 14892—2006	
7	城市轨道交通车站站台声学要求和测量方法	GB/T 14227—2006	
8	城市轨道交通自动售检票系统技术条件	GB/T 20907—2007	
9	城市轨道交通接触网检测车通用技术条件	GB/T 20908—2007	
10	城市轨道交通照明	GB/T 16275—2008	
11	城市轨道交通客运服务标志	GB/T 18574—2008	
12	城市轨道交通内燃调车机通用技术条件	GB/T 23430—2009	
13	城市轻轨交通铰接车辆通用技术条件	GB/T 23431—2009	
14	城市轨道交通安全防范系统技术要求	GB/T 26718—2011	
15	城市轨道车辆客室侧门	GB/T 30489—2014	
16	城市轨道交通机电设备节能要求	GB/T 35553—2017	
17	城市轨道交通用电综合评定指标	GB/T 35554—2017	
18	城市轨道交通安全防范通信协议与接口	GB/T 38311—2019	
19	城市轨道交通能源消耗与排放指标评价方法	GB/T 37420—2019	
20	城市轨道交通再生制动能量吸收逆变装置	GB/T 37423—2019	
21	跨座式单轨交通单开道岔	GB/T 37531—2019	
22	城市轨道交通市域快线 120km/h ~ 160km/h 车辆通用技术条件	GB/T 37532—2019	

序号	标准名称	标准编号	备注
23	城市轨道交通无砟轨道技术条件	GB/T 38695—2020	
24	城市轨道交通直线电机车辆通用技术条件	GB/T 32383—2020	
25	城市轨道交通永磁直驱车辆通用技术条件	GB/T 39426—2020	
26	城市轨道交通车辆永磁直驱转向架通用技术条件	GB/T 39425—2020	
27	城市轨道交通中低速磁浮车辆悬浮控制系统技术条件	GB/T 39902—2021	
28	城市轨道交通六轴铰接转向架轻轨车辆通用技术条件	GB/T 40075—2021	
29	城市公共交通主要经济技术指标综合统计报表 地铁	CJ/T 3046.4—1995	
30	城市公共交通经济技术指标计算方法 地铁	CJ/T 8—1999	
31	城市轨道交通站台屏蔽门	CJ/T 236—2022	
32	$\phi 5.5m \sim \phi 7m$ 土压平衡盾构机（软土）	CJ/T 284—2008	
33	城市轨道交通浮置板橡胶隔振器	CJ/T 285—2008	
34	城市轨道交通轨道橡胶减振器	CJ/T 286—2008	
35	跨座式单轨交通车辆通用技术条件	CJ/T 287—2008	
36	城市轨道交通直线感应牵引电机技术条件	CJ/T 311—2009	
37	城市轨道交通车辆贯通道技术条件	CJ/T 353—2010	
38	城市轨道交通车辆空调、采暖及通风装置技术条件	CJ/T 354—2010	
39	自导向轮胎式车辆通用技术条件	CJ/T 366—2011	
40	高速磁浮交通车辆通用技术条件	CJ/T 367—2011	
41	中低速磁浮交通车辆通用技术条件	CJ/T 375—2011	
42	地铁与轻轨车辆转向架技术条件	CJ/T 365—2011	
43	城市轨道交通直流牵引供电整流机组技术条件	CJ/T 370—2011	

续表 1

序号	标准名称	标准编号	备注
44	城市轨道交通设备房标识	CJ/T 387—2012	
45	聚氨酯泡沫合成轨枕	CJ/T 399—2012	
46	梯形轨枕技术条件	CJ/T 401—2012	
47	城市轨道交通基于通信的列车自动控制系统技术要求	CJ/T 407—2012	
48	中低速磁浮交通车辆电气系统技术条件	CJ/T 411—2012	
49	中低速磁浮交通道岔系统设备技术条件	CJ/T 412—2012	
50	中低速磁浮交通轨排通用技术条件	CJ/T 413—2012	
51	城市轨道交通钢铝复合导电轨技术要求	CJ/T 414—2012	
52	城市轨道交通车辆防火要求	CJ/T 416—2012	
53	低地板有轨电车车辆通用技术条件	CJ/T 417—2022	
54	泥水平衡盾构机	CJ/T 446—2014	
55	地铁隧道防淹门	CJ/T 453—2014	
56	中低速磁浮交通车辆悬浮控制系统技术条件	CJ/T 458—2014	
57	城市轨道交通桥梁盆式支座	CJ/T 464—2014	
58	城市轨道交通桥梁球型钢支座	CJ/T 482—2015	
59	城市轨道交通桥梁伸缩装置	CJ/T 497—2016	
60	城市轨道交通车地实时视频传输系统	CJ/T 500—2016	
61	城市轨道交通车辆车体技术条件	CJ/T 533—2018	
62	有轨电车信号系统通用技术条件	CJ/T 539—2019	
63	城市轨道交通计轴器设备技术条件	CJ/T 543—2022	

表 2 现行工程建设标准一览表（共 57 项）

序号	标准名称	标准编号	备注
1	盾构法隧道施工与验收规范	GB 50446—2017	

续表2

序号	标准名称	标准编号	备注
2	跨座式单轨交通设计标准	GB 50458—2022	
3	城市轨道交通工程项目规范	GB 55033—2022	
4	跨座式单轨交通施工及验收规范	GB 50614—2010	
5	城市轨道交通地下工程建设风险管理规范	GB 50652—2011	
6	地铁工程施工安全评价标准	GB 50715—2011	
7	城市轨道交通建设项目管理规范	GB 50722—2011	
8	城市轨道交通工程安全控制技术规范	GB/T 50839—2013	
9	城市轨道交通工程监测技术规范	GB 50911—2013	
10	地铁设计规范	GB 50157—2013	修订中
11	城市轨道交通结构抗震设计规范	GB 50909—2014	
12	城市轨道交通公共安全防范系统工程技术规范	GB 51151—2016	
13	城市轨道交通客流预测规范	GB/T 51150—2016	
14	城市轨道交通通信工程质量验收规范	GB 50382—2016	
15	城市轨道交通无线局域网宽带工程技术规范	GB/T 51211—2016	
16	城市轨道交通工程测量规范	GB/T 50308—2017	
17	城市轨道交通桥梁设计规范	GB/T 51234—2017	
18	轻轨交通设计标准	GB/T 51263—2017	
19	城市轨道交通综合监控系统工程技术标准	GB/T 50636—2018	
20	城市轨道交通信号工程施工质量验收标准	GB/T 50578—2018	
21	城市轨道交通自动售检票系统工程质量验收标准	GB/T 50381—2018	
22	地铁设计防火标准	GB 51298—2018	
23	地下铁道工程施工标准	GB/T 51310—2018	
24	地下铁道工程施工质量验收标准	GB/T 50299—2018	

序号	标准名称	标准编号	备注
25	城市轨道交通给水排水系统技术标准	GB/T 51293—2018	
26	城市轨道交通通风空气调节与供暖设计标准	GB/T 51357—2019	
27	盾构隧道工程设计标准	GB/T 51438—2021	
28	城市轨道交通自动售检票系统检测技术规程	CJJ/T 162—2011	
29	盾构隧道管片质量检测技术标准	CJJ/T 164—2011	
30	城市轨道交通直线电机牵引系统设计规范	CJJ 167—2012	
31	城市轨道交通站台屏蔽门系统技术规范	CJJ 183—2012	修订中
32	浮置板轨道技术规范	CJJ/T 191—2012	
33	盾构可切削混凝土配筋技术规程	CJJ/T 192—2012	
34	城市轨道交通接触轨供电系统技术规范	CJJ/T 198—2013	
35	直线电机轨道交通施工及验收规范	CJJ 201—2013	
36	城市轨道交通结构安全保护技术规范	CJJ/T 202—2013	
37	盾构法开仓及气压作业技术规范	CJJ 217—2014	修订中
38	中低速磁浮交通供电技术规范	CJJ/T 256—2016	
39	城市轨道交通梯形轨枕轨道工程施工质量验收规范	CJJ 266—2017	
40	中低速磁浮交通运行控制技术规范	CJJ/T 255—2017	
41	中低速磁浮交通设计规范	CJJ/T 262—2017	
42	城市轨道交通工程远程监控系统技术标准	CJJ/T 278—2017	
43	自动导向轨道交通设计标准	CJJ/T 277—2018	
44	地铁限界标准	CJJ/T 96—2018	
45	城市轨道交通隧道结构养护技术标准	CJJ/T 289—2018	
46	城市轨道交通架空接触网技术标准	CJJ/T 288—2018	
47	城市轨道交通预应力混凝土节段预制桥梁技术标准	CJJ/T 293—2019	

序号	标准名称	标准编号	备注
48	城市有轨电车工程设计标准	CJJ/T 295—2019	
49	地铁快线设计标准	CJJ/T 298—2019	
50	中低速磁浮交通工程施工及验收标准	CJJ/T 303—2020	
51	地铁杂散电流腐蚀防护技术标准	CJJ/T 49—2020	
52	城市轨道交通高架结构设计荷载标准	CJJ/T 301—2020	
53	跨座式单轨交通限界标准	CJJ/T 305—2020	
54	城市轨道交通车辆基地工程技术标准	CJJ/T 306—2020	
55	直线电机城市轨道交通限界标准	CJJ/T 309—2020	
56	高速磁浮交通设计标准	CJJ/T 310—2021	
57	城市轨道交通工程项目规范	GB 55033—2022	